다문화 이해와 건강

다문화 이해와 건강

MULTICULTURAL UNDERSTANDING & HEALTH

최 숙 희(영산대학교 간호학과)

변 은 경(경남정보대학교 간호학과)

김 민 연(서라벌대학교 간호학과)

대한나래출판사

머리말

현재 우리가 살고 있는 한국사회는 세계화의 추세에 따른 인종적·문화적 다양성으로 인해 다문화사회로 이행되고 있으며, 이러한 추세는 더욱 가속화될 것이다. 그리고 세계 각국 간 인적 교류의 확대로 다양한 문화적 특징이 고려되는 다문화사회로의 변화가 보편적인 현상으로 나타나고 있다. 다문화사회란 그 나라의 국민으로서 누릴 수 있는 정치·경제·사회·문화적으로 권리를 취득하고 인종과 민족이 계층 간 차별의 근거가 되지 않는 사회를 의미한다.

우리나라도 1990년대 이후부터 국가 간 교류가 확대되어 다양한 목적으로 결혼이주여성과 외국인 근로자 등 많은 수의 외국인들이 유입되었으며, 2002년 이후부터 북한의 정치·경제체제가 붕괴되면서 북한이탈주민들이 대거 입국하게 되어 다문화가정과 북한이탈주민의 가정이 지속적으로 증가하게 되었다. 그러나 우리와 같은 민족인 북한을 포함하여 문화적 다양성의 증가에도 불구하고 인종 간, 국가 간의 차이뿐만 아니라 사회 내 하위 집단 간의 문화 차이로 양극화 현상과 건강 불평등 현상이 심화되고 있으며, 출신 국가의 건강에 대한 사회문화적 인식, 이민 전후의 사회경제적 상태, 보건의료시스템에 따른 미충족 의료서비스 수준 등 여러 요인들이 상호 복합적으로 건강 수준에 영향을 미치게 되었다.

우리나라에 거주하고 있는 외국인은 176만여 명(2016년 11월 기준)으로 대한민국 전체 인구의 3.4%에 이르고 있으며, 이들은 외국인 근로자, 결혼이주자, 북한이탈주민, 다문화가정 자녀, 유학생 및 난민 등으로 구분된다. 이들이 우리 사회에 적응하는 과정에서 겪는 고통과 어려움으로는 한국어 소통 능력의 부족, 문화적 부적응, 경제적인 어려움, 비인간적인 대우 등을 들 수 있으나, 근본적인 문제는 우리 사회가 가지고 있는 외국인에 대한 배타성과 이에 따른 차별이라 할 수 있다.

이전에는 여성학, 사회복지학, 가정학 등 타 분야에서 많은 관심과 사전 교육을 통한 현장 실천으로 전문가로서의 역량이 발휘되고 있었다. 간호학문 분야에서 최근 다문화에 대한 관심에 부응하여 학생들에게 다문화사회에서의 대상자의 건강 요구를 바르게 이해하고 양질의 간호를 제공할 수 있는 사전 간호 교육을 하려할 때 필요한 실질적인 교재가 없는 상황이었다. 또한 간호사들도 문화간호이론과 임상 현장에서 간호에 적용할 수 있는 기본 교육교재의 필요성이 높아지고 있다. 그 이유는 해당문화권 대상자의 질병의 원인에 대한 인식, 질병 경험의 해석, 신체적 정신적 건강 행위, 의료체계 내에서의 의사소통 및 보건의료서비스 이용 형태 등 다문화 인구 대상자들의 건강에 대한 가치 및 신념을 이해하고 그 혜택을 평등하게 누림으로써 바람직한 건강관리를 할 수 있도록 지지해야 하는 것이 간호사의 주된 역할이기 때문이다.

이 저서는 대학에서 다문화 대상의 간호에 관심을 두고 문화와 간호를 학습하게 되는 학부생과 현장에서 다문화간호 대상자를 간호하는 간호사에게 도움이 될 수 있도록 실제적인 내용들을 포함하고자 노력하였다.

이 책의 구성은 제1부에서는 다문화의 기본적인 개념에 대한 이허를 중심으로, 제2부에서는 한국의 다문화 현황 및 정책을, 제3부에서는 외국의 다문화 현황 및 정책, 제4부에서는 다문화와 간호에 대한 개념 및 사례를 중심으로 이해를 돕고자 하였으며, 마지막 제5부에서는 글로벌 보건의료의 개념에 대한 이해를 돕고자 하는 내용으로 구성하였다. 이 책이 다문화 대상자에게 간호중재를 하는 데 실질적인 교육 자료로 활용되기를 바란다.

이 책을 준비하면서 간호학문 분야에서 요구되는 보다 더 실질적인 내용으로 쓰고 싶은 마음이 간절하였으나, 부족한 점이 많다는 것을 알고 있다. 이러한 부족한 점은 앞으로 이 책을 교재로 활용하여 학생들의 강의 내용에 대한 피드백으로 재 숙고한 후 수정, 보완하고자 한다.

끝으로 이 책이 출판되기까지 저자에게 믿음과 지원을 아끼지 않으신 출판사 관계자 분들에게 진심으로 깊은 감사를 드린다.

2018년 2월

저자 일동

목차

Chapter 1

다문화 이해

학습목표

1. 문화 및 다문화의 개념을 이해한다.
2. 문화의 속성을 이해한다.
3. 다문화의 개념을 이해한다.
4. 다문화사회로의 이행과 진입 배경에 대해서 이하한다.
5. 다문화이론을 설명할 수 있다.
6. 다문화 관련 용어를 설명할 수 있다.

1 문화

우리는 어릴 적부터 반만년의 역사를 가진 단일민족으로 태어났다는 자긍심을 가져야 한다고 교육을 받아 왔다. 우리나라가 단일민족이라고 부르는 것은 혈통이 하나로 순수하게 이어진다는 의미이기보다 지배적 문화가 하나로 전승된다는 국가의 의미이다. 그러나 우리 역사에는 한족, 예족, 맥족이 한국민의 민족적 원류라고는 하나 선사시대부터 아시아권 전체의 인종들이 한반도 지역으로 유입되면서 혈통이 섞였다는 기록이 있다. 그래서 이제는 우리가 가지고 있는 고유한 문화가 가장 우수한 문화이며, 다른 문화에 비해 우월하다는 생각의 틀에서 벗어나야 하는 시점이 되었다.

우리나라는 서구 선진국에 비하여 전체 인구 중 이민자 혹은 외국인 인구의 비율이 낮다고는 할 수 있으나, 최근 우리나라에 거주하는 이민자와 외국인 인구가 급증하고 있어 문화적 다양성과 함께 다문화사회로 진입하게 되었다고 볼 수 있다. 다문화사회는 양면적인 성격이 있어서 우리 사회가 극복하기 어려운 문제가 발생할 수 있으며, 동시에 우리 사회를 풍요롭게 하여 발전의 계기가 될 수 있다. 그래서 우리나라는 다문화사회의 초기 단계에서 장점을 최대한 활용하고 문제점을 최소화하기 위해 지원 정책을 다양한 수준에서 동원하여야 한다. 그리고 또한 다민족에 대한 인식을 증진하기 위해 다각적으로 노력해야 한다.

다민족 사회에 대한 인식의 증진은 건강관련 분야에서도 해당되며, 건강과 관련하여 인지하고 해석하는 방식과 치료방법들을 선택하거나 돌봄을 수행할 때도 문화에 의해 영향을 받는다. 특히 임상적 간호실천 영역에서 다문화 대상자에게 간호중재를 수행할 때도 문화적 민감성을 발휘해야 하므로 문화와 다문화에 대한 이해가 선행되어야 한다.

따라서 문화와 다문화에 초점을 둔 간호는 돌봄 대상자들의 문화적인 규범과 신념, 가치, 사회 조건과 환경 조건을 이해하고 대상자에게 적절한 간호중재를 체계적으로 다루기 위하여 통합적인 방법을 강구해야 하는 시점이 되었다.

1) 문화의 개념

문화란 일반적으로 인간의 생활양식을 뜻하며 한 민족의 생활양식에 대한 총체적인 표현이며, 공통된 생활양식으로 인하여 타 민족과는 구분되어 변화되고 발전하는 것으로서, 인류학자와 사회학자에 의해 다양한 방법으로 정의되고 있는 복합적인 개념이다.

문화(culture)라는 용어의 어원은 'culturation'에서 유래되었으며, 본래의 의미는 '경작(耕作)하다', '재배(栽培)하다'였으나 이후에는 교양이나 문화 등의 뜻을 포함하게 되었다. 일반적으로 문화라고 하면 문화인이나 문화생활이란 말처럼 고상하고 세련된 것을 연상하게 되지만 문화는 '한 사회의 주요한 행동양식이나 상징체계'를 의미한다. 문화란 정신적인 것에서부터 물질적인 것에 이르기까지 가치관, 윤리, 믿음, 사회구조와 제도, 인간의 행동 등 그 범위가 광범위하기 때문에 여러 학자들이 문화에 대하여 각각 다양하게 정의를 내리고 있다. 모든 인간 사회는 사회에 따라 다른 언어, 규범, 가치, 상징을 가지고 있을 뿐만 아니라 서로 다른 복합적인 생활양식이 있다. 그 이유는 문화가 다르기 때문이기도 하지만 문화를 다양하게 정의하고 있기 때문이기도 하다.

문화를 처음으로 정의한 영국의 타일러(Edward Bumett Tylor)는 '문화란 지식, 신념, 예술, 법률, 도덕, 관습 등 인간이 사회 구성원으로서 획득한 능력 또는 습관의 총체(complex whole)'라고 정의하고 있다. 더불어 문화에 대한 정의는 특정 집단을 지칭하고 있음은 물론 보편적인 문화가 있을 수 있으며, 하나의 문화라면 특정 집단의 특수한 문화를 의미한다. 모든 집단은 문화가 있고, 한 집단과 다른 집단 사이에 문화의 차이가 클 수 있기에 문화를 집단의 문화 의미에 따라 확인하고 다른 문화와 비교해야 한다. 그래서 문화는 타고난 것이 아니라 학습된 것이고 문화가 특정 집단에 따라 다르다는 것을 알 수 있게 된다.

기어츠(Geertz)는 문화를 '역사적으로 전달된 상징에 의해 채택된 의미의 형태, 사람들의 소통과 교류의 도구로 쓰인 상징의 형태 안에 표현되어 계승된 개념, 영속되고 발전된 그들의 삶에 대한 지식과 태도'라고 설명하였다.

현재에도 학문 영역에 따라 문화에 대한 정의를 달리하고 있는데, 특히 인류학과 문화사회학 분야의 학자들은 각각의 정의를 내리고 있다. 그러나 문화는 인간사회의 보편적인 특징이며, 어떤 특정한 사회와 지역의 문화로 볼 수 있다. 과학적으로 어떤 문화를 연구하기 위해서는 그 문화의 특정 형태를 명확히 정의할 수 있는 사회문화적 체계가 필요하다. 사회문화적 체계란 현대 국가의 국민 등과 같이 자율적 인간 집단이 가지는 문화로 정의할 수 있다. 모든 인간 사회는 고유의 사회문화적 체계를 지니고 있고, 모든 사회문화적 체계는 전체 인간 문화의 구성요소, 즉 기술, 제도, 관념 등을 가지고 있다. 또한 문화는 인간 삶의 총체로서 유형적인 것(물질문화)과 무형적인 것(비물질문화)을 포함한다. 유형적이라 함은 과거와 현재의 문화 유적을 포함한 예술 문화 혹은 일상적인 삶의 도구를 의미하고, 무형적이라 함은 종교, 사상, 세계관, 가치관, 인간관, 시간관 등을 의미한다.

문화의 일반적인 특징은 사회 구성원 간에 공유되고, 생득적(生得的)이라기보다는 인간이 사회 속에서 성장하면서 학습을 통하여 습득한다. 또한 한 세대에서 다음 세대로 전승되어 누적으로 나타난다. 그리고 문화는 모든 영역에 걸쳐 전체적으로 영향을 미치며, 정체(停滯)되어 있지 않고 계속해서 변화하고 있다.

이상에서와 같이 문화는 한 사회의 구성원들이 주어진 환경에 적응하면서 만들어 온 그 사회의 공통된 생활양식이며 종교, 예절, 오락, 예술, 생활 방식 등을 모두 프함하는 것을 의미한다.

2) 문화의 속성

문화는 환경과 시대에 따라 다양하게 표현되어 나타난다. 따라서 문화의 개념을 정의하고 그 정의에 따라 문화를 규정하는 것뿐만 아니라 표현되는 문화의 속성을 고찰하는 것이 중요하다. 문화의 속성은 학습하는 것, 공유하는 것, 변화하는 것, 그리고 여러 부분이 모여서 전체가 되는 것 등의 4가지로 설명할 수 있다.

첫째, 문화는 학습하는 것이다. 문화는 후천적 학습 과정을 통해 그 사회의 구성원으로 성장하도록 해준다. 예를 들면 외국에서 한국인 부모 사이에서 태어나 성장한 사람은 생물학적으로 한국인과 동일한 특징이 있으나, 사고나 행동에서는 한국인과 다른 특성을 보인다. 그 이유는 자신이 자란 사회의 문화를 갖고 있기 때문이다. 위의 경우처럼 서로 다른 문화에서 태어나 성장한 사람들은 자신이 속한 문화를 배워가는 '문화화' 과정을 거치기 때문에 서로 다른 문화를 갖게 되는 것이다.

둘째, 문화는 공유하는 것이다. 같은 문화에 속한 사람들은 자신들이 문화화 과정을 통해 배운 문화를 무의식적으로 공유하며 생활하기 때문에 문화를 공유한 구성원 간의 행동 및 사고를 예측할 수 있다. 문화는 개인이 만들어 낸 것도 아니고 개인의 소유도 아니며, 집단의 가치와 의미·감정·사고방식·습관, 이에 대한 감각·역사·경험 등을 공유하고, 개인을 포함하면서도 개인을 초월하는 것이다.

셋째, 문화는 변한다. 한 사회의 문화는 규칙성이 있지만 고정 불변한 것이 아니라 시간이 흐름에 따라 변화하는 것이다. 새로운 방식으로 문제를 해결하기 위해 노력하는 과정에서 변화가 일어나게 되는데, 강물이 늘 일정한 것처럼 보이지만 수면 아래에서는 흐르고 있듯이 문화도 항상 변하고 있다. 한국 문화를 살펴보면, 조선시대의 문화와 현대 문화는 전혀 다른 문화인 것처럼 보일 정도로 많이 변했다. 부모님들이 '우리 때는 저러지 않았는데…'라고 표현하는 이유는 그 만큼 문화가 변했기 때문이다. 또한 시대의 흐름에 따라 문화의 내용은 환경 변화에 맞추어 수정될 수 있으며 이러한 내용이 축적되어 삶의 양식들이 다양해진다. 특히 현대 사회는 정보, 통신매체의 발달로 지식 축적이 더욱 확대되며 가속화되고 있어 문화의 속성도 빠르게 변화되고 있는 추세이다.

넷째, 문화는 여러 부분이 모여 전체를 이룬다. 문화의 다양한 요소들이 각각 따로 존재하는 것이 아니라 상호 밀접한 관련을 통해 전체를 이루고 있으며, 연쇄적으로 다른 문화에도 영향을 미친다. 음식이나 의복, 주거 양식 같은 문화 요소들은 서로 연결되어 있다. 혼인이나 장례 같은 다양한 의례는 그 문화의 삶과 죽음에 대한 관념, 종교적 믿음, 세계관과 연결되어 있다. 종교와 같은 관념적 문화 요소들이 실제 주거 양식과 같은 물질문화와도 서로 연결되어 있다는 증거는 장례문화의 변화를 보면 알 수 있다. 전통적으로 집에서 장례를 치르던 한국 문화가 병원 영안실에서 장례를 치르는 것으로 변했다. 단독주택보다는 아파트 같은 공동 주거 형태로 변화된 주거 문화가 장례식 같은 의례 문화를 변하게 한 것이다. 따라서 문화는 어느 한 요소만 분리하여 이해할 수 없으며 전체적인 관점에서 파악하여야 한다.

3) 다문화의 개념

(1) 다문화와 다문화주의

다문화사회를 형성하게 된 배경은 다문화주의(multiculturalism)에서 비롯되었다. 다문화주의의 '다문화'의 의미는 '많을 다(多)'자에 '문화(文化)'라는 말을 합한 뜻으로, 하나 이상의 복수 문화를 말하며 '여러 나라의 생활양식'을 의미한다. 즉, 여러 유형의 이질적 문화가 하나의 제도권 안에서 상호 교류를 통하여 형성되는 것을 의미하며, 이는 인종, 민족, 언어, 종교, 성 등을 포함한다. 따라서 다문화라는 용어는 여러 문화 간에 발생하는 충돌이 가시화되면서 문화 간에 생기는 여러 유형의 문제를 조화롭게 극복하자는 의도에서 만들어졌으며, 다문화란 여러 나라의 문화를 연결시키고 반영하고 적용하는 것으로, 각 문화의 차별화를 강조하고 문화의 다양성을 추구하는 것이다.

캐나다의 철학자 테일러(Taylor)는 다문화주의를 문화적 다수 집단이 소수 집단을 동등한 가치를 지닌 집단으로 인정하는 '인증의 정치(politics of recognition)'로 정의하였다. 또한 다문화주의는 현대사회가 평등한 문화적·정치적 지위를 가진 상이한 문화 집단을 끌어안을 수 있어야 한다는 믿음이라 할 수 있다. 즉, 한 사회가 인종 또는 민족의 차원에서 다양하게 구성되었을 때 그 사회는 다문화사회가 되는 것이다. 그러나 다문화주의는 집단을 구별하는 문화만을 의미하는 것이 아니라 집단 내에서 소집단이나 소수자의 문화 및 권리 존중의 의미로 사용되기도 한다.

다문화주의와 대비되는 개념으로는 단문화주의(monoculturalism)가 있다. 단문화주의는 하나의 국가나 민족이 하나의 문화를 가진다는 것을 의미하는 것으로, 민족의 동질성을 강조하는 개념이다. 현재 세계적으로 단문화주의의 국가는 10%도 되지 않는 것으로 알려져 있다. 한편 다문화주의와 혼동되는 개념으로 문화적 다원주의(cultural pluralism)라는 개념이 있다. 이는 미국에서 널리 사용되는 개념으로 여러 집단이 고유한 문화를 유지하면서 전체 사회에 참여하는 것을 의미하는 것으로, 지배적인 문화에서 다른 집단의 문화를 보유할 가치가 있다고 간주하는 것이다.

다민족·다문화사회의 원리가 되는 다문화주의는 1970년대 호주와 캐나다에서 제기되면서 영국, 스웨덴 등 유럽 국가도 이민자, 외국인 근로자, 난민 등의 급증에 따라 공존 정책으로 받아들여 왔다. 결과적으로 다문화주의란 세계화가 진행됨에 따라 단일한 민족국가가 가지고 있던 다양한 문화를 서로 인정하고 교류하기 위하여 여러 문화를 존중하고자 하는 의미로, 이질적인 문화의 주변 문화를 제도권 안으로 수용하자는 입장을 일컫는 말이다. 최근 급속히 진행되고 있는 세계화 속에서 여러 국가의 문화를 이해하고 자유롭게 접할 수 있는 문화의 다양성을 관리하기 위해서는 상호 존중과 문화적 차이에 대한 관용과 배려를 중시하고 있다.

(2) 다문화사회와 다문화 중심주의

① 다문화사회

다문화사회는 '한 국가나 한 사회 속에서 다른 인종, 민족, 계급 등 여러 집단이 지닌 문화와 함께 존재하는 사회'를 의미하며, 가치·규범·생활방식·언어·기대 등 모든 영역에서 문화적 다양성이 존재하고 있다.

현재 우리나라는 과거 세대와 다르게 다문화 국가, 다문화 세계에서 살고 있다. 특히 다양한 문화를 가진 사람들과 상호작용하면서 관념, 사상, 사람 사이의 다른 문화 간의 접촉, 국제 이민, 다국적 기업, 해외여행을 통해 접촉의 기회가 많아지고 있다. 그래서 우리는 우리 문화에 대한 자각뿐만 아니라 다양한 민족 문화, 집단의 규범·가치·언어·상징을 배워 가며, 다양한 민족 집단의 개인적 문화적 태도와 정체성을 확인해야 한다.

다문화사회의 유형은 크게 두 가지 형태로 구분할 수 있다.

첫째, 영국이나 독일, 프랑스처럼 비교적 동질 문화를 가졌던 국가들이 자본과 노동의 세계화에 의해 이주노동자와 낯선 문화, 그리고 새로운 종교의 유입과 함께 다문화사회의 도전에 직면한 경우를 들 수 있다.

둘째, 캐나다나 미국처럼 초기부터 다양한 인종과 문화로 구성된 이민자의 나라였던 경우로, 이들은 상대적으로 다문화사회의 도전에 익숙하지만 여전히 사회통합이 중요한 문제가 되고 있다. 국가의 성립과정에 있어서는 차이가 있으나, 결과적으로 본다면 어느 국가든지 이주민의 증가에 따른 사회통합의 문제는 중요한 과제로 대두되고 있다.

한국의 다문화사회는 유럽 국가와 같은 전자에 속하며 세계화와 함께 외국 노동력의 유입으로 인한 이주 근로자와 1990년대 이후 결혼이민자의 증가에 따라 나타난 결과이다.

② 다문화 중심주의

다문화 중심주의는 인간의 상호작용과 상호 연결에 근거한 문화적 다양성에 초점을 두고 있으며, 다문화사회 혹은 조직에서 사람 혹은 집단의 풍부한 다양성을 인정하는 것이다. 여기에서 인정은 존중의 의미로, 존중은 개인의 통합성, 존엄성, 가치와 사회적 중요성을 보장하기 위한 노력으로 다문화 인구 대상을 존중하고 애정과 열정으로 대우하는 것이다.

문화적 다양성은 대립적 가치와 규범, 태도, 행동에 대한 관용을 필요로 하며, 이러한 관용을 위해서는 서로 다른 문화들로 이루어진 다문화사회의 구성원들이 서로의 문화를 이해하고 존중해야만 한다. 다문화사회 구성원들의 가치와 규범 가운데 일부는 공통되기도 하지만 대부분은 차이가 있기 마련이다. 문화적으로 동질적인 단일문화사회와는 달리, 이들은 바람직한 삶에 대한 일상적 관점을 공유하지 않을 수 있으며, 인간의 상호작용과 행동에 상이한 가치를 부여하기도 한다. 따라서 우리는 우리 자신의 문화에 대한 자각과 다양한 민족 문화 집단의 규범, 가치, 언어, 상징을 배우는 동시에 다양한 민족 집단의 문화적 태도와 정체성을 확인하여야 한다.

다문화 중심주의는 우리가 사회적으로 동질적인 단일문화사회에서 문화적으로 이질적인 다문화사회로 이동함으로써 우리의 사고 자체를 변화시켜야 한다는 것이다. 그래야만 다문화 중심주의는 자유주의와 평등주의의 이론인 자유 민주주의 이론에서 유래된 자유 민주주의 질서 안에서 존재할 수 있다.

우리나라의 경우 이주노동자와 국제결혼 가정, 그리고 그 자녀들을 포함한 외국인 비율은 한국 총 인구의 약 3% 정도이며, 이와 같은 규모는 새로운 인종과 문화, 그리고 종교의 유입이 사회문제화 되기 시작하던 1960년대 후반의 유럽과 비슷한 수준이다.

유럽에서 이민자들의 유입과 함께 다문화 중심주의로의 변화에 직면했을 때 대응해 왔던 방식은 '너그러운 관용'에서 '비차별의 법제화'로, 그 다음은 '다문화주의 인정'의 세 단계를 거치게 되었다.

첫 번째 단계인 '너그러운 관용'은 다수가 소수의 다름을 사회 전체의 평화를 위해 너그러운 마음으로 참아주는 것이다. 하지만 점차 증가하는 소수 민족 인구를 다수의 자민족이 이를 흡수·동화하는 것이 현실적으로 불가능하게 만들고 있고, 소수 민족 집단의 숫자가 적다는 이유로 우월한 위치를 차지해 온 다수 인구 집단의 정당성을 부정하면서 더 이상 다수의 관용에 호소하지 않게 되었다.

두 번째 단계인 '비차별의 법제화'는 다수 민족에 의한 소수 민족의 차별은 거친 말이나 특정 자격시험이나 집을 구하는 일 등 일상생활에서 접근을 방해하는 형태의 차별로, 더욱 심하게는 소수 민족에게 이유 없는 폭력을 행사하는 물리적 형태로 나타나기도 한다. 이러한 차별의 양상을 구체적으로 법제화하여 객관적이고 합리적으로 적용하는 것은 관용보다 한 단계 더 나아간 조치라 할 수 있다.

세 번째 단계인 '다문화주의의 인정'은 단순히 단일문화에서 다양한 문화로 변화해 가는 사회의 현상을 가리키는 가치중립적 용어로 사용할 수 있고, 소수의 권리를 적극적으로 보호해야 한다는 규범적 의미로 사용하기도 한다.

한국의 경우 이 3가지 다문화사회의 변화 단계 중 아직은 관용을 호소하는 수준에 머물고 있는 현실이고, 향후 국제결혼 및 이주노동자 수의 지속적인 증가 추세를 감안한다면 비차별의 법제화와 다문화주의 인정의 단계로 접어들게 될 것으로 예측한다.

현재 한국사회는 다문화에 대한 미흡한 공동의식으로 의사소통, 교육, 취업, 병역, 경제적 자립도, 사회적 수용, 눈에 보이지 않는 차별 등 여러 문제를 안고 있다. 다문화 인구가 우리 사회의 일원으로 통합되도록 다문화에 대한 공감과 다문화가족의 문화적 정체성을 인정하고, 다양한 문화 간의 상호 이해와 존중으로 우리 문화와의 융화를 도모하는 것이 필요하다.

(3) 자민족 중심주의와 문화상대주의

① 자민족 중심주의

자민족 중심주의는 자문화 중심주의(ethnocentrism)와 동의어이며, 오직 자문화의 가치와 습관(오래된 전통 또는 관점)에 기준하여 다른 문화를 바라보고 평가한다. 자신이 속한 문화를 가장 우월하고, 진실하고, 도덕적으로 옳고, 자신들의 것이 아닌 문화를 열등하거나 부정적으로 평가하는 태도이다. 우리와 다른 사람들의 관습, 개념, 행동, 가치, 신념들을 비난할 때 모든 형태의 문화적, 사회적 뿐만 아니라 개인적 평가에서도 자민족 중심주의가 관찰될 수 있다.

모든 인간 집단은 정도의 차이는 있으나 일반적으로 자민족 중심주의적이며, 자민족 중심주의는 군사력과 경제력에서 우위에 있었던 유럽에서 시작되었다. 자민족(문화)이 정상적(최고)이고 타민족(문화)은 비정상적이거나 열등하다고 여긴다. 민족과 문화를 서열화하는 국가질서에서 보편적으로 나타나는 체계로 자민족 종교, 윤리, 가치, 의미를 좋은 것으로 간주하며 이를 판단의 기준으로 삼는다. 때로는 이를 타민족에게 강요하여 문화제국주의적 성향을 보이기도 한다.

인류학자는 자민족에서 자라면서 자민족의 언어, 범주, 문화에 빠져있는 것을 극복하기 위해 타민족/타문화에 대한 교육의 필요성을 강조하였다. 그 이유는 자신의 문화에 대한 자부심으로 타자/자아의 구분이 심해 국제화, 개방화 사회에서 국제적 고립을 자초할 수 있기 때문이다.

② 문화상대주의

문화상대주의는 자기 나라의 문화가 다른 나라의 문화보다 우월하다는 생각을 거부하며 존재의 이유와 가치가 있다고 보는 입장이다. 모든 문화가 그 문화의 규칙에 따라 삶을 영위하는 사람들의 욕구를 만족시키기에 충분히 진화하였다고 보고 그 사회의 문화를 있는 그대로 바라보는 태도로, 각 사회의 문화를 그 사회 맥락에서 이해하고 평가하는 태도이다. 어떤 문화가 '불충분'하면 그 문화는 구성원들의 생존을 불가능하게 할 것이며 결국 소멸되어 버릴 것이다. 예를 들어, 에스키모인의 문화는 그 구성원이 뉴욕에서 사는 데에는 적합하지 않지만, 뉴욕의 문화 역시 북극에서의 생존을 위해서는 불충분하다. 이처럼 문화 상대주의는 다양한 문화적 구성요소들이 외부의 기준에 의해 '옳거나' '그른' 것이 아니라 어떤 기능을 하고 어떻게 유지되는가에 초점을 두어야 하며 문화적 요소들은 더 좋거나 나쁜 것이 아니라 다를 뿐이라고 보는 관점이다.

또한 문화상대주의는 피부색이나 신장, 두개골 모양의 차이에도 불구하고 '인류는 하나'라는 확신에 근거하고 있다. 즉, 세계 여러 민족 집단이 가진 인간으로서의 본성은 기본적으로 동일하다는 입장에서 출발하였으며, 문화와 인종에 관계없이 동일하다고 보는 관점이다. 인간의 본성이 동일하다는 사실은 인간의 기본적인 권리나 의무, 생명의 존엄과 가치 등에 대해 논할 수 있는 전제 조건이 된다.

문화는 이러한 인간 본성의 진정한 표현이라고 볼 수 있는데, 인간의 본성이라는 것은 욕구나 가치, 능력의 단순한 집합이 아니라 매우 다양하며 때로는 양립할 수 없는 목표들을 포함하기도 한다. 그렇기 때문에 인간의 본성이 갖고 있는 가능성은 하나의 문화로는 도저히 표현될 수 없는 것이다.

문화상대주의의 입장에서 볼 때 하나의 문화는 오직 인간 본성의 일부 측면만을 실현할 수 있을 뿐이며, 어떤 문화도 인간 본성의 모든 측면을 실현하지 못한다. 따라서 지구상에 오직 하나의 문화만이 존재한다면, 인간의 다양하고 복잡한 본성은 애석하게도 단지 그 일부만이 표현될 수 있을 것이다. 이렇게 볼 때 지구상에 다양한 문화가 존재한다는 사실은 궁극적으로 모든 개인에게 더욱 풍요롭고 보다 나은 삶의 가능성을 제시해 준다.

(4) 다문화사회의 유형

다문화사회의 유형은 집단 구성원 간의 결속 형태에 따라 결정되므로 구조적·기능적·감정적 차원에서 구분할 수 있다.

첫째, 구조적 차원에서의 다문화사회(structural multicultural society)는 다문화구성원 간에 시간적·공간적인 관계에 의해 모여진 공동체로 다문화구성원의 집합체, 대면적 다문화공동체, 지정학적 다문화공동체, 문제해결 다문화공동체 등이 있다. 집합체(aggregate)는 다문화구성원이 모인 이유에 상관없는 '집합' 그 자체로 큰 집단에서 소수의 집단에 이르기까지 다양하며, 동일한 다문화적 요구를 가진 집단이나 생활환경 자체에서 위험에 노출되어 있는 집단 등을 의미한다. 즉 외국인 근로자 집단, 결혼이주여성 집단, 외국인 유학생 집단 등이 이에 속한다. 대면적 다문화공동체(face to face multicultural communities)는 다문화구성원의 기본적인 집단으로, 구성원 상호 간에 교류가 빈번하여 소식이 쉽게 전달되고 사람들끼리 서로 친근감과 공동 의식을 소유하는 집단으로 가족, 이웃, 왕래가 있는 교민회 등을 들 수 있다. 지정학적 다문화공동체(giopolitical multicultural communities)는 법적·지리적 경계로서 행정구역상 특별시, 광역시, 도, 시, 구, 군, 면, 읍 등 또는 외국인 근로자들의 숙소와 같은 물리적 경계를 지닌 다문화사회를 의미한다. 다문화사회의 구조적 차원에서의 조직(organization)은 외국인 주민이 특정한 목표를 추구하기 위하여 일정한 구조를 가진 단위를 의미한다. 예를 들면 외국인 주민을 위한 어학원, 쉼터, 산업체 등이 이에 속한다. 문제해결 다문화공동체(problem solving multicultural communities)는 문제를 확인하고 공유하며 해결할 수 있는 범위 내에 있는 공동체를 의미한다. 즉 외국인 주민이 가진 문제를 해결하기 위한 지역사회 및 정부기관 등이 이에 해당한다.

둘째, 기능적 다문화사회(functional multicultural society)는 어떤 것을 성취하는 데 도움이 될 수 있는 지역적 공감을 기반으로 한 다문화구성원의 집합체이다. 이는 단순한 지리적 경계보다는 목표 성취라는 과업의 결과로 나타난 문화적 공동체를 의미한다. 기능적 다문화사회는 동일한 요구를 지닌 다문화공동체, 자원 공동체 등이 있다. 동일한 요구를 지닌 다문화공동체(multicultural communities of identifiable need)는 특별한 문제를 가지고 있는 장소나 위협요인을 포함한다. 즉 학교에서 따돌림을 받고 있는 다문화가정 자녀를 가진 학부모와 같은 공통적인 문제와 요구를 가진 공동체를 의미하며, 행태학적 문제나 특수한 흥미를 가진 공동체와 유사하다. 예를 들면 언어 문제를 가지고 있는 외국인 주민의 모임, 산업 현장에서 불공정 대우를 받고 있는 외국인 근로자의 집단 등이 이에 해당한다. 자원 공동체(critical mass communities)의 'critical mass'는 사업을 제공하기 위한 충분한 자원을 의미한다. 자원으로는 경제력, 인력, 소비자, 다른 공동체에 대한 영향력, 물자 등이 있으며, 이러한 자원은 문제 해결, 요구 충족을 위하여 제공한다. 자원공동체란 지정학적 경계를 벗어나 어떤 문제를 해결하기 위하여 자원의 활용 범위를 한계로 하여 모인 공동체이다.

셋째, 감정적 다문화사회(emotional multicultural society)는 감각이나 감성을 중심으로 모인 공동체로서, 소속 공동체, 특수 흥미 공동체 등으로 분류할 수 있다. 소속 다문화공동체(belonging multicultural communities)는 출신지가 어디인가에 따라 감성적인 동지애로 결속된 공동체이다. 예를 들면 외국인 주민 중 어느 나라 어느 도시에서 이주해 왔는가 하는 차원에서 결속된 집단을 말한다. 특수 흥미 다문화공동체(special interest communities)는 특수 분야에 서로 같은 관심과 목적을 가지고 관계를 맺고 있는 공동체이다. 예를 들면 외국인 근로자 산악회, 결혼이주여성들의 노래교실, 유학생들의 동아리 등이 있다.

이상에서 다문화사회를 구조적·기능적·감정적 다문화사회로 구분하여 살펴보았다. 외국인 주민에 대한 정책이나 문제 해결을 함에 있어서 여러 유형의 다문화사회의 형태가 존재함을 인식하여 다원적으로 접근할 필요가 있다. 또한 다문화사회에서 외국인 주민은 개인을 기본 단위로 하여 가족, 지역사회, 더 나아가 보다 넓은 범주의 사회를 형성하고 있어 총체적인 하나의 체계로서 기능한다는 점을 인식해야 한다.

결국 다문화란 하나 이상의 복수 문화를 말하며, 다문화사회란 다양한 문화가 함께 공존하는 사회를 말한다. 그러나 다문화는 다인종, 다민족으로 구성되어 있는 나라 또는 사회에서 주류 문화에 대한 하위 개념으로서 문화적 차이에 대한 상호 존중을 중시하는 개념이기도 하다.

다문화사회의 특성은 다양한 문화가 함께 공존하므로 상이한 문화 집단을 평등한 문화적·정치적 지위를 가질 수 있도록 끌어안아야 한다는 것이다. 따라서 주류 문화에 속하는 사람들은 외국인 주민의 행동을 고유문화의 편향된 시각으로 보거나 해석하는 자문화 중심주의에서 탈피해야 하는 것이 선행되어야 한다.

4) 다문화사회로의 이행

최근 국제사회는 과거의 이데올로기적인 반목과 적대적 관계에서 벗어나 전 세계적 차원에서 경제, 정보 및 인적 교류가 활발해지면서 탈국가 현상이 가속화되어 가고 있다. 보다 높은 수입을 위하여 값싼 자국의 노동시장을 떠나 수입이 좋은 외국의 노동시장으로 이동하는 것이 보편화되고 있으며, 정보 기술의 발달은 국가와 지역사회의 경계를 차단하고 있는 벽을 무의미하게 만들고 있다. 이른바 국제사회는 경제, 정보 및 인적 교류가 국경을 자유롭게 넘나드는 '국경 없는 다문화사회'로 급속히 변화하고 있다. 그러나 다문화사회에서 인간의 문화 적응 문제는 새로운 곳으로 이주해 온 이주자만의 문제가 아니라 새로운 이주민을 받아들이는 국가나 지역사회 측면에서도 이들과의 적응 과정에서 다양한 문제를 유발하게 된다.

한 국가나 지역사회가 이주민을 받아들여 다문화사회로 이행되어 가는 과정은 다음과 같이 세 단계로 설명할 수 있다.

첫 번째 단계는 진입 단계로서, 전체 인구에서 외국인 이주민이 차지하는 비중이 점차 증가하는 단계이다. 이 진입 단계에는 같은 민족으로 구성되어 있던 동질적 사회에 다른 민족 또는 인종이 유입되면서 상시적으로 통용되던 민족적 구성원에 대한 혼란이 유발된다. 주류 사회의 구성원은 이주민에 대하여 진정한 관용의 태도를 갖기 어렵기 때문에, 상당수의 구성원은 이민자에 대하여 낯설어하면서 이주민과 함께 사는 것에 대하여 심리적인 저항과 차별적·편견적 태도를 보이게 된다. 이주민은 주류 사회의 구성원으로부터의 차별적·배타적 태도에 자신감과 자긍심이 저하되고 열등감으로 인하여 정체성의 문제를 드러낼 수 있는 시기이다.

두 번째 단계는 다문화사회로의 전환 단계로서, 외국 이주민이 이주한 국가에서 체류기간이 길어지면서 이주한 국가에서 가족을 형성하게 되고 이들 간의 교류가 활발해지면서 이주민 공동체가 형성되어 집단 거주지가 형성됨으로써 다문화사회로 전환되는 시기이다. 우리나라의 경우에는 결혼이주여성이 한국 남성과 결혼함과 동시에 가족 형성이 이루어진 경우가 많기 때문에 이 단계를 거치지 않았다고 할 수 있다. 이 단계에서는 일반적으로 언어 장벽에 따른 의사소통 부재로 인하여 다문화가족 구성원 간의 무관심과 정서적 지지의 약화로 인한 문제가 출현된다. 이 시기에 의사소통의 부재와 정서적 지지가 원만하게 해결되지 않을 경우 이혼율은 증가하게 되고 가족 해체 현상이 초래되며, 소수 이주민 집단은 주류 사회로부터 고립되고 빈곤층으로 전락할 수 있으며, 이주민 집단에 대한 새로운 사회계층화 현상이 나타날 수 있다. 따라서 이 시기에는 이주민에 대한 언어교육과 새로운 문화 적응에 대한 교육이 이루어져 의사소통 장애와 정서적 불안정의 장벽을 조기에 극복할 수 있도록 하는 중재적 접근이 필요하다.

세 번째 단계는 다문화사회의 정착 단계이다. 다문화가족 내에서 자녀가 성장하여 사회 진출이 본격화되면서 이주민의 공동체가 새로운 국면을 맞이하게 되는 시기이다. 다문화사회로의 진입과 전환 단계에서 제기되었던 위험 요인을 성공적으로 관리하지 못할 경우에는 정착 단계에서 사회적 불안 상황이 유발될 수 있다. 즉 민족적·인종적 정체성의 혼란과 낮은 교육 수준, 인종 간 사회적 마찰 및 주류 문화에 대한 저항이 표면화되는 등의 위험 요인은 이주민 자녀의 실업 문제, 범죄 및 집단 소요 등으로 가시화될 수 있다.

5) 다문화사회의 진입 배경

최근 국제사회는 인적 교류, 경제적 교류 및 정보의 교류가 활발해지고 탈국가 현상이 가속화되면서 급속하게 다문화시대로 전환되고 있다. 우리나라도 세계 최저의 출산율과 노인 인구의 증가, 3D(Dirty, Difficult, Dangerous) 업종에 대한 기피 현상으로 인한 노동력 부족으로 인하여 제3세계로부터 외국인 근로자를 유입하는 결과를 가져오게 되었다. 1980년대 말부터 외국인 근로자가 증가하였고, 1990년대 중반부터 국제결혼이 급증하면서 다문화사회로의 변화가 급속히 진행되고 있는 것이다. 한국사회가 다문화사회로 진입하게 된 배경은 '세계화에 따른 노동력의 이동', '저출산·고령화 현상', '국제결혼의 증가' 등에서 찾아볼 수 있다.

(1) 세계화에 따른 노동력의 이동

1980년대 초반 영국과 미국에서 출발한 신자유주의(neoliberalism)에 의한 경제 정책은 세계경제의 중심축으로 작용하면서 세계화를 가속화시켰고, 1990년대에 이르러 활발해진 국제 교역은 선진 자본주의 국가에서 노동력 부족 현상으로 나타나게 되었다. 이에 반하여 개발도상국에서는 국가적 차원에서 빈곤과 실업 문제를 해결해야 하는 긴급한 상황이 전개되었다. 이에 따라 선진국에서는 부족한 노동력을 해결하기 위하여 문호를 개방할 수밖에 없었고, 개발도상국의 노동력은 일자리를 찾기 위하여 문호가 개방된 선진국으로 이동하기 시작하였다.

세계화에 따른 세계경제는 점차적으로 국가 간 교류와 상호 의존도를 높이고 있으나 부익부 빈익빈 구조가 확장되면서 부를 소유한 20%의 인구가 전 세계 경제의 80%를 소유하는 부의 편중 현상이 두드러지게 나타났다. 2000년 ILO(International Labour Organization, 세계노동기구)의 보고서에 의하면 세계 노동 인구의 3분의 1은 실직자이며, 전 세계 인구 60억 중 약 30억 인구는 1일 생활비가 2달러도 채 안 되는 것으로 보고한 바 있다. 따라서 경제적으로 가난한 국가의 노동자들은 수입을 위하여 경제적으로 부강한 나라로 이동하는 현상이 가속화되었다.

서구의 경제 선진국은 값싼 외국의 노동력을 받아들이면서 경제 발전을 더욱 가속화하고 있지만 외국의 이주민을 수용해야 하는 사회적인 문제에 봉착하게 되었다. 따라서 외국인 이주민을 수용하는 나라에서는 국가적 차원에서 이들을 수용하기 위하여 이주국의 지배 문화에 흡수하기 위한 동화 정책을 시행하였다. 그러나 시간이 갈수록 이주민의 수는 증가하였고 이주민 집단의 요구도가 증가하면서 수혜와 혜택 사이에서 이주민과 원주민 간에 갈등이 표출되기 시작하였다. 외국의 이주민은 불공정한 차별 대우와 인종차별 등에 저항하여 일련의 폭력 사태가 유발되어 사회적인 갈등이 증대되었다. 이에 따라 최근 외국인 이주자들을 받아들이는 수용 국가에서는 노동 통제 정책을 통하여 자국의 경제적 이익과 보호를 위하여 개발도상국에서 이주해 오는 노동력을 조절하고 통제하는 경향을 보이고 있다.

우리나라는 1980년대 말부터 제조업과 건설업에서 노동력 부족 현상이 대두되면서 외국인 이주노동자가 유입되었다. 그 이후 외국인 근로자의 수는 급속히 증가하여 2016년 기준 국내에 거주하는 외국인 근로자는 96만 2,000명으로 주로 3D 업종에서 국내의 부족한 노동력을 충원하고 있다. 그러나 우리 사회는 단일민족의 이데올로기적 의식이 팽배하여 타민족에 대한 배타심과 차별, 주류 집단으로서 이들에 대한 정책상의 미비 등으로 인한 인권 침해, 임금 체불과 착취 등 심각한 사회적 문제가 유발되고 있다.

(2) 저출산·고령화 현상

출산율이 낮으면 인구는 점차 고령화되고 노인을 부양하기 위한 생산 인구가 감소하여 국가적으로 심각한 재정 위기에 봉착할 수 있다. 그러므로 현재의 인구를 유지하기 위한 출산율은 2.2~2.3명 수준으로 유지되어야 한다. 이는 결혼한 부부가 최소한 2명 이상의 자녀를 낳아야 현재의 인구가 자연 감소되지 않고 유지된다는 것을 의미한다. 그러나 현재 전 세계적으로 볼 때 75개국의 출산율은 2.0명에도 못 미치고 있으며, 특히 경제적으로 부강한 선진국은 개발도상국에 비해 출산율이 낮다.

최근 우리나라는 세계적으로 가장 낮은 저출산과 세계에서 가장 빠른 고령화 현상이 두드러지게 나타나고 있다. 이와 같은 저출산·고령화 현상은 미래의 지속 발전 가능성에 제동을 거는 위협 요인이 되고 있다. 저출산으로 초래되는 유소년 및 생산연령인구의 감소와 급격한 고령화 현상은 노동생산성을 저하시켜 결국 미래의 성장 동력 기반을 붕괴시킬 우려가 있으며, 노인 인구의 증가로 사회보험 수급자가 급격히 증가하여 사회경제적 안정성을 위협하게 된다. 또한 저출산·고령화는 국가와 지역사회의 잠재성장률을 둔화시키고 대외 경쟁력을 약화시키는 요인으로 작용하게 된다.

경제협력개발기구(Organization for Economic Cooperation and Development; OECD) 가입 국가의 평균 출산율(2008)은 1.71로 나타나고 있는데, 이 중 미국의 출산율이 2.01, 프랑스 2.00, 영국 1.94, 스웨덴 1.91, 네덜란드 1.77, 이탈리아 1.41, 독일 1.38, 일본 1.37 등의 순위를 보이고 있으며, 한국은 1.15명으로 34개국 가운데 최저의 출산율을 기록하고 있다. 한국은 세계 195개국 가운데서도 출산율 순위가 192위로 최하위를 보이고 있다.

출산율의 급격한 저하는 곧 고령화 사회로의 전환을 촉진하게 된다. 국가의 총 인구 중에서 65세 이상의 노인 인구 비율이 7%를 넘게 되면 고령화 사회(aging society)로, 14%를 넘으면 고령 사회(aged society)로, 20% 이상이 되면 초고령 사회(super aged society)로 분류하게 되는데, 이미 고령화 사회를 넘어 고령 사회, 초고령 사회로 진입한 국가도 다수 있다. 고령화 사회에서 초고령 사회로 진입하는 데 소요된 기간은 프랑스의 경우 154년, 미국은 90년, 일본은 35년이다. 그러나 우리나라의 경우에는 2000년도에 노인 인구가 전체 인구의 7.2%로 고령화 사회가 된 이래 2018년에는 14%로 증가하여 고령사회가 될 것이며, 2026년에는 20%로 증가하여 초고령 사회가 될 것으로 예측하고 있다. 초고령 사회에서는 노인에 대한 부양 부담이 더욱 가중된다. 우리나라는 2005년도의 경우 생산 인구 7.9명당 노인 인구 1명을 부양하였으나 2050년이 되면 생산 인구 1.4명당 노인 인구 1명을 부양하게 되어 부양비가 크게 증가할 것으로 추산되고 있다.

결과적으로 선진국에서는 출산율 저하와 인구의 고령화가 가속화되고 있는 반면 저개발국의 인구는 오히려 증가하고 있는 인구 변동의 추이에 따라 저개발국의 노동 인구는 선진국으로 이동하는 현상이 가속화되고 있다. 우리나라의 경우에도 저출산·고령화 사회로의 전환에 따라 노동력 부족 현상을 초래하였으며 이에 따라 외국인 근로자와 결혼이주자 등이 대거 유입되는 결과를 가져오고 있다.

(3) 국제결혼의 증가

단일민족이라는 이데올로기적 의식이 팽배한 우리나라에서 한국전쟁 이후 국제결혼에 대한 이미지는 부정적이었다. 그러나 최근 세계화 시대를 맞이하여 국제결혼의 건수가 급속히 증가하고 있다.

신자유주의적인 경제 변화에 적응하는 도시와 이에 편승하지 못한 농촌의 경제적인 격차가 심화되면서 농촌에서는 성별 인구 비율의 불균형이 초래되었다. 드시에서의 신자유주의적 경제 변화와 서비스 산업의 확장으로 농촌 여성의 도시로의 이동이 자연스럽게 이루어졌고, 이에 비해 농촌의 남성은 성비 불균형과 함께 결혼을 하지 못하는 사례가 증가하게 되었다. 또한 과거의 사회적 분위기에서는 여성은 당연히 결혼을 해야 하는 것으로 인식되어 왔으나, 현재의 사회적 분위기에서는 여성이 관습적으로 결혼을 하기 보다 자아실현을 하는 것을 더 선호하는 분위기로 전환되고 있다. 한편 도시 남성의 경우에도 경제적 수준이나 문화적 수준의 차이로 인하여 한국 여성과 결혼을 하지 못하는 사례가 점차 증가하고 있다.

또한 우리 사회의 전통적인 남아 선호 사상은 남녀 성비의 불균형을 초래하여, 여성 비율에 비해 남성 비율이 높아짐으로써 남성들이 결혼을 하지 못하는 요인이 되고 있다. 인구주택총조사(2010)에 따르면 여자 100명당 남자의 비율은 15~19세까지 113.3명, 20~24세까지 113.7명, 25~29세까지 103.8명으로 나타나고 있어 젊은 연령층에서 여성의 비율이 남성에 비해 부족한 것으로 나타나고 있다. 이와 같은 성비 불균형의 결과는 결혼 못하는 남성의 비율을 증가시키는 요인으로 작용하고 있으며, 여성 결혼이민자의 수요를 늘려 국제결혼의 증가와 다문화가정의 확산을 더욱 가속화시키고 있다.

2 다문화 관련 이론

다문화이론은 세계 여러 국가에서 만들어졌다. 여러 학자들에 의해 다양하게 정의되고 있는 다문화용어에 대한 개념을 정리하고, 한국식 다문화사회에 적합한 통합 모델을 선별하기 위해 대표적인 사회통합 정책 모델인 동화주의 모델과 다문화주의 모델을 살펴보고자 한다.

그리고 소수 민족으로 하여금 자신의 고유문화를 포기하고 지배 문화에 흡수될 것을 강요하는 문화적 동요나 용광로 이론(theory of melting pot), 캐나다에서 생성된 모자이크 이론(theory of mosaic), 미국에 온 모든 민족이 자기의 독특한 맛을 내어 이루는 다양한 조화가 미국이 지향하는 정책이라는 샐러드 볼 이론(theory cf salad bowl) 등에 대해서도 알아보고자 한다.

1) 다문화이론

(1) 사회통합 정책 모델

① 동화주의 모델

세계 각국이 이주민을 사회에 수용·통합하는 방식은 크게 동화주의 모델과 다문화주의 모델로 나누어 볼 수 있다. 노동·자본·사람의 이동은 비교적 동질적인 한 사회가 이질적인 요소를 받아들이는 과정이라고 할 수 있다. 인간의 관성은 새로운 것을 부정하지 않고 항상성을 유지하려는 경향이 있다. 우리 사회에서 이러한 관성의 경향은 다른 문화에 대한 동화를 강요함으로써 나타나는 현상이라고 할 수 있다. 동화(assimilation)란 소수 민족이 다수 또는 우세 문화에 일치되는 것을 말한다. 시간이 흐르면서 다른 소수 민족 집단이 점차로 우세 문화와 같아져, 결국 모두가 우세 집단으로 유형화된 하나의 공통 문화로 합치된다는 이론이다.

동화주의 모델(assimilation model)의 목표는 한 국가 내에 공존하는 주류 문화와 비주류 문화 중에서 주류 문화를 통한 사회통합이다. 즉 개인의 변화 과정을 통해서 소수 인종집단이 가지고 있는 문화적·인종적 특성을 버리고 주류 집단의 것을 받아들임으로써 이주한 국가에 완전히 동화되는 것을 정책 목표로 하고 있다. 따라서 이들은 새로운 국가에서의 권한을 취득함과 동시에 자국민으로서의 의무를 가지며 그 나라의 언어를 사용해야 한다. 다시 말해서 소수 집단의 일원으로서 개인이 가지고 있는 언어·문화·사회적 특성을 버리고 그 나라의 문화를 받아들여야만 국민으로 인정되는 것이다.

동화주의 모델에서 우세 집단의 특징은 우월하고 바람직한 것으로 간주되는 반면, 소수 집단의 특징은 비정상적이고 열등하며 바람직하지 못한 것으로 여겨진다. 이러한 과정을 문화 변용(acculturation)이라 하며 적어도 2가지 수준에서 일어난다. 하나는 행동적·문화적 측면에서 나타나고, 다른 하나는 구조적 측면에서 나타난다.

동화주의 모델을 채택하는 국가의 경우 이민을 비교적 쉽게 받아들이고 각종 권한을 부여하는 데에도 개방적이나, 이민자는 출신 국가의 문화적 정체성을 버리고 해당 국가의 문화에 적응해 가면서 결국에는 이주한 국가의 일원이 되어야 한다. 또한 동화주의 모델을 채택하는 국가의 정책은 문화적 적응과 정체성의 전이가 용이하도록 지원하고 그 속도를 높이는 데 초점을 둔다. 그리고 이 모델을 선택한 국가에서는 표면적으로 소수 인종에게 고유의 문화를 포기할 것을 강요하지는 않으나 사회 분위기나 제도를 은밀하게 요구한다. 또한 소수 인종의 고유문화와 언어를 유지하기 위한 법적·제도적 지원을 하지 않는다.

② 다문화주의 모델

다민족·다문화사회를 통합하는 데 있어서 동화주의 모델은 인종·민족 간 분쟁의 원인을 제공하는 정책으로 판단하는 반면에, 다문화주의 모델(multiculturalism model)은 소수 집단의 문화적·사회적 차이와 잠재력을 정당한 것으로 받아들인다는 점에서 두 통합 모델은 기본적으로 차이가 있다.

다문화주의는 탈근대화주의(postmodernism)에 대한 관심과 함께 부상한 개념으로 1970년대를 전후해 본격적으로 사용하기 시작하였다. 정부가 시행하는 새로운 정척이나 국민 통합의 이데올로기, 또는 사회운동의 목표를 지칭하는 것으로 존재해 왔다.

다문화주의는 몇 개의 인접한 소수 집단의 단위 문화가 주류 사회의 단위 문화를 배경으로 점점이 박혀 있는 모자이크가 아니라, 다양한 구성 요소가 상호공존하며 각자의 색깔과 냄새 그리고 고유의 개별성을 그대로 유지하면서도 서로 조화되어 또 다른 종합성을 이루어내는 이른바 샐러드 그릇(salad bowl)을 의미한다.

다문화주의 모델은 소수 집단이 자신의 특수성을 버리거나 완전한 참여를 제한 받지 않더라도 완전하게 주류 사회의 일원이 될 수 있다고 본다. 따라서 다문화주의 모델에서는 각 인종, 민족의 전통적 문화, 언어, 생활 습관을 국가가 적극적으로 보호·유지하기 위해 공적 원조를 하고 인종차별 금지, 적극적인 차별 시정 조치를 도입하여 각 집단 내에 불만이 축적되는 것을 예방하기 위한 정책을 취한다.

다문화주의는 정치적·사회적·문화적·언어적·인종적 불평등을 없애 국민 사회의 통합을 유지하려는 이데올로기이며, 구체적인 지도 원리인 것이다. 따라서 다문화주의 모델의 목표는 각기 다른 문화의 다양성을 '다름'이 아닌 '차이'로 인식하는 상호 존중의 분위기 속에서 서로 다른 문화·언어·인종의 사람들이 조화롭게 공존하며 사회를 구성하는 데 있다. 또한 다문화주의는 한 국가 내에서 소수자의 문화를 존중하고자 민족적·문화적 다양성 자체를 사회의 기본 구성 원리로 채택한다. 이러한 체계에서는 이민자에게 굳이 출신 문화를 탈피해 새로운 문화에 동화하도록 요구하지 않으며, 오히려 출신 문화와 정체성을 유지할 수 있도록 지원하고 다양한 문화적 배경을 지닌 주체들이 사회·문화·정치·경제 등 각 분야에서 함께 활동하고 상호 교류를 원활히 할 수 있는 방안을 강구하는 데 주력하고 있다.

두 유형 중 어느 한쪽이 이주민의 사회통합에 절대적으로 적합하다고 말할 수는 없다. 각 국가는 수용한 통합의 정책이 의도한 것처럼 완전하고 무결점인 통합 정책이 되었으면 하는 기대를 하지만 현실에서는 그 반대의 현상이 뒤따르고 있다. 현실의 특수성은 이 두 유형의 온전한 선택과 적용을 어렵게 한다. 현실에서 구체적인 정책의 시행을 보면 각 국가가

처한 특수한 상황에 따라 다문화주의 경향이 동화주의 정책에서도 나타나고, 동화와 융합의 정책 과정이 다문화주의를 채택한 국가에서도 구현된다. 이러한 점에서 이민자를 통합하는 다문화정책은 다분히 추상적이라 할 수 있다.

③ 차별적 배제주의 모델

특정한 이주민에 대해서는 자국 국민에 준하는 공식적 권리를 인정하는 반면, 그 밖의 이주민에게는 일시적 체류 자격만 부여한 채 이들을 사회통합 대상에서 배제하고 각종 권리도 인정하지 않는 전략을 말한다. 예를 들면, 이민자를 3D 직종의 노동 시장과 같은 특정 경제적 영역에만 받아들이고 복지 혜택, 국적, 시민권, 선거권, 피선거권 등과 같은 사회·정치적 영역에는 절대 받아들이지 않는 것을 말한다. 즉, 유입국에서 국가가 원치 않는 이민자 정착을 원천적으로 차단하려는 전략을 말한다.

(2) 용광로 이론

용광로 이론(theory of melting pot, melting pot theory)은 미국이라는 사회를 하나의 거대한 용광로로 보고 수많은 이민자를 철광석에 비유하여 그들이 미국 사회에 정착하는 과정에서 백인 주류 문화(White Anglo Saxon and Protestant; WASP)에 용해되어 미국인이라는 새로운 인종으로 바뀐다는 이론으로, 문화 일원주의인 동화 교육을 의미한다.

계몽사상과 다윈(Darwin)의 진화론, 그리고 백인 주류 문화를 바탕으로 생겨났으며, 1921년 영국의 철학자인 길버트 체스터톤(Gilbert Chesterton)이 미국을 방문해 다양한 인종이 한데 어울려 사는 모습을 매우 인상적으로 느껴 그것을 용광로에 비유한 데에서 비롯되었다. 마치 여러 성분이 섞인 쇠붙이가 용광로에 들어가 일정 시간이 지나면 녹아 순도가 높은 금, 은 그리고 강철이 되어 나오듯 미국이라는 거대 용광로를 통해 다양한 혈통의 이민자가 뒤섞여 새로운 인종인 순수 미국인이 태어난다는 것이다. 이러한 개념은 18~19세기부터 정립되기 시작하였고 'melting pot'라는 용어는 미국이 다양한 인종과 문화를 흡수하는 사회라는 개념으로 사용하게 되었다.

그렇다면 'melting pot'을 통해 만들고자 하는 미국인은 과연 누구인가? 그것은 바로 미국 최초 정착자이며 주류 사회를 형성하고 있는 WASP이다. 미국인다운 미국인이 되려면 언어와 종교는 물론 사고와 행동까지도 영국계 주류 사회의 본을 따라야 한다는 것이다. 아직은 한 국민으로서의 통일성과 일체감을 강조한 것이기는 하지만 다양한 피부색과 문화적 차이가 존재하는 미국 사회에서 현실적으로 적용하기 어렵다.

흑인은 피부색부터 다르기 때문에 애초부터 '인종 도가니'에 끼지도 못했다. 흑인 가운데는 타고난 곱슬머리를 백인의 머리처럼 약품으로 펴고자 한 사람도 있었지만 헛수고였다. 흑인이나 백인이 용광로에 들어간다고 피부색이 변하지 않는다. 조상 대대로 물려받은 전통, 가치관이 그렇게 쉽게 변화될 수도 없다. 용광로 이론은 많은 그룹과 인종을 환영하는 미국 사회의 모습이 아니며, 미국 사회가 입국을 허가한 사람에게 강요하는 일체성과 동화성을 연상시키므로 많은 사람에게 설득력을 잃어가고 있는 이론이다.

오랫동안 용광로라는 은유는 이민 경험의 측면을 정확하게 서술하는 것으로 인정되었다. 이민국에 도착했을 때 이민자는 본토인과 다른 문화, 언어, 정치 등에 있어서 다른 특징을 지니고 있지만 시간이 지나면서 이민국의 체제에 점점 동화된다. 그리고 차이가 점점 줄어들고 마침내 특징적인 차이가 없어질 때 이민자는 본토인과 같은 시대를 살아가는 사람이 될 수 있는 것이다. 더욱이 이민국 태생의 자녀가 몇 세대를 거치게 되면 본토인과의 차이가 거의 없어진다.

하지만 최근의 사회학·역사학적 연구는 완전한 동화가 이민 경험에서 도출되는 필연적인 결과라는 관념을 부정한다. 오랫동안 가장 많은 이민이 발생한 미국도 다양한 문화가 혼재하는 다원적인 사회를 유지하고 있으며, 일부 이민 집단이나 민족 집단이 고유의 문화적 유산과 언어를 지키려는 뿌리 깊은 애착을 지니고 있는 것이 그 증거이다.

요컨대 동화의 과정은 일반적으로 생각하는 것만큼 단순한 과정이 아니다. 우선 이민자가 이민국의 사회에 적응해 가는 과정만 해도 오직 동화만 존재하는 것이 아니다. 또한 동화 현상이 사회적 맥락에서 발생하는 하나의 사회현상인 만큼, 동화를 바라보는 시각도 여러 가지이며 동화 과정에 미치는 사회적 변수도 여러 가지인 것이다.

(3) 모자이크 이론

모자이크 이론(theory of mosaic)은 캐나다의 존 머레이 깁슨(John Murray Gibbon)이 1938년에 그의 저서 "캐나다식 모자이크(Canadian Mosaic)"에서 처음으로 모자이크 이론이라는 용어를 사용한 데에서 유래되었다.

캐나다는 이민자의 나라로서 역사와 문화적 배경을 달리하는 세계 각지에서 온 수많은 이민 집단으로 구성되어 있다. 따라서 다수의 이질적인 집단을 조화시켜 원만한 사회통합을 이루는 것이 우선적인 국가적 관심사가 되어 왔다. 인종과 문화의 뿌리가 다양한 사람들이 모여 총체적으로 만들어낸 국가로서의 캐나다가 지향하는 중요한 가치가 다문화주의이다. 흔히 미국 문화를 '인종의 도가니', 캐나다 문화를 '인종의 모자이크'라고 말한다.

미국은 다양한 인종을 이민으로 받아들여 미국 정신이라는 일종의 도가니에서 용해시키는 반면, 캐나다는 소수 민족 문화를 용해시키기보다는 각 문화를 살려 화려한 모자이크 패턴을 만드는 다문화주의를 추구한다는 뜻이다. 이와 관련하여 현재 캐나다에서는 문화적 다양성을 국가 정체성으로 표명하는 다문화주의정책(multiculturalism policy)을 구현하고 있다.

그러나 1970년대 캐나다에서 생성된 모자이크 이론도 여러 색상의 조각인 이민자들이 모여서 하나의 아름다운 모자이크의 완성을 이룬다 해도 그것 역시 바탕이 되는 밑그림은 서구 문화를 근간으로 한다는 이유로 미국의 용광로 이론처럼 비난을 받는다.

(4) 샐러드 볼 이론

미국의 경우 제2차 세계대전까지 이른바 '용광로 이론(theory of melting pot, melting pot theory)'으로 유명하였다. 이것은 세계의 모든 민족이 미국에 유입되면 마치 용광로와 같이 녹아 미국인이라는 새로운 인간으로 변화하고 미국에는 미국인만이 존재한다는 것이다. 그러나 근년에는 용광로 이론이 아니라 '샐러드 볼 이론(theory of salad bowl, salad bowl theory)'이 지배적이다. 이것은 하위문화의 다양성을 인정하고 존중하는 터전 위에 문화 통합, 국가 통합의 가능성을 인정하는 이론으로, 미국에 온 모든 민족이 자기의 독특한 맛을 내어 이루는 다양한 조화가 미국이 지향하는 정책이라는 것이다. 용광로 이론이 단일민족국가의 이론이었다면 샐러드 볼 이론은 다민족국가의 이념이라 하겠다. 일반적으로 캐나다의 모자이크 이론과 유사한 이론이지만, 모자이크 이론이 캐나다적인 것에 비해 샐러드 볼 이론은 동화주의적인 용광로 이론과는 달리 이민자가 모국의 문화와 언어를 유지하면서 새로운 정주국인 미국인의 일원으로 살아갈 수 있도록 하자는 것이다.

이 이론은 20세기 후반 세계화 시대로 진입하면서 제기된 다문화교육 이론으로, 국가나 민족의 경계를 허물어 이민자의 정체성을 보존하게 하려는 것이다. 이는 다양한 고유문화의 특성을 살릴 뿐만 아니라 스스로 문화를 선택할 수 있는 문화 다원주의에서 비롯되었다.

2) 다문화 관련 용어

(1) 다문화

문화는 신념, 언어, 종교, 예절, 법이나 도덕 등의 규범, 가치관과 같은 것을 포괄하는

'사회 전반의 생활 양식'이라 할 수 있으며, 가치관, 행동 양식 등의 차이와 다양한 관점을 가진 이론 기반에 따라 다양하게 존재한다. 앞에서 말했듯이, 에드워드 버네트 타일러(Edward Burnett Tylor)는 1871년 그의 사회 인류학 저서에서 문화를 '지식, 신념, 예술, 도덕, 법률, 관습 등 인간이 사회 구성원으로서 획득한 능력 또는 습관의 총체'라고 정의한 바 있다.

"글로벌 세계대백과사전"에서는 문화의 개념이 주로 자연과 대립해서 쓰인다고 하였다. 인간을 제외한 자연은 객관적·필연적으로 생기나, 이러한 자연을 소재로 하여 목적 의식을 지닌 인간의 활동으로 실현되는 과정을 '문화'라 한다. 이러한 과정의 산물을 특히 '문화재(文化財)'라 부른다. 즉, 종교·예술·과학·문학 등의 구체적 형상을 '문화재'라고 한다. 또한 '문화'와 '문명'을 대비시켜 쓰는 경우도 있다. 문화는 비교적 내부적인 것, 문명은 비교적 외부적인 것을 가리키나, 그 구별은 엄밀하지 않다. 유네스코(UNESCO)는 2002년 문화를 '한 사회 또는 사회적 집단에서 나타나는 예술, 문학, 생활양식, 더부살이, 가치관, 전통, 신념 등의 독특한 정신적·물질적·지적 특징'으로 정의하였다.

다문화라는 용어는 1981년쯤 사전에 등장하는데, 그것은 다문화라는 용어가 사회적인 변화와 관련되어 만들어진 용어라는 점을 시사해 준다. 다문화의 사전적 의미를 살펴보면 '단절된 문화를 연결시키고 반영하고 적용하는 것'이라 정의되어 있다. 즉, 다문화라는 용어는 서로 다른 2개 이상의 문화가 다루어질 때를 말한다. 다문화는 '문화'라는 단어에서 유래되었는데, 이것은 인간의 삶을 결정하는 중요한 요소로 작용하면서 각 집단이나 사회, 그리고 민족이나 인종에 따라 각각의 형태로 나타난다. '다문화'라는 용어는 여러 문화가 밀접한 관계를 맺는 가운데 하위문화 간에 생기는 여러 유형의 문제를 조화롭게 극복하고자 하는 의도에서 만든 용어라 볼 수 있다.

1950년대 이후 많은 나라에서는 문화와 정체성의 다양성이 사회·정치면에서 부각되기 시작했다. 다문화주의라는 개념이 본격적으로 대두한 것은 1970년대 이후 캐나다와 호주에서였으며, 1960년대 이후 다문화주의 개념이 대두하면서 1960년대와 1970년대 세계적인 인권운동이 일어났다.

정리해 보면 변화의 과정 속에서 나타나는 서로 간의 갈등을 해결하기 위한 모색으로 나타난 개념 중 하나가 다문화주의다. 특히 다문화의 정의는 미국, 캐나다, 호주 등과 같이 주요 문화와 하위문화로 이루어진 나라에서 사용된 언어로 다양한 문화가 서로 갈등하는 상황에서 서로의 문화를 이해하는 데 사용되어 온 것이다.

(2) 다문화가정

다문화가정의 개념은 광의의 개념과 협의의 개념으로 구분할 수 있다. 광의의 개념으로는 결혼이민자, 이주노동자, 북한이탈주민, 유학생, 난민 등 우리와 다른 민족적·문화적 배경을 가진 사람들로 구성된 가정, 자국 내에 거주하는 모든 외국인을 포함하는 가정을 말하며, 협의의 개념으로는 단순한 거주만이 아닌 가족 중 한 명이 국적을 취득해 구성된 가정을 의미한다. 다문화가정은 법률 용어는 아니었으나, 1980년 후반부터 '한 가족 내에 다양한 문화가 공존한다'라는 의미로 국제결혼, 이중문화가정, 서로 다른 인종 사이에서 태어난 자녀를 일컫는 혼혈인가정 등을 지칭하게 되었다. 최근 우리나라는 다문화가정의 개념에 한족(이주노동자, 유학생, 북한이탈주민 등)을 모두 포함하여 사용하는 추세이다.

다문화가정이란 세대·계층·지역 간의 문화적 차이나 가치관의 차이가 존재하는 가정을 말하며, 이는 동일한 문화권 내에서 미시적인 다문화현상에 속한다고 설명할 수 있다. 즉, 우리와 다른 민족 문화적 배경을 가진 사람들로 구성된 가정으로 한국사회 내에 대한민국이 아닌 다른 문화권으로 이루어진 가정을 의미한다. 또한 국제결혼이라는 용어가 내포한 내국인과의 결혼인지 외국인과의 결혼인지의 여부로 구분하는 국적에 따른 차별성 대신 한 가족 내에 다양한 문화가 공존한다는 의미라고 할 수 있다. 우리나라에서는 국제결혼을 통해 이루어진 가정을 '이중문화가정'으로 부르거나, 아니면 서로 다른 인종 사이에서 태어난 자녀를 일컫는 '혼혈인 가족'으로 불러 왔다. 그러나 최근에는 이와 같은 국제결혼가족을 '다문화가족'이라 부르기 시작하였다. 따라서 다문화가정이란 우리와 다른 민족 또는 다른 문화적 배경을 가진 사람이 포함된 가정을 통칭하는 용어로 사용할 수 있다. 이 용어는 30개의 시민 단체로 구성된 건강가정 시민연대가 '국제결혼', '혼혈아' 등의 차별적 용어를 추방하고 대신 '다문화가족'이나 '다문화가족 2세'로 부르자고 제안하면서 사용되기 시작하였다.

그러나 다문화가정에 대해서는 아직 명확하게 정의되고 있지 않은 실정이다. 일반적으로 다문화가정은 한국인 남성과 결혼한 결혼이민여성 가족, 한국인 여성과 결혼한 이주남성 가족, 이주민 가족(이주노동자, 유학생, 새터민 포함) 및 혼혈 한국인과 결혼한 이주민 가족의 자녀까지 포함하는 다양한 문화적 환경이 공존하고 있는 상황이라 할 수 있다. 최근에는 외국인 근로자의 국내 취업이 증가하면서, 외국인 근로자 중에도 여러 형태로 가족을 동반하여 거주하거나 국내에서 가족을 형성하는 사례가 나타나고 있으며, 나아가 1990년대 중반 사회주의 체제의 와해와 더불어 북한 체제가 식량난으로 붕괴될 조짐을 보이던 시기에 탈북자가 늘어나면서 북한이탈주민 가정도 늘어나고 있다.

(3) 다문화교육

다문화교육은 다양한 민족, 인종, 계층, 성별, 지역 등에 의해 발생하는 다양한 집단의 문화를 이해하는 능력과 문화적 차이에 의해 발생하는 편견이나 갈등문제에 대해 적극적으로 대처하는 능력을 함양하도록 하는 교육을 말한다. 다문화교육은 교육계의 진보주의 운동과 1960~1970년대 초기의 인권운동에서 출발하였다. 초기에는 인종 문제에 대한 반격을 위해서였지만, 점차 확대되어 학교교육 전반에 걸친 학교교육거혁운동으로 나아가고 있다.

'다문화교육' 용어의 변천은 1920년대 후반 미국 이민자들이 민족적 배경과 문화적 공헌에 대한 이해를 위한 교육이라는 뜻의 '문화 간의 교육(intercultural education)'을 사용한 데서 시작되었다. 1960년대 초반에는 소수 민족의 자아정체성을 높이려는 의도로 '민족 연구(ethnic study)'라는 용어가 사용되었고, 1960년대 후반에는 특별한 집단뿐만 아니라 모든 학생이 미국의 다양한 문화를 배워야 한다는 의미로 다민족교육(multiethnic education)이 사용되었다. 그러다가 1970년대에 이르러 진정한 의미의 '다문화교육'이 사용되기 시작하였다.

(4) 국경 없는 시민권

국경 없는 노동자가 누려야 할 시민권(borderless civil right)을 말하며, 전 지구의 사람이 국경을 넘어 자유로운 노동의 이동이 보장될 뿐만 아니라 시민적·사회적 권리가 동시에 보장되는 사회에서 정치적·경제적·사회적·문화적 실체로서 인정받는 정착의 상태를 의미한다.

(5) 코시안

코시안(Kosian)은 국제결혼을 한 이들, 특히 한국 사람과 한국보다 소득 수준이 낮은 동남아시아 사람 사이에서 태어난 아이로, 피부색 및 얼굴 생김새가 한국인 부모 사이에서 태어난 아이와는 다른 아이를 일컫는 말이다. 이 용어는 다양한 차별적 요소를 내포하고 있으므로 더 이상 사용하지 않는 것이 바람직하다고 하겠다.

(6) 글로컬

글로컬(glocal)은 글로벌(global)과 로컬(local)의 합성어로, 세계화를 의미하는 글로벌의 의미를 포함하여 지역 단위에서 현지화를 추구하는 개념으로 사용되고 있다.

(7) 혼종성

서로 다른 문화가 섞이면서 생기는 정체성의 이중성, 중간성이 혼종성(hybridity)의 중요한 특성으로, 오늘날 문화 생산과 기획은 소위 지역을 넘어 국가를 초월하는 영역을 대상으로 하고 있다.

우리의 생활 세계에서 이질적인 문화와의 만남은 이미 일상적 조건이 되었다 해도 과언이 아니다. 이로 인해 발생한 문제는 문화 간 이동의 역학 관계 변화, 문화의 지배와 피지배 등이다. 이에 피에터스(Pieterse)는 세계화를 '전 지구적인 혼합물을 부상시키는 혼종화(hybridixation)의 과정'으로 정의하였다.

(8) 디아스포라

어원상 디아스포라(diaspora)는 그리스어 전치사 'dia(~를 넘어, over)'와 동사 'spero(뿌리다, to saw)'에서 유래되었다. 이는 우리말로 민족 분산 또는 민족 이산으로 번역되는데, 단지 같은 민족 구성원이 세계 여러 지역으로 흩어지는 과정뿐만 아니라 분산한 동족과 그들이 거주하는 장소와 공동체를 가리키기도 한다.

고대 그리스인은 소아시아와 지중해 연안을 무력으로 정복하고 식민지로 삼은 뒤 자국민을 그곳으로 이주시켜 세력을 확장하였는데, 이때의 디아스포라는 이주와 식민지 건설을 의미하는 용어로 사용되면서 부정적인 의미를 갖게 되었다. 1990년대 들어서면서 디아스포라는 다른 민족의 국제 이주, 망명, 난민, 이주노동자, 민족 공동체, 문화적 차이, 정체성 등을 아우르는 포괄적인 개념으로 사용되고 있다.

(9) 제노포비아

제노포비아(xenophobia)는 이방인이라는 의미의 '제노(xeno)'와 혐오를 의미하는 '포비아(phobia)'가 합성된 말로 외국인 또는 이민족 집단을 혐오, 배척이나 증오하는 것을 말한다. 이는 자신과 자기 집단의 정체성과 구별되는 모든 이질적인 요소를 지닌 인간 내지 인간 집단을 배척하며 공포스러운 존재로 인식하는 경향을 총칭한다.

3 한국 다문화사회의 이해

1) 다문화시대와 한국사회의 특수성

한국은 반만년의 역사를 통해 단일민족성에 대한 믿음이 강하게 유지되어 온 사회이다.

그러나 이미 알고 있는 바와 같이 최근 한국사회를 구성하고 있는 구성원의 출신국, 인종 등을 보면 단일민족국가라고 할 수 없는 현실에 이르렀다. 한국이 외국인 이민을 받아들이지 않은 국가임에도 불구하고 장기거주 외국인의 비율이 전체 인구의 2%를 넘어 3%에 다다르고 있다는 것은 한국사회가 통념상으로, 그리고 실증적으로 단일민족국가라고 할 수 없다는 것이다.

2007년 UN의 인종차별위원회(Committee on the Elimination of Racial Discrimination)에서 한국이 다양성을 지닌 실제의 모습과는 모순되게 단일민족국가 이미지와 인종적 우월성 관념이 팽배해 있다는 점에 우려를 표명하였다. 외국인과 혼혈인에 대한 인종차별법과 제도 및 사회문화적인 관습을 바꿔야 한다고 지적을 하였다. 혈통주의, 단일민족에 대한 신념은 세계적으로 드문 경우로, 한국사회는 다출신국, 다인종사회로의 초기 이행단계로 변화를 요구받고 있는 현실이다.

이러한 다문화 양상은 우리나라뿐만 아니라 세계적인 양상이다. 이주민이나 문화적 다양성에 대한 관심형성의 방향은 그 사회의 특수성을 반영하여 사회마다 다양하게 나타나게 된다. 다문화사회는 크게 다민족국가(multi national state)와 다종족국가(poly ethnic state)로 구분하여 생각해 볼 수 있다.

다민족국가는 근대 국가 설립 이전에 특정한 문화적 배경을 공유하면서 일정 지역에 거주하였던 통치제도를 갖춘 공동체적 존재이다. 국가 형성과정에서부터 다양한 민족으로 구성된 국가로서의 성격이 강했기 때문에 하나의 민족이 하나의 국가가 될 수 없었던 나라로서 미국, 캐나다, 호주, 뉴질랜드 등의 국가가 대표적이다.

이에 반해 한국과 같은 다종족 국가는 근대 국가 형성과정에서부터 단일민족에 대한 신념이 존재하였다. 국가 외부로부터 유입된 이주민의 가시화를 계기로 다양성에 대한 관심이 형성되기 시작하는 경우로서 주류사회 중심의 사회 경제구조, 문화적 단일성에 대한 신념이 갈등요인으로 작용할 가능성이 높다.

이와 같은 차이점으로 인해 정책에서도 다민족국가는 다문화주의를 국가의 기본이념으로 채택하여 다양성의 시각에서 공식문화, 언어, 역사 등의 재구성하는 강력한 다문화주의 정책을 펼치게 된다. 한편 다종족국가는 이주민이 증가하는 현실에 대응해 주류사회의 기본적 틀을 유지하면서 소수자로서 이주민의 적응을 촉진하고 가족차원의 문화다양성을 인정하기 위한 정책적 접근을 모색하게 된다.

한국사회의 이주 전개과정은 유럽이나 일본과 유사하다고 보고 있으나, 다문화사회의 발전단계에 있어서 큰 차이가 있다. 세계적인 이민국가가 근대 국가 형성과정에서부터 다양성에 대해 본격적으로 고려하면서 이주민에 대한 논의와 실천이 오랜 기간에 걸쳐 발달하였다. 그런 반면 최근 들어 이주민을 받아들이기 시작한 한국은 세대를 거쳐 한국사회에 거주해 온 이주민 집단이 아직 덜 발달한 다문화사회 전개의 초기단계에 있다. 따라서 앞으로 이주민의 증가, 가족 단위 이주 확대에 따라 많은 도전과제가 발생할 것이며 이처럼 다문화사회의 전개에서 상당한 특수성을 지닌 한국은 이러한 문제 해결여부에 따라 다문화사회로서의 방향을 결정하게 될 것이다.

2) 우리나라 다문화사회의 특징

단일민족임을 자랑해온 우리나라도 지난 2016년 11월을 기준으로 국내 거주 외국인 수가 176만 명을 넘어 전체 인구의 3.4%로, 이는 2011년 말 140만 명의 2.8%였던 5년 전에 비해 36만 명이 증가된 것이다. 다문화사회라 함은 통계적으로 재외국민이 대개 5% 수준일 때라고 하지만, 보통 2%가 되면 다문화에 대한 담론을 본격적으로 시작해야 한다고 본다. 우리나라에서 외국인이 들어오기 시작한 때는 오래되었지만 본격적으로 다문화란 용어를 쓴 것은 90년대 초라고 생각된다. 그때부터 점점 국내로 입국해오는 외국인이 증가해 감에 따라 2006년에는 정부가 외국인정책회의를 개최하기에 이르렀다.

그 과정을 좀 더 구체적으로 보자면, 1990년대 통일교의 집단결혼에 따른 일본 여성의 대거 입국과 농어촌 총각의 신부감 찾기로 조선족과 중국여성을 포함한 결혼이주여성이 크게 늘어났고, 국내 노동인력의 보충으로 이어진 외국인 노동자의 입국도 이때부터 본격화되었다. 비교적 짧은 기간에 다민족 다문화사회로 진입해온 것이다. 이러한 변화는 전통적인 단일민족으로 이루어진 우리 사회에 혼혈아가 증가한다는 것을 의미하며 그동안 지켜왔던 단일민족이란 정체성도 계속해서 고집하기가 어렵게 될 것임을 뜻한다. 그밖에도 유학생과 국제기업의 국내 파견근무자의 증가 등은 결국 재한 외국인의 구성비를 증가시키는 요인이 되고 있다. 반면에, 이런 입국과는 다른 것이 있다. 그동안 해외에 흩어져 있던 해외동포들이 귀국하게 되었는데 그 중에서도 북한에서 이탈하여 남한으로 입국하는 북한이탈주민과 러시아지역에서 입국한 고려인이 늘어난 것이다. 이들의 입국은 곧 우리가 한겨레요 한 뿌리의 단일민족임을 계속해서 천명해야 하는 입장으로, 우리나라에서만 볼 수 있는 독특한 현상이다.

이와 같이 우리나라의 다문화사회는 비교적 짧은 기간 내에 지구상의 6개 대륙을 모두 거론할 정도로 150개국이 넘는 나라들로부터 다양한 사유를 가지고 입국한 사람들로 이루어졌다. 거기에 북한이탈주민이나 조선족, 그리고 러시아의 고려인 후예들의 입국은 다문화사회를 이해하기 위하여 혈통주의나 민족주의에 대한 또 다른 차원의 접근을 필요로 한다. 또 이러한 입국 외에도 재한 외국인이 늘어나는 다른 요인들이 있다. 예컨대, 과거에 유학 갔던 사람들이 자녀들을 고국에 보내고, 해외 파견 근무자들의 2세들 역시 학업을 위해 귀국하는 사례가 많아졌다. 이와 더불어 최근 열기를 더해가는 한류와 함께 외국인 관광객도 증가추세에 있다. 우리 국민들도 과거와는 달리 한국에 살고 있지만 장·단기 해외여행과 연수, 그리고 조기 유학 등의 증가로 인해 이전의 부모세대들보다는 훨씬 더 다양한 경험과 문화를 접하게 되었다.

그러나 상기한 대로 다문화에 대한 담론은 외국인 인구 2%대부터 시작해야 한다는 관점에서 본다면 우리나라는 아직까지 본격적인 담론에 이르지 못한 수준이라고 생각된다. 해마다 대중매체를 통한 다양한 프로그램이나 생활 속에서 외국인들과 만나는 기회가 많아져가는 것은 사실이지만 아직까지는 관련 정책부서와 기관 그리고 전문가들의 이론적 담론에 머물러 있다. 대다수 국민들은 '나와는 먼 사회적 내지는 관심 밖의 일'로 생각하고 있다. 다문화관련 사업을 하고 있는 정부 부처 간 협력 관계도 미흡하여 중복되거나 일률적이고 획일적인 느낌이다. 현재 지향하고 있는 대부분의 프로그램들도 거의 우리나라에 동화시키는 방향으로 나아가고 있다. 예컨대, 전국 다문화가족지원센터에서 결혼이주여성들을 대상으로 하는 정부지원 프로그램 대부분은 한국어교육과 한국문화 익히기 등이다. 물론 이들의 정착을 위해서는 필수적인 프로그램임에 틀림없지만 문제는 여기서 크게 벗어나지 않고 우리나라 사회에 정착하고 동화되는 방향에만 머문다는 점이다. 우리나라에서 진정한 다문화사회가 이뤄진다는 것은 우리나라에 들어와 사는 다양한 나라 사람들의 문화를 이해하고 그들 나름의 문화에 대한 긍지를 갖고 살아갈 수 있도록 하며 함께 공유할 수 있어야 하는 것이다.

북한이탈주민이나 고려인과 같이 '같은 동포의 다른 이유'로의 입국에 대한 차이는 불가피하다 하더라도 외국인에 대한 정부정책에는 여전히 차별이 나타난다. 예컨대, 여성가족부는 주로 결혼이주여성을 중심으로 이들의 국내 정착화에 초점을 두는 반면, 취업을 목적으로 입국하여 그들보다 거의 4배에 이르는 외국인 근로자에 대한 프로그램이나 지원 사항은 사뭇 다르다. 결혼이주여성들에게 국내 정착을 위주로 하는 것이라면 외국인 근로자들에게는 취업과 체류조건 등에 대한 단속 내지는 규제들이 훨씬 더 부각되고 있는 현실이다. 이들의 목소리를 제대로 들을 수 있는 여건을 마련했다고는 하나 실제 피부로 느껴지지 않고 결혼이주여성을 지원하는 다문화가족지원센터가 전국 망을 가지고 있는 반면, 이들을 위한 의료나 복지 등을 지원하는 전국 단위 체계는 거의 없다 해도 과언이 아니다.

이상에서, 현재까지 우리나라에서 다문화사회가 되어 가는 과정을 살펴보았다. 그 과정에서 나타난 특징은 다음과 같이 요약할 수 있겠다.

첫째, 다문화사회로의 이행기간이 짧다. 우리나라에서 외국인의 유입으로 인한 다문화사회에 대한 담론은 1990년대부터 시작하였지만, 실제로 다문화사회를 구성하는 체류외국인 입국이 많아진 것은 불과 10여 년 안팎이다. 이는 국가 성립 자체가 다문화적 요소를 지닌 미국이나, 이민을 국가 정책으로 하여 지속적으로 외국인의 입국을 허용해 온 캐나다와 같은 나라에 비해서는 짧다고 할 수 있다. 그러기에 단일국가로서의 정체성을 비교적 오래 지녀 온 우리나라에서 건전한 다문화사회로 나아가려면 더 많은 노력이 필요하다고 하겠다.

둘째, 국내 체류를 위한 입국사유가 다양하다. 대다수의 경우 타국으로의 이주는 대개 빈곤탈피를 목적으로 한 이주가 많다. 그러나 우리나라는 그러한 목적 하에 입국한 외국인 근로자 외에도 결혼이민자 역시 형태는 다르나 빈곤과 무관치 않다. 또한 같은 동족으로서 매우 다른 환경에서 살다 온 북한이탈주민, 고려인, 그리고 결혼이주여성이나 외국인 근로자들과 함께 입국한 동반·중도입국자 등이 있어 건전한 다문화사회를 구축하는 데는 보다 다양하고 철저한 대응책이 필요할 것으로 보인다.

셋째, 다문화사회에 대한 공감대 형성이 느리다. 오랫동안 단일민족으로 살아오면서 침략 당한 것 외에는 현재 국내에 거주하는 우리 국민 대다수는 외국인과 같이 살아본 경험이 거의 없다. 실제로 우리 주변에서 현재 다문화란 용어조차 생소하게 느끼는 사람이 대부분이며, 거의가 자신과는 상관없는 일로 간주한다. 확실히 요즈음에는 외국인을 만나는 기회가 많아졌고 매스컴에서도 이들이 자주 등장하지만 건전한 다문화사회를 구축해야 한다는 필요성에 대한 의식이나 태도에는 그다지 큰 변화가 없는 게 사실이다.

넷째, 다문화사회에 대한 정책이나 활동이 정부위주로 되어 있다. 현재 우리나라의 다문화사회에 대한 활동은 주로 중앙부처 위주로 진행되고 있다. 인구정책이나 관련 법 제정과 개정 등은 정부차원에서 이루어져야 하지만, 지금과 같이 여러 부처에서 다양한 정책과 사업들을 동시에 전개하는 것은 중복과 누락이 불가피하다. 보다 건전한 다문화사회로 나아가려면 정부는 지원하고 지자체 차원에서 해당 지역사회의 다양한 기관과 집단들이 함께 참여하는 활동이 필요하다. 지역사회 차원에서 외국인 당사자는 물론 그들과 함께 생활하는 주민들과 함께 하는 활동을 개발하고 이들 간 네트워크를 형성해 나가야 한다.

다섯째, 다문화사회를 위한 프로그램 사업이 소수자별로 차별적이고 한정적이다. 국내 체류외국인 176만 명 중 외국인 근로자가 약 96만 명으로 가장 많고, 결혼이주여성은 약 16만 명이다. 그밖에 북한이탈주민과 고려인 등도 있다. 이들에 대한 국가 정책을 보면 북한이탈주민이나 고려인을 위한 법적·제도적 정책이 다른 점은 이해하더라도 결혼이주여성과 외국인 노동자에 대한 정책도 두드러지게 차이가 난다. 의료인의 입장에서 보면 현재까지 결혼이주여성은 여성가족부가 중심이 되어 동화주의적 관점이긴 하나 주로 우리나라 정착을 위한 사업을 시행하면서 영·유아 및 모성건강관리 등의 의료복지적 차원의 지원을 받고 있다. 반면 외국인 근로자들 입장에서 보면 같은 국내 체류외국인으로서 그러한 지원이 필요함에도 거의 지원을 받지 못하는 실정이다.

하지만 결혼이주여성에 대한 지원도 대부분 국내 환경에 대한 적응에 초점을 두고 있기 때문에 그들의 문화를 파트너로 인정하고 공존하기 위한 진정한 다문화사회로의 지향은 부족한 상태이다. 정책의 초기단계이기 때문이라고 할 수 있겠으나 다문화사회로의 이행 속도에 비해서는 뒤처지는 느낌이다. 이 두 집단 간의 차이도 그렇거니와 전반적으로 국내 정착 내지는 동화에 초점을 맞추고 있어서 이들 소수자들을 위한 정치·경제적인 측면에서의 정책은 아직 가시화가 되지 않은 상태이다.

세계화 추세에 비춰 본다면, 이제 반만년 오랜 역사와 백의민족임을 긍지로 여겨온 우리의 전통만을 고집할 수 없는 한계에 이르렀다. 이제 민족의 정체성과 문화적 전통에 대해 어떤 변화를 할 수 있을 것인가가 우리 세대가 감당해야 할 몫이다. 우리 선조들의 해외 이주 역사를 보면 그들은 지금까지 '세계 속에 한국'을 심는 데 노력해 왔다고 볼 수 있다. 실제로 우리 국민의 해외 이주는 대부분 가난을 탈피하는 것에서 시작하여 온갖 어려움을 극복하면서 그곳에서 나름대로 한국인의 긍지를 심어온 사례들이 얼마든지 있다. 이런 소중한 경험들은 이제 우리 안에서 세계를 껴안는 '한국 속에 세계'를 만들어가는 밑거름으로 사용해야 할 때다.

3) 한국사회의 다문화에 대한 인식

서울 YMCA가 2009년 5월부터 12월까지 서울 지역 13세 이상 400여 명을 대상으로 설문조사 한 결과, 한국인 스스로가 생각하는 다문화지수는 100점 만점에 46.3점인 것으로 나타나 다문화교육이 나아가야 할 길이 멀다는 것을 시사하고 있다.

구체적으로 '어느 국가든 다양한 인종과 종교, 문화가 공존하는 것이 좋다'는 응답은 5점 만점에 3.97점, '우리나라보다 경제발전이 뒤쳐진 아시아 국가와의 문화교류도 활발해야 한다'라는 응답은 4.03점으로 비교적 열려 있는 시민의식을 보여 주었다. 하지만 '결혼이주여성은 경제적 필요에 의해 결혼했다고 생각한다'는 응답도 평균 3.6점으로 높았으며, 특히 '한국인들은 외국인 이주자에 대해 편견이 심한 편이다'는 응답이 3.84점으로 높아 이주자에 대한 부정적 인식도 공존하고 있었다.

주목할 만한 점은 '타문화를 받아들이는 것이 불편하다', '결혼이주여성은 학력이 낮을 것이다', '국제결혼가정의 자녀양육에 더 많은 예산을 써야 한다', '이주여성 일자리를 정부가 마련해야 한다'는 응답에 10대가 가장 부정적인 반응을 보여 청소년을 대상으로 한 다문화교육이 시급한 것으로 나타났다.

또한 한국은 단일민족에 대한 자부심이 강한 탓에 다문화를 바라보는 폐쇄적인 시각을 쉽게 버리지 못한다는 것이 지적을 받고 있는데, 이러한 폐쇄성은 2009년 경희대학교 산학협력단이 전국 대학생 1,000명을 대상으로 실시한 설문조사에서도 나타나고 있다. 조사 결과, 대부분의 대학생들이 권위적인 성향을 보였으며, 외국인 유입을 어느 정도 제한해야 한다는 의견도 대다수여서 대학생들 사이에 외국인 혐오감도 어느 정도 존재하고 있는 것으로 확인되었다.

특히 이민자 자녀와 서양인(백인)에 대해서는 사회적 거리감을 크게 느끼지 못한다고 답한 반면, 동남 아시아인이나 중국인, 외국인 근로자 등은 사회적 거리감이나 감성적인 인식 모두에서 부정적인 것으로 나타나 외국 문화에 대한 사회적인 편견도 크게 작용하고 있는 것으로 나타났다(그림 1-1). 다만 극단적인 형태의 권위주의나 외국인 혐오현상은 나타나지 않아 앞으로 우리 사회가 다문화 분위기를 어떻게 조성하느냐에 따라 이들의 성향은 충분히 변화가능성이 있는 것으로 분석되었다. 흥미로운 점은 대학생들의 경우 한국인의 인정 조건으로 '자신이 한국인임을 자각하는 것'과 '한국어를 할 줄 아는 것' 등을 들어 혈통적 조건을 중요시하는 일반인들보다는 좀 더 열린 사고를 지향하고 있는 것으로 나타났

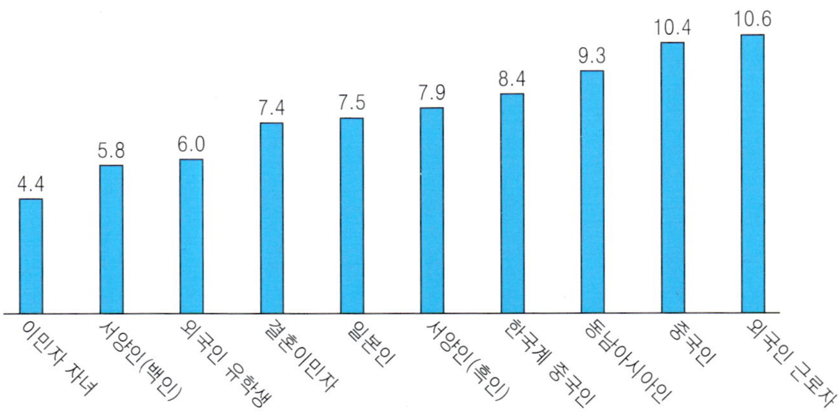

그림 1-1. 대학생의 다문화 인식요인. 수치가 클수록 사회적 거리감이 크다. (출처: 경희대학교 산학협력단, 2009)

다는 점이다.

이러한 조사결과를 볼 때 한국사회는 다문화에 대한 다양한 이해와 접근을 통해 다양성에 대한 인식개선이 이루어져야 할 것으로 보인다.

4) 다문화사회의 양면성

(1) 다문화사회의 긍정적 측면

우리나라뿐만 아니라 세계의 많은 국가가 다문화사회로 전환되고 있다. 그 이유는 이주민들의 희망뿐 아니라 이주민 유치가 해당국가에 가져다주는 여러 가지 긍정적 측면이 작용하고 있기 때문이다.

각 나라에서 이주민을 유치하게 된 전통적 동기는 부족한 노동력을 보충하기 위함이다. 즉, 국내의 노동력으로는 충당하지 못할 정도의 인력수요가 발생하면 국가 외부에서 노동력을 수입하는 것으로, 사회적으로 반드시 필요한 특정분야를 국내 노동력이 기피하는 경우에는 필수적인 방법이다. 특히 국토에 비해 인구가 매우 적은 국가는 이주민의 유입이 국가존립에 필수 불가결한 요소임은 아무리 강조해도 지나치지 않을 것이다.

또한 새로운 이주 수요는 인구구조 및 사회구조의 변화로 인한 가족과 사회 재생산 문제에 대한 해결책을 모색함으로써 사회적 활력의 회복 수단이자 미래 경쟁력의 원천이 되기도 한다. 실제로 우리나라 농촌에서는 결혼이주여성으로 인해 출산율이 증가하는 현상을 보이고 있다. 더불어 고급인력과 외국 자본에 대한 수요가 급격히 증가함에 따라 이주민을 통해 새로운 미래의 가능성을 적극적으로 개발하여 경쟁력을 확보하는 차원에서 세계 각국에서 유학생 및 고급인력, 사업가들을 유치하기 위한 경쟁을 벌이고 있다.

다양성은 이제 우리가 미래를 여는 발판으로 여겨야 할 관점이다. 다양한 능력을 지닌 이들의 존재를 계기로 역량 있는 인재를 발굴할 수 있는 가능성의 확대와 시너지 효과를 통해 국가 경쟁력을 확보할 수 있을 것이다. 다양한 언어와 문화적 지식, 사회적 네트워크 등은 그 자체가 중요한 세계화시대의 개인적, 사회적 자산이 된다. 또한 이주민을 통해 유입된 새로운 문화를 지역의 자원으로 발굴, 활용할 수 있는 것도 긍정적 요인의 하나이다.

(2) 다문화사회의 부정적 측면

동전의 양면처럼 모든 일에는 긍정적인 측면과 함께 부정적인 측면이 존재한다. 우선 개인적 차원의 부정적 측면을 살펴보면, 성인이 된 후에는 자신의 모국어, 모문화만큼 새로운 언어와 문화를 완벽하게 수행하기 어렵다. 즉 재사회화와 재문화화에는 한계가 있기 때문에 모국어와 새로운 언어를 조합하여 특이한 어법을 구사하거나 퓨전 문화 등으로 나름대로의 대안을 마련하게 되지만 이것이 다시 주류사회의 부정적 평가를 받게 되면 부적응이 심화되고 사회적으로 고립되는 악순환을 가져올 수도 있다.

가족적 차원의 부정적 측면은 문화적 차이로 인한 갈등을 의미한다. 문화적 차이를 이해하고 그 기초 위에서 가족의 질서를 만들어 가는 데 있어 한계에 직면하게 되는 문화적 차이의 존재를 깨닫지 못하면, 문제발생에 따른 원인 파악이 불가능하고 문제해결이 어려워진다. 예를 들어 한국의 전통적 가족 구조는 남성 중심적 성격이 강한 부계제(patrilin-ealism)로 특징되고, 여성은 결혼과 동시에 남편의 가족에 편입되는 것이 일반적이었다. 반면 동남아의 전통적 가족구조는 부부중심성이 강하고 결혼과 무관하게 부부 각자가 자신의 출신가족과의 관계를 유지하는 특징이 있는 양변적(bilateral) 체계로 분류된다. 양변적 체계의 특징은 핵가족의 자율성, 가족 내 부인, 어머니로서 여성이 강력한 권한을 가지며 결혼한 딸과 친정이 돈독한 관계를 유지한다. 따라서 양변제 원리를 당연시하는 동남아 출신 여성과 양변제 원리 자체를 이해하지 못한 채 남성 중심성이 강한 한국의 전통적 가족구조를 강조하는 한국인 남편이나 시어머니 사이에는 서로에 대한 기대의 차이가 크고, 이로 인해 적지 않은 갈등을 겪을 소지가 있는 것이다.

또한 새로운 환경에서 새로운 언어와 새로운 문화를 습득해야 하는 과제에 직면한 결혼이주여성에게 자녀양육은 매우 어려운 문제이다. 자녀의 성장에 필요한 사회적 자극과 지원을 충분히 주지 못할 수 있기 때문에 이에 대한 관심과 지원대책이 필요하다.

이주민에 대한 차별과 배제라는 사회적 차원의 부정적 측면도 있다. 이주민의 사회경제적 주변화는 이주민에 대한 차별적 태도를 두드러지게 나타내며, 사회의 정치적, 경제적 위기상황은 이주민과 관련된 사회적 병폐를 부각시키고, 외국인에 대한 불신과 두려움, 혐오감을 부추기게 된다. 이주민의 사회경제적 주변화에 대한 특징을 살펴보면, 도시 외곽 특정지역에 집중 거주하여 빈곤과 사회범죄의 온상으로 전락할 우려가 큰 게토(ghetto)화, 교육기회 및 취업에 제약을 받고, 교육기회의 제약은 경제적 빈곤의 악순환을 대물림하게 하는 빈곤화, 사회적 병폐의 원인을 특정한 근거 없이 이주민에게로 돌리는 희생양화를 들 수 있다. 공적 서비스 차원에서도 무의식적인 편견, 경멸, 무관심, 고정관념 등이 내포되어 있어 제도화된 인종주의라는 비판이 제기되고 있다.

5) 다문화사회와 한국사회의 과제

한국사회의 미래를 지배할 핵심단어로 저출산·고령화, 통일, 다문화를 꼽을 수 있다. 저출산·고령화는 이미 출산율이 최저치를 기록하고 세계에 유례없는 속도의 인구고령화로 인해 현실이 되어 있다. 저출산·고령화의 문제점으로는 생산인구 감소, 노인 피부양인구의 급증, 젊은 노동력의 절대적 부족상태와 노동력 자체의 고령화로 경제성장 동력의 기반이 붕괴될 위기에 빠지게 된다. 즉 생산인구가 감소함으로써 정부의 세입기반이 감소하고 피부양인구가 증가하면 사회보장의 부담이 증가되고 국가의 재정수지가 악화되는 결과를 초래하게 되는 것이다. 따라서 이 문제에 대한 대안으로 가족제도의 변화가 나타나 여러 차례 결혼을 하거나, 혼인하지 않고 동거한다든가, 동성 부부 등 다양한 형태의 비표준 가족이 증가하게 된다.

저출산·고령화의 충격을 완화하고 극복할 수 있는 2가지 방법으로 통일과 다문화가 있다. 한국사회에 정착하는 북한이탈주민의 수가 증가할 것으로 예상되고 있는데, 이는 남북통일의 장애요인이 아니라 촉진요인으로 작용할 것이다. 또한 이미 다문화사회에 들어선 한국사회는 국내 이민자 수가 크게 증가할 것이나 교체순환의 원칙에 따라 단기계약 이주노동자의 비율은 증가하다가 일정수준에서 멈출 것이고, 이민자 및 그 자녀수가 총 인구의 10%에 달하는 본격적인 다문화시대에 접어들 것으로 예상되고 있어 한국인의 노력여하에 따라 밝고 희망찬 미래를 가져올 수도 있다.

이러한 한국사회의 통합적 다문화를 향한 노력은 한국사회와 이주민, 정부와 공공기관 및 민간단체들의 다각적인 노력이 전제되어야 한다. 한국사회는 단일민족이라는 강한 배타적 태도를 시정하고 외국인의 한국사회 적응을 위해 지원해야 하며, 이민자나 귀화자는 외국인과 외국문화를 인정하고 다양성 속에 조화를 이루면서 새로운 사회를 함께 이끌어 나갈 수 있도록 하여야 한다.

다문화이론가인 라즈(Raz)는 교육을 통해 서로 다른 문화의 상호 인정과 관용의 전통을 구축하여 문화집단이 서로 동등한 권리를 가지고 공동체의 의사결정과정에 참여하는 방식으로 공동 문화를 창출해 나가야 한다고 하였다. 따라서 한국 중앙 행정부와 각 지방자치단체, 그리고 민간기관에서 주장하고 있는 다문화와 외국인 관련 법, 제도와 프로그램들이 총체적으로 추구하는 한국적 다문화사회의 궁극적인 목표가 무엇인지 알아야 한다. 이러한 다양한 법과 제도, 그리고 프로그램들이 공동의 목표를 달성하기 위하여 유기적이고 체계적으로 추진되어야 한다.

4 외국 다문화사회의 이해

최근 들어 전 세계적인 인구 이동이 활발히 진행되면서, 이주민에 대한 편견과 차별로 인한 다양한 문제가 발생하고 있다. 이민자가 많은 외국에서는 이미 오래 전부터 인종 소요, 폭동 등 다문화사회의 갈등으로 초래되는 문제가 있었다. 특히 교육 수준이 낮은 이주근로자의 실업과 외국인 주민 집단 거주 지역의 슬럼화 현상은 범죄 발생 요인으로 작용하고 있다.

미국, 캐나다 및 호주는 대표적인 이민국으로서 다양한 유형의 문화가 공존하고 있다. 그러나 다문화사회로 진행되는 과정에서 수많은 갈등과 어려움을 겪어 왔으며, 지금까지도 다양한 문제를 경험하고 있어 다문화 정책을 고려하지 않을 수 없는 필연적인 사회적 배경을 가지고 있다.

외국의 경우 우리 사회와 다문화주의 배경은 다르지만 미국을 비롯하여 캐나다, 일본, 프랑스, 영국, 독일 등 각국의 다문화사회에 나타나는 문제를 살펴봄으로써 우리 사회가 다문화사회로 변화하면서 모색해야 할 발전적 방안이 무엇인가에 대하여 생각해 볼 수 있겠다.

1) 외국의 다문화 현황

다문화사회는 다양한 가치를 폭넓게 반영하고 있기 때문에 한 마디로 정의하기는 어려운 일이다. 다문화사회는 한 국가 내에서 다양한 인종과 민족 출신이 함께 어우러져 상호 간에 다른 인종과 민족 때문에 받는 사회적 차별 없이 시민 또는 국민으로서 기본적으로 갖게 되는 권리를 향유하는 사회를 말한다. 이를 위해서는 한 사회의 이질적인 구성 요소가 상호작용 과정에서 나타날 수 있는 갈등을 회피 혹은 최소화하여 조화된 공동체를 이루려는 노력이 필요하다. 즉 공동체 구성원으로 하여금 집단적 일체감과 자아의식을 갖게 하는, 상호 유대에 의해서 공동 관계를 맺게 되는 과정이 필수적이라 할 수 있겠다.

다문화사회를 이해하기 위해서는 다문화 모형에 대한 이해가 우선되어야 하므로, 앞 장에서도 설명하였지만 캐슬스(Castles)와 밀러(Miller)가 한 국가가 이주근로자나 이주민을 수용하는 유형에 따라 분류한 차별 배제 모형, 동화주의 모형, 다문화주의 모형을 살펴보고자 한다.

먼저 차별 배제 모형은 한 국가 내의 인종적 소수인은 인정하지 않고, 단지 국민의 단일성을 위협하는 요인으로 소수 인종과 소수 문화를 인식하는 것으로 유입국 사회가 이민자를 3D 직종과 같은 특정 경제적 영역에만 받아들이고 복지 혜택이나 국적, 시민권, 피선거권 같은 사회·정치적 영역에서는 받아들이지 않은 것을 말한다. 이 모형은 독일, 일본, 한국 등 동북아 국가에서 주로 수용하고 있으며, 이들 국가는 공통적으로 내국인, 외국인을 모두 혈통주의에 입각하여 구분하고 있다. 즉 이민이 아니라 혈통주의를 기반으로 성립된 국가로서 현재 여전히 외국인의 대량 유입에 대한 거부감을 보이고 있다.

동화주의 모형은 이민자가 자신의 언어와 사회문화적 특성을 포기하고 주류사회에 완전히 동화되는 것을 목표로 한다. 동화주의 모형은 이민자가 자국 사회의 구성원으로 살아가기 위한 정책을 목표로 하는 모형이자 대부분의 다문화사회가 다문화정책의 기초로 삼고 있는 모형이다. 미국, 캐나다, 오스트레일리아, 뉴질랜드 등은 차별 배제 모형에서 출발하여 동화로 이행하였다가 점진적 통합단계를 거쳐 다문화사회 모형을 채택하고 있다.

마지막으로 다문화주의 모형은 1970년대 차별 배제 모형과 동화 모형에 대한 비판에서 등장하였다. 전 세계적으로 이주 현상이 보편화되는 가운데 다른 문화, 다른 언어, 다른 종교 집단의 정체성을 인정함으로써 사회 분열을 예방할 수 있다는 점에서 다양성에 기반을 둔 국민 통합 정책으로 파악될 수 있다. 이는 이민국이 이민자가 자국 문화를 지켜나가는 것을 인정하고 장려하여 소수 민족이 주류 사회와 공존할 수 있게 하는 것이다. 이주민은 자국의 문화적 전통을 포기하지 않아도 되고, 이주국은 문화적 다양성을 인정함으로써 사회 통합을 쉽게 이룰 수 있다는 것이 다문화주의가 갖는 장점이다. 이 유형은 이질적인 문화의 충돌 과정에서 발생할 수 있는 수많은 갈등을 최소화함으로써 단일문화를 형성해야 한다는 강한 압박에서 벗어날 수 있는 특징이 있다. 현재는 스웨덴, 호주, 캐나다 등이 다문화사회 정책을 채택하고 있다.

다문화 모형별로 분류하여 각 모형에 해당되는 국가의 다문화 현황을 살펴보고자 한다.

(1) 차별 배제 모형

① 독일

독일은 소수 인종·민족과의 접촉을 최소화하여 갈등을 피하고자 하는 차별주의적 모형(differentialist model)을 취하였다. 캐슬스(Castles)와 밀러(Miller) 역시 독일이 서로 다름을 근거로 이주자를 배제하는 차별 배제 모형(differential exclusion)을 취하였다고 본다. 독일의 이주자 통합 방식은 전형적인 차별 배제 모형으로 자국 내 영구 정착을 전제로 한 이민자에 대해 다문화·다중문화주의를 거부하면서, 계약에 의해 단기간 취업한 후 모국으로 돌아갈 것을 약속한 이주노동자만을 받아들이는 것이 특징이었다. 이에 따라 제2차 세계대전 이후 부족한 노동력을 해결하기 위한 외국인 근로자가 1960년대부터 유입되었으며, 1990년대 동유럽으로부터 독일계 이주자와 통일 이후 동유럽과 구소련 연방의 독일계 주민까지 대거 이주하면서 이주 정책의 전환 시점을 맞았다.

이들은 다른 문화의 존재를 쉽게 인정하지 않으며, 외국인의 귀화 역시 매우 어렵고 까다롭다. 이와 같이 혈통주의에 바탕을 둔 독일은 구소련과 동유럽에서 이주한 독일계 정착민(Aussiedler)과 외국인 근로자에 대한 정책적 입장이 매우 달랐다. 즉, 혈통주의(jus sanguinis)에 입각한 독일의 통합 정책에서는 독일계 정착민을 주요 대상으로 간주하여 통계상으로도 외국인으로 분류하지 않은 반면, 외국인 초청 노동자(guest workers)에게는 임시적으로 독일에 거주하다가 향후 자국으로 돌아가도록 전제하였다.

독일의 이러한 정책도 2000년대 접어들면서 제한적이기는 하지만 변화하기 시작하였다. 독일에 정착하는 외국인이 증가하며 차별 배제 모형에서 벗어나고 있다. 2000년부터는 국적법과 관련하여 합법적으로 체류하는 외국인 부모에서 출생한 아동이 독일 국적을 취득할 수 있는 속지주의적 입장을 취하게 되는 국적법을 시행하였다. 또한 사회 통합 문제 해결을 위한 신이민법(Immigration Act)이 2004년 7월 상·하원을 통과하여 2005년 1월에 시행되었다. 이 법은 독일 이민 정책의 변화를 보여주는 것으로, 독일을 이민국으로 규정하는 패러다임의 최근 전환을 반영한다. 이러한 패러다임 전환의 가장 큰 이유는 독일 인구의 고령화에 따른 노동력 부족이 경제에 미치는 부정적 영향으로, 이를 극복하기 위해 젊은 노동력을 제공할 수 있는 이민자 수용이 필요하였기 때문이다.

하지만 이와 같은 패러다임 전환에도 불구하고 독일은 아직까지 국가 차원에서 다문화주의를 수용하지 않고 있으며, 지방 정부가 사회 서비스와 교육 서비스를 이주민에게 제공함으로써 통합 정책에 있어서 지방 정부의 역할이 커지고 있다.

독일의 이주민 사회 통합 정책은 '국민 통합 계획(NIP)'을 기초로 크게 언어 통합, 사회 통합, 노동시장 통합의 세 부분으로 구분하여 시도하고 있다. 2007년 연방 정부, 주 정부 및 자치 단체 등 모든 국가적 차원뿐만 아니라 무슬림 단체를 비롯한 시민 사회 단체와 이주민이 포괄적으로 참여하여 함께 '국민 통합 계획'을 수립하였다. 이 계획의 특징은 직업교육, 언어교육, 경제, 문화, 미디어 등 각 분야에서 연방 정부와 주 정부, 지방자치단체 및 사회 단체, 이주민 단체가 수행해야 할 과업을 명확히 설정하여 제시하고 있다는 것이다.

② 일본

일본에 외국인이 유입되기 시작한 것은 1970년대 이후부터이며, 일본으로 남미의 일본계 외국인[일본에서는 이들을 '닛케이진(日系人)'이라고 부른다. 이하 '닛케이진'으로 표기]

을 비롯해 한국, 필리핀, 중동 등지의 많은 외국인 노동자가 돈을 벌기 위해 모여들었다. 당시 일본은 '단순 노동자'를 받아들이지 않았기 때문에 이들의 대부분은 관광 비자나 학생 비자, 연수 비자로 일본에 들어와 불법 취업의 형태로 건설업이나 제조업 등에서 일하였다.

1980년대에 들어오자 경제 발전으로 노동력 부족이 표면화되면서 외국인 노동자 문제가 나타나기 시작하였다. 버블 경기에 힘입어 1980년대 중반 이후부터 외국인 근로자의 유입이 급증하자 일본 정부는 1989년 12월 입관법을 개정하고 1990년부터 개정 입관법을 시행하였다. 개정 입관법은 이후 일본 내 외국인의 판도에 결정적 영향을 미치게 되는데, 일본 내에서 취업 활동에 제한을 받지 않는 '정주자'라는 체류 자격이 신설되었기 때문이다. 정주자는 주로 닛케이진을 대상으로 한 것으로, 닛케이진은 일본 민족이라는 '혈통'에 근거를 두고 있기에 일본 노동 시장의 폐쇄성을 보여주고 있다. 닛케이진이라 할지라도 일본의 피가 적은 닛케이진 4세부터는 이 대상에 포함되지 않았다. 철저하게 혈통주의에 기반하여 차별적 포섭과 배제가 이루어진 것이다.

1990년대에는 버블 경제가 붕괴되면서 불황의 장기화로 인하여 외국인 근로자에 대한 수요가 감소함으로써 외국인 근로자가 감소할 것으로 예상되었으나, 예상과 달리 단성적으로 노동력 부족상태를 겪는 지역 산업 기업의 외국인 근로자에 대한 높은 수요로 인하여 외국인 근로자는 1990년대에도 지속적으로 증가하였다. 이에 따라 일본은 국적과 민족 등이 다른 사람들이 서로의 문화적 차이를 인정하고 대등한 관계를 구축하면서 지역사회의 구성원으로서 함께 살아가는 '다문화공생'이라는 용어를 사용하면서 현재에 이르고 있다. 다문화공생이란 '외국인 집주 도시의회'의 도요타 선언에 의하면 일본인 주민과 외국인 주민이 서로의 문화와 가치관에 대해 깊게 이해하고 존중하며, 건전한 도시 생활에 없어서는 안 될 권리의 존중과 의무 수행을 기본으로 하는 진정한 공생 사회를 말한다.

2006년 3월에 다문화공생이라는 표현이 나오기 전까지 일본 정부는 외국인을 일본 사회의 '문제'로 인식하고 있었으며, 따라서 문제 해결의 관점에서 '관리'해야 한다는 입장이었다. 그러나 일본 정부는 사회 변화에 부응하여 '외국인=일시적 존재'라는 인식에서 벗어나, 외국인 주민도 생활자이며 지역 주민이라는 관점에서 외국인이 지역사회의 구성원으로서 함께 살아갈 수 있도록 하기 위한 조건을 종합적으로 검토하기 위해 2005년 6월 처음으로 총무성에 '다문화공생의 추진에 관한 연구회'를 설치하였다.

일본의 다문화공생으로 대별되는 다문화정책은 비록 전체 이주민보다는 중국계 일본 후손과 닛케이진 등 일본계를 대상으로 하여 일본 사회로의 수용을 위해서 점차 확대되어 가고 있으나, 독일과 유사하게 문화의 다양성을 인정하면서 갈등을 줄이고, 교육을 통하여 자연스럽게 일본 사회에 흡수되도록 유인하는 특징이 있다. 특히 인구의 국제적 이동이 활발해지고 인구가 급격히 감소하고 있는 일본은 이주민을 지역 주민으로 인식하고, 사회 참여를 촉진하기 위해서 지역의 다문화공생의 필요성에 대한 사회적 공감대를 형성한다는 특징이 있다.

(2) 동화주의 모형

① 프랑스

프랑스는 전통적으로 외국인 이주민의 인종이나 문화적 다양성을 공동체가 추구하는 하나의 가치에 용해시키기 위해 '동화주의' 전략을 추구하고 있다. 프랑스 통합 정책의 핵심은 국적법으로, 이주민은 프랑스 국적을 취득해야 그 사회에 온전히 통합될 수 있다. 즉, 프랑스에서는 이주민 통합의 일차적 전제 조건이 귀화이다. 프랑스는 교육을 통하여 사회문화적 차이까지도 제거한다. 2004년부터 학교와 같은 공공장소에서 이슬람 여성의 히잡(hijob) 사용에 대한 법적 금지가 대표적 사례이며, 이는 공화주의의 평등과 자유라는 보편적 가치 하에서 통합을 이루기 위해서 행해진 것이다.

한편, 프랑스는 2003년 유일 통합 계약을 시행하면서 이주민 통합을 위해 프랑스어와 시민교육을 실시하였다. 2006년에는 EU의 이민과 통합 정책의 변화를 반영하여 '이민과 통합법(Law of Immigration and Integration)'을 시행하고, 필요한 고급 인력의 이민은 장려하고 불법체류 외국인 등에 대해서는 강력히 단속하며, 기존 이민자에 대해서는 프랑스 사회에 잘 적응할 수 있도록 동화주의 정책을 강화하는 것이 특색이다. 이주민의 통합에 관한 주무 부처는 사회복지부의 노동부이며, 내무부와 법무부도 통합 업무를 담당한다.

② 미국

건국 초기부터 다양한 이민자의 유입을 통하여 국가가 형성된 미국은 1620년 영국의 박해를 피해 미국으로 이주해 온 것을 시초로 수많은 청교도가 이민하기 시작하였다. 이후 많은 유럽 출신의 이민자가 미국으로 이주하였으나 선별적인 이민자 정책으로 인하여 1900년대 초반까지 중국인 배척법(Chinese Exclusion Act) 등을 통하여 동양계 이민을 제한적으로 허용하였던 사례가 있다. 그에 반해 유럽계 이민자는 미국 내에서 꾸준히 증가하였다.

미국의 다문화주의는 1960년대 이전과 이후로 구분할 수 있다.

가. 1990년대 이전: 다문화주의와 용광로 개념

다양한 국가의 미국으로의 대규모 이민은 계속해서 이루어졌고 이에 동화주의(assimilation)의 대안으로 용광로(melting pot) 개념이 만들어지게 되었다. 용광로 개념은 미국이 당면한 인종 갈등 등 이질적인 요소를 융해시켜 하나의 공통 국가 내에서 단일 언어·정치 체제, 애국주의·사회 발전의 이상을 추구하면 해소된다는 개념이다. 커다란 용광로에 섞여 출신국별 고유성을 잃고 단일한 성격의 국민으로 융해되는 것을 목적으로 하는 용광로 개념은 문화적 다양성을 반영하지 못하였고, 주류 문화에 소수 문화가 녹아드는 형태를 취하였기 때문에 사회적인 갈등과 문제는 점점 고조되었다.

나. 1990년대 이후: 문화 다원주의

문화 다원주의(cultural pluralism)란 주류 사회의 문화가 존재함을 인정하면서 동시에 다양한 집단의 정체성을 존중하는 입장이다. 제1차 세계대전 이후 유럽에서 시작한 포스트모더니즘이 미국에 유입되어 각 대학에서는 소수 인종과 민족, 여성, 노동계층 등 정체성에 대한 연구가 활발히 진행되었고, 1980년대에는 문화운동이 전개되었는데 이 운동이 지금의 '다문화주의'다. 이는 '용광로 개념'에 대한 자성을 바탕으로 각각의 소수 민족이 야채 샐러드처럼 미국이라는 그릇 속에 각자의 문화와 정체성을 가짐과 동시에, 상호존중과 협조를 통하여 국가 목표를 달성해야 한다는 '샐러드 볼(salad bowl)' 문화의 개념으로 볼 수 있다.

미국은 다문화적 배경 속에서 시행착오를 거듭하며 다문화주의의 발전을 위해 현재까지 다양한 시도를 하고 있다. 1977년 교사교육인증위원회(NCATA)에서 다문화교육 기준안을 마련하여 교사 양성 과정(일반 및 전문 과정)에 다문화교과가 포함되어야 함을 강조하였다. 1990년 초반에는 예비 교사의 다문화교육 지식 습득을 권장하였고, ESL(English as a Second Language)과 같은 대치 수업과 영어와 모국어를 사용하는 이중 언어 프로그램을 지원하였다. 2000년 이후에는 유치원 및 대학교육에서 다문화교육을 강화하였으며, 현재는 다문화교육 담당 교사 양성 부분에서 다문화 배경을 가진 교사 배출에 힘쓰고 있다.

미국의 건국이념은 자유주의와 평등주의이다. 아이러니하게도 과거 흑인 노예 제도 및 인종 차별에 대한 편견이 가장 심하였던 나라이기도 하나, 미국 내 주류 집단과 소수 민족 집단 간의 갈등을 해결하는 과정에서 다문화주의는 발전적으로 작용하였다고 볼 수 있다. 2009년 1월 버락 오바마(Barack Obama)의 대통령 당선은 미국 역사상 최초의 흑인 대통령 탄생이었으며, 전 세계적으로도 변화와 희망을 상징하는 이슈가 되었다. 오늘날 미국의 다문화교육 목표는 다양한 배경을 가진 이민자에 대한 성, 인종, 계급, 민족에 관계없는 평등한 권리 부여와 문화적 다양성의 이해, 차별과 편견 감소를 통한 다문화적 시민 육성이다.

(3) 다문화주의 모형

① 캐나다

캐나다의 다문화주의는 제2차 세계대전 종전까지의 유색인종에 대한 차별 배제 정책과 1967년 이민 점수제 도입으로 인한 개방적 이민 정책에 이어 1971년 '이중 언어주의에 기초한 다문화주의'로 구분할 수 있다.

제2차 세계대전 종전까지 캐나다는 미국의 예처럼 유럽인에 대해서는 자유롭고 관대한 정책을 취하였으나, 유색 인종에 대해서는 차별과 배제의 정책을 행하였다. 캐나다는 폐쇄적이고 선별적인 이민 정책을 수행하였지만 유럽 북동부 이민자들이 대거 서부 지역에, 후에 중남부 이민자들이 동부 대도시를 비롯한 곳곳에 자리 잡음으로써 이전의 영국계와 프랑스계의 두 지배 문화가 아닌 제3의 집단이 자신들의 존재와 정통성을 부각시키게 되었다.

1967년 캐나다는 이민 점수제를 도입하여 인종 또는 민족이 이민 수용의 기준이었던 것이 연령, 학력, 능력 등으로 바뀌었고, 그 결과 유색 인종의 이민이 증가하였다. 1969년 언어적 평등을 위해 영어와 불어를 공용어로 하는 공용어법이 제정되어 이중 언어화가 개시되자 유럽계 출신자들이 자신의 존재를 주장하기 시작하였다. 이에 1971년 튀르도(Trudeau) 수상은 '캐나다의 공식 언어는 2가지가 존재하지만 공식 문화는 존재하지 않고 모든 민족 집단이 평등하다'는 '이중 언어주의에 기초한 다문화주의'를 공식적으로 선언하였다. 이어 1972년 11월에는 다문화주의 담당 장관이 임명되었고, 1973년에는 다문화주의국이 국무부 내에 설치되었다.

다문화주의 이념은 그 후 1982년 헌법 제27조 '기본권과 자유에 관한 헌장(Charter of Right and Freedom)'에 삽입되며 혜택을 헌법으로 보장받게 되었다. 이어 1985년에는 다문화정책 전반을 조정하는 '다문화주의에 관한 상임위원회'가 발족하였고, 1986년에는 노동현장 내에서의 차별을 금지하는 고용평등법(Employment Equity Act)을 제정하였다. 1988년에는 '다양성을 캐나다의 기본적인 성격으로 인정하여 캐나다인의 다양한 문화적 유산을 유지하고 강화하는 것과 병행하여, 경제적·문화적·정치적 생활에서의 모든 캐나다인의 평등 달성을 목적으로 다문화주의 정책을 취할 것을 선언'하는 캐나다 다문화주의법(Canadian Multiculturalism Act)이 제정되었다. 이로써 단순한 선언으로 시작되었던 다문화주의는 캐나다의 국가 경영 원칙으로 법제화되었다.

캐나다 다문화의 특징은 소수 민족의 문화적 정체성과 자신감을 배양하는 것을 목표로 하고 소수 민족·집단 간 교류를 강조하며 이중 언어교육에 중점을 둔다는 것을 들 수 있다. 또한 다문화에 대한 학교 지원과 교사의 교육 프로그램을 강화하여 다문화환경이 조성되도록 노력하고 있다.

2) 외국 다문화사회의 문제

다문화사회로 이행하면서 국가마다 긍정적인 효과와 부작용을 동시에 경험하고 있다. 노동력 유입으로 인한 경제 성장 효과와 함께 이질적인 문화와의 공존이라는 새로운 과제도 부상하고 있는 것이다. 특히 인력 수급난이 해소되면서 경제적 편익이 먼저 발생하고, 다문화가 진전되면서 일자리 경쟁, 사회 갈등 등의 비용이 증가하고 있으므로 외국 사례에서 나타난 다문화사회에서의 경제적 비용, 문화적 갈등, 사회적 분열 등의 부작용에 대하여 살펴보고자 한다.

(1) 경제적 비용

첫째, 신규 이주민이 자국의 저소득층과 일자리를 경쟁하게 된다. 신규 이주민은 주로 저소득층, 비숙련 노동자로 이들이 기존 저소득층 노동자의 임금을 감소시키게 되며, 이에 저소득층 노동자가 중심이 되어 이민을 반대하는 정치적 갈등이 대두되고 있다. 영국에서는 폴란드 출신 이민자가 내국인의 일자리를 차지한다는 주장이 2010년 선거에서 중점 이슈로 부각되기도 하였으며, 미국 브라세로(Bracero) 프로그램(1942~1964)의 경우 기존 저소득층 노동자의 임금을 감소시키고 있음을 알 수 있다.

브라세로는 멕시코 노동자가 미국에서 단기 취업을 할 수 있게 하는 프로그램으로 미국과 멕시코 간 외교 협약의 결과로 시작되었다. 매년 추수 기간 중 수십만 명의 멕시코 노동자가 리오그란데(Rio Grande) 강을 건너 남부 텍사스(Texas) 농장에 취업하였다. 그러나 브라세로 계약은 1시간당 20센트로 미국 노동자 평균 임금인 1.05~1.79달러의 5분의 1 수준인 저임금에, 장시간 노동, 불공정한 대우로 인권 문제가 발생하기도 하였다. 1950년대 초 멕시코계 이민자 단체가 새로운 이주 노동을 막기 위해 정치적 로비를 벌였으나 백인 농장주들의 반대로 실패하였다. 이민자 단체는 브라세로 계약의 임금과 근로조건을 당시 미국 노동시장 기준에 맞추고 불법 노동자 유입을 막으려고 노력하였으나, 저임금 유지를 원하는 농장주들의 정치적 로비로 기존 브라세로 프로그램을 연장하는 법안이 통과되었다.

둘째, 공공 재정에 부담을 주는 이주민에 대한 복지 혜택 부여를 거부하려는 움직임이 반(反)이주 정서로 발전하게 된다. 이주민이 적응에 실패하고 빈곤층으로 전락할 경우 사회 복지 서비스에 의존할 확률이 높으므로, 재정 지출 증가를 이유로 이주민에 대한 사회 복지 지출을 제한하는 정치적 압력이 표출되었다. 반외국인 정서가 팽배하였던 1990년대 중반 미국은 사회 복지 제도 개혁(수습기간 제한 및 근로 의무 조건 강화)으로 이주민 복지 혜택을 감축하였다. 1996년 미국의 '이민과 복지 개혁 법안'에 의해 영주권자가 연방 사회 복지 혜택을 받을 수 있는 자격 요건이 강화되었다. 미국 내 근로 기간이 10년을 넘지 않은 이주민은 사회 보장 소득 보조와 푸드 스탬프(Food Stamp) 혜택에서 제외하였고, 입국 이후 5년 동안은 빈곤 가정 한시적 보조, 의료보험, 주립 아동 건강 보호를 받을 수 없게 하였으며, 5년이 지나도 '후견인 지출' 여부를 심사함으로써 자격을 강화하였다. 또한 이민법은 저소득층 시민과 영주권자가 가족의 비자 후견인이 되는 것을 어렵게 하였다. 후견자는 연방 빈곤 기준선의 125% 수입을 유지해야 하고, 이민자가 10년간 근로하는 동안 그 수준을 유지할 만한 자산 능력을 입증해야 한다. 또한 주 정부가 불법체류 외국인에게 중등 교육을 지원하지 못하도록 제한하였다.

셋째, 이민으로 국가 내 인종 분포가 다양해져 교육 등 경제 성장에 필수적인 공공재 공급에 대한 합의 도출이 어려워질 경우 성장이 둔화된다. 각 인종 그룹이 서로 다른 양과 질의 공공재를 요구하면 공공재 공급에 대한 합의가 곤란해지며, 인종이 다양하고 집단 간 견해 차이를 조정하는 제도가 취약한 국가일수록 1970년대 오일 쇼크 이후 성장률 하락이 심해졌다.

(2) 문화적 갈등

첫째, 다양한 인종의 유입에 따른 언어적·문화적·종교적 갈등으로 사회 통합 비용이 증가한다. 이질적인 언어, 문화, 종교를 가진 구성원이 공존할 경우 가치관 갈등이 생겨나고 문화적 차이를 인정받기 위한 정치적 경쟁이 발생한다. 사회는 새로 유입된 문화를 위협으로 인식하고, 동화시켜야 할 대상으로 간주하며, 서로 같은 종교나 이념을 가진 사람끼리 모이기를 원하기 때문에 사회적 네트워크가 분열되게 된다. 한 예로 개신교, 가톨릭교도, 사회주의자의 3파로 갈라진 독일 바이마르 공화국은 사회 통합이 부진하였다.

둘째, 종교·문화의 차이를 사회 질서와 생활 규범을 위협하는 것으로 인식한다. 기존과 다른 종교가 유입되면서 특정 종교의 교리나 행동 규범이 사회의 정서나 법질서와 충돌할 때 갈등이 발생할 소지도 있다. 최근 유럽에서는 '부르카(전신을 가리는 이슬람 여성의 전통 의상)' 착용, 이슬람 사원의 첨탑 건설을 금지하면서 종교 갈등이 심화되었다. 17세기부터 '방임주의(live and let live)'의 철학 아래 여러 소수 집단이 자신만의 방식으로 살아가는 것을 허용하였으며, 진보적·실용적인 다문화정책을 시행하는 것으로 알려진 네덜란드에서도 국민의 63%가 이슬람 문화와 현대 유럽의 라이프스타일이 맞지 않는다고 응답하고 있다.

(3) 사회적 분열

첫째, 교육 및 취업 기회 제한 등으로 이민 2세대의 사회적 상향 이동이 제약을 받으면서 실업률과 범죄율이 증가한다. 프랑스에서는 이민 2세대가 경제 악화로 고용 시장에서 먼저 배제되어 사회 통합을 위협하는 심각한 문제로 대두하였고, 20대 전체의 실업률은 12%이나 이민 2세대의 20대 실업률은 33%로 높게 나타났으며, 비유럽 이민자는 백인에 비해 일자리를 구할 가능성이 17분의 1 밖에 되지 않는다. 또한 외국인 인구의 주거지 부족과 실업 문제가 사회적 비용을 초래한다. 프랑스는 1973년 오일 쇼크 이후 노동 수요가 감소하면서 이주노동자 유입을 차단하였으나, 가족 합류와 장기 불법체류 외국인 거주권 부여 등으로 매년 이주노동자가 증가하고 있다.

둘째, 민족·문화·종교의 차이를 인정하지 않는 동화주의 정책이 사회 분열을 심화시킨다. 동화주의 통합 모형은 이민자 문제를 특정 출신 국가 또는 종교의 차이가 아닌 개인의 문제로 판단하여 차이를 공식적으로 인정하지 않고 있으며 이로 인하여 '이주'나 '이민' 자체가 문제가 아니라 '이민 정책의 부재'라는 문제가 발생하고 있다.

Chapter 2

한국의 다문화 현황 및 정책

학습목표

1. 한국사회의 다문화 현황을 이해할 수 있다.
2. 다문화가족정책을 이해할 수 있다.
3. 다문화 관련법을 이해할 수 있다.
4. 다문화 관련 정책 및 제도를 이해할 수 있다.
5. 한국사회의 다문화를 이해하고 설명할 수 있다.

1 다문화 현황

우리나라는 오랫동안 '단군신화', '백의민족', '단일민족'임을 강조하던서 순혈주의, 단일민족이라는 자긍심을 가져왔다. 이와 같은 민족적 배경은 우리나라 국민이 초기 다문화사회에서 외국인을 경계하는 배타주의 또는 편견주의적인 행태로 나타났으나 점차적으로 다문화에 대한 인식이 변화되어 가고 있다.

한국사회가 다문화사회로 변화하고 있는 주요인은 산업 기술의 발전과 자본, 노동력 이동에 따른 이주 근로자의 증가와 저출산·고령화로 인한 인구의 변동에 따른 결혼이주자의 유입 및 국제 교류의 증가 등이라 할 수 있다. 인구가 유입된다는 것은 인구 증가의 의미뿐만 아니라 다문화 유입을 포함하고 있어, 인구의 증가는 새로운 문화 형성, 즉, 다문화사회를 형성하게 되는 것이다. 따라서 다문화사회로 변화하고 있는 우리나라에서 지역사회 구성원과 학생을 대상으로 다문화에 대한 이해를 증진시켜 이주민과 그 자녀에 대한 차별을 없애고 건전한 사회적 통합을 위한 노력을 강구해야 할 필요성이 대두되고 있다.

행정안전부(2017)의 발표에 따르면 우리나라에 거주하는 장기체류 외국인·귀화자·외국인 주민 자녀(이하 '외국인 주민')는 모두 176만 4,664명으로 전체 주민등록인구(51,269,554명) 대비 3.4%에 해당하고 있다.

행정안전부(2017)에 따르면 우리나라에 거주하고 있는 외국인 주민의 최근 10년간 연도별 변동 추이는 그림 2-1에서 보는 바와 같이 매년 증가하였다.

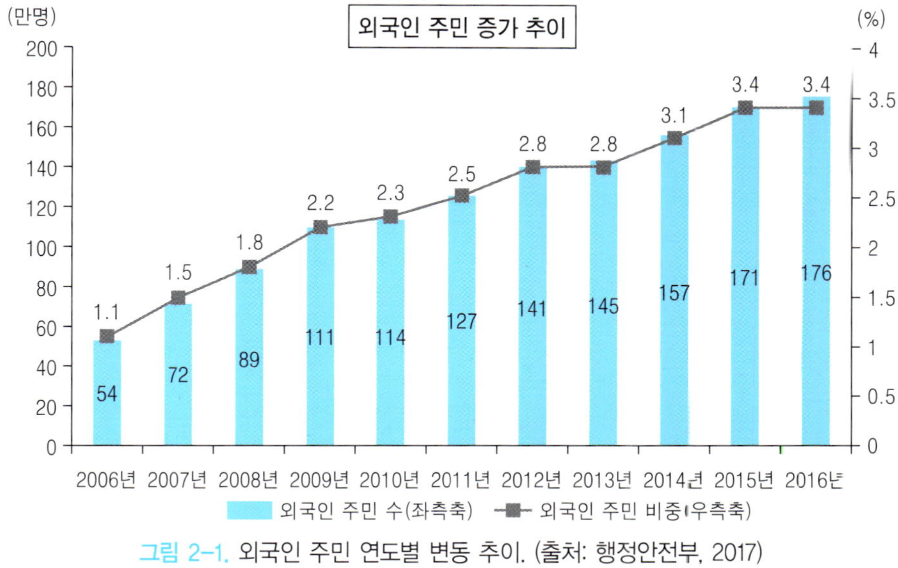

그림 2-1. 외국인 주민 연도별 변동 추이. (출처: 행정안전부, 2017)

2008년에 89만 1,000명이었던 것이 2009년에는 110만 6,000명으로 24.2%가 증가하였으며, 2010년에는 113만 9,000명으로 2.9%, 2011년에는 126만 5,000명으로 11%, 2012년에는 140만 9,000명으로 11.4%, 2013년에는 144만 6,000명으로 2.6%, 2014년에는 157만 명으로 8.6%가 증가하였다. 또한 2015년 1,711,013명에서 2016년 1,764,664명으로 53,651명으로 3.1% 증가하였다. 성별로 보면 남자 946,651명, 여자 818,103명으로 2015년에 비해 남자는 25,555명(2.8%), 여자는 28,096명(3.6%)으로 증가하였다.

외국인 주민의 수는 2011년과 2012년에는 전년 대비 11%씩 증가하다가 2013년에 방문취업제(2007~2012년) 기간 만료 등에 따라 증가폭이 2.6%로 감소한 바 있다. 그러나 2014년도에는 중국 동포에 대한 재외 동포 자격 대상 확대, 국적 요건을 갖춘 외국 국적 동포의 영주 자격 신청 증가 등에 따라 증가폭이 8.6%까지 확대되었다.

우리나라에 거주하고 있는 외국인 주민은 한국 국적을 가지지 않은 사람과 한국 국적을 취득한 사람 및 외국계 주민의 자녀로 분류할 수 있다.

우리나라에 거주하고 있는 외국인 주민 수는 최초 조사 연도인 2006년 536,627명에서 2016년은 176만 4,644명으로 3배 이상 증가하였다. 외국인 주민의 유형별 분포(그림 2-2, 표 2-1)는 한국 국적을 갖지 않은 사람이 1,413,758명(전체 외국인 주민의 80.1%), 한국 국적을 갖고 있는 사람은 159,447(9.0%), 외국인 주민 자녀는 191,459명(10.8%)으로 집계되고 있다. 외국인 주민의 성별은 남성 946,561명(53.6%), 여성 818,103명(46.4%)으로 비교적 균등한 분포를 보이고 있다. 그러나 세부 유형별로 보면 외국인 근로자는 남성(73.2%)이 대부분인데 비해, 한국 국적을 가지고 있는 사람(여성 81.6%)과 결혼이민자(여성 85.3%)는

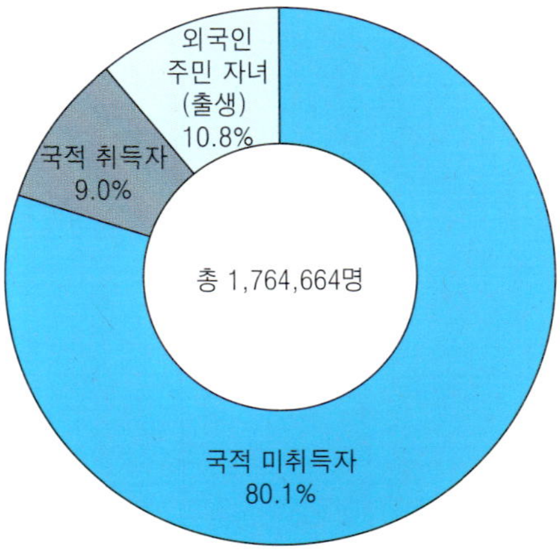

그림 2-2. 외국인 주민 유형별 현황. (출처: 행정안전부, 2017)

표 2-1. 외국인 주민 유형별 현황

구분	외국인 주민 합계			장기체류 외국인						귀화자	외국인 주민자녀(출생)
	계	남	여	계	외국인 근로자	결혼 이민자	유학생	외국국적 동포	기타 외국인		
16년	1,764,664	946,561	818,103	1,413,758	541,673	159,501	95,963	235,926	380,695	159,447	191,459
		(53.6%)	(46.4%)	(80.1%)	(30.7%)	(9.0%)	(5.4%)	(13.4%)	(21.6%)	(9.0%)	(10.8%)
15년	1,711,013	921,006	790,007	1,363,712	573,378	144,912	82,181	216,213	347,028	149,751	197,550
		(53.8%)	(46.2%)	(79.7%)	(33.5%)	(8.5%)	(4.8%)	(12.6%)	(20.3%)	(8.8%)	(11.5%)
증감	53,651	25,555	28,096	50,046	△31,705	14,589	13,782	19,713	33,667	9,696	△6,091
	(3.1%)	(2.8%)	(3.6%)	(3.7%)	(△5.5%)	(10.1%)	(16.8%)	(9.1%)	(9.7%)	(6.5%)	(△3.1%)

(출처: 행정안전부, 2017)

여성이 대부분을 차지하고 있다.

한국 국적을 갖지 않은 사람 중 외국인 근로자는 전체 외국인 주민의 38.3%를 차지하였으며, 기타 외국인은 26.9%, 외국 국적 동포는 16.7% 순으로 나타났다. 유형별 증감을 보면 2015년에 비해 기타 외국인 33,667명(9.7%), 외국 국적 동포 19,713명(9.1%), 결혼이민자 14,589명(10.1%), 유학생은 13,782명(16.8%)으로 증가하고, 외국인 근로자는 31,705명(5.5%)으로 감소하였다(그림 2-3).

한국 국적을 갖고 있는 사람은 159,447명으로 2015년 149,751명에 비해 9,696명(6.5%)으로 증가하였다(그림 2-4).

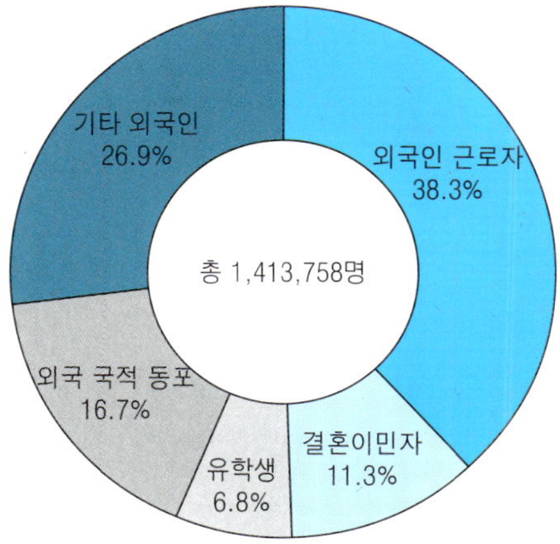

그림 2-3. 한국 국적을 가지지 않은 자의 유형별 현황. (출처: 행정안전부, 2017)

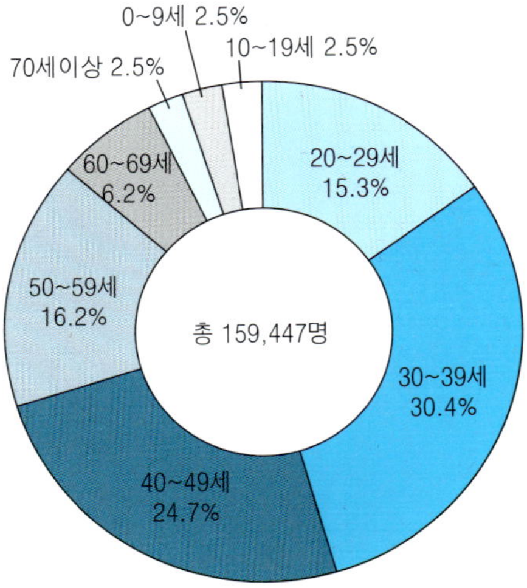

그림 2-4. 한국 국적을 취득한 자의 연령별 현황. (출처: 행정안전부, 2017)

표 2-2. 한국 국적을 취득한 자의 출신국가

계	중국(한국계)	중국	베트남	필리핀	대만	캄보디아	몽골	미국
159,447	75,103	32,987	26,314	7,744	2,913	2,881	1,280	1,121
구성비	47.1	20.7	16.5	4.9	1.8	1.8	0.8	0.7

(출처: 행정안전부, 2017)

외국인 주민의 국적별 분포(표 2-2)는 한국계 중국인을 포함한 중국 국적자가 108,090명(67.8%)으로 가장 큰 비중을 차지하고 있으며, 이어서 베트남 26,314명(16.5%), 필리핀 7,744(4.9%) 순이다. 한국계 중국, 중국, 베트남 출신이 귀화자의 84.3%를 차지하고 있다.

한국 국적을 취득한 자의 연령별로는 30대가 48,485명(30.4%)으로 가장 많으며, 30대와 40대를 합하면 55.1%를 차지하고 있다. 성별로 보면 남자는 40대(25.2%)가 여자는 30대(33.6%)가 가장 많다(그림 2-4).

다문화 가구원(표 2-3)은 963,174명으로 한국인 배우자 298,858명(31.0%), 결혼이민자 158,620명(16.5%), 귀화자 151,002명(15.7%), 자녀 199,161명(20.7%), 기타 동거인 155,533명(16.1%)으로 나타나고 있다.

외국인 주민의 지역별 분포(그림 2-5)는 경기도 571,384(32.4%), 서울특별시 404,037명(22.9%), 경상남도 114,594명(6.5%) 순으로 외국인 주민이 많이 거주하고 있으며, 수도권(서울·경기·인천)에 60.6%가 집중 거주하고 있다. 시·군·구별로는 경기도 안산시(79,752

표 2-3. 다문화가구 가구원 현황

합계	한국인배우자	결혼이민자	귀화자	자녀	기타동거인
963,174	298,858	158,620	151,002	199,161	155,533
구성비	31.0	16.5	15.7	20.7	16.1

(출처: 행정안전부, 2017)

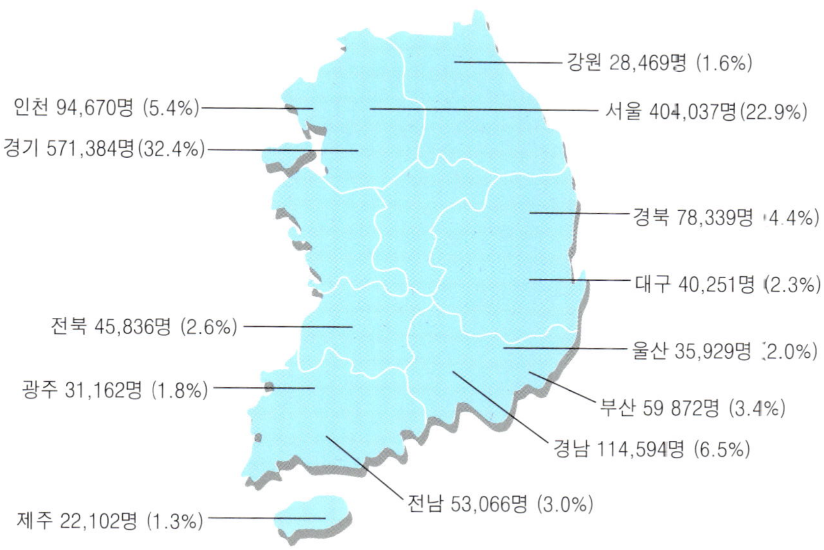

그림 2-5. 외국인 주민 거주 지역 현황. (출처: 행정안전부, 2017)

명)에 가장 많은 외국인 주민이 거주하며, 서울특별시 영등포구(55,427명), 경기도 수원시(54,284명), 경기도 화성시(48,457명) 순으로 거주하고 있다. 외국인 주민이 1만 명 이상 또는 인구 대비 5% 이상 거주하는 시·군·구는 65개 지역이며, 경기도 20개, 서울특별시 16개, 경상남도 6개, 인천광역시 5개 지역 등이다.

2 다문화가족정책

1) 다문화가족정책 기본계획

우리 사회가 급속히 다문화사회로 이행해 감에 따라, 효과적인 다문화정책의 수립과 정책을 실행하기 위한 노력이 범국가적으로 중요해지고 있다. 우리나라는 이미 지난 수년간 제1차 외국인정책 기본계획(2008~2012)과 다문화가족 지원정책 기본계획(2010~2012)을 기반으로 제2차 다문화가족정책 기본계획(2013~2017)을 수립하여 국내 거주하는 외국인 주민의 한국사회 적응과 사회통합을 위한 정책을 본격적으로 수행해왔다. 2018년부터는 '차별 없는 다문화사회 구현과 다문화가족의 참여 확대'를 목표로 제3차 다문화가족정책 기본계획(2018~2022)을 수립하여 시행될 예정이다.

(1) 제1차 다문화가족지원정책 기본계획

2010년 3월 다문화정책이 보건복지가족부에서 여성가족부로 주관부처가 변경되었다. 2010년 5월 다문화가족정책 위원회를 열어 제1차 다문화가족지원정책 기본계획(2010~2012)을 수립하였다. 국격 제고 및 안정적인 사회통합 차원에서 기존의 양적 지원에서 벗어나 서비스의 질적 수준을 제고하는 방향으로 다문화가족정책을 재정비하였다. 다문화가족정책 기본계획의 비전은 '열린 다문화사회로 성숙한 세계국가 구현'이며, 2가지 목표는 '다문화가족의 삶의 질 향상 및 안정적인 정착 지원', '다문화가족 자녀에 대한 지원강화 및 글로벌인재 육성'이다. 추진과제 5영역은 ① 다문화가족지원정책 추진체계 정비, ② 국제결혼중개 관리 및 입국 전 검증시스템 강화, ③ 결혼이민자 정착 지원 및 자립역량 강화, ④ 다문화가족 자녀의 건강한 성장환경 조성, ⑤ 다문화에 대한 사회적 이해 제고이다(그림 2-6). 다음은 주요 추진성과와 한계이다.

① 다문화가족지원정책 추진체계 정비

다문화가족지원정책에 대한 체계적 접근기반을 마련하고, 국제결혼의 건전화를 위한 제도개선 및 국내와 공조기반을 구축하였다.

- 다문화가족정책의 체계적 추진을 위해 부처 및 지자체 협조체계 강화
- 다문화가족 범위 확대, 신규입국자 정보연계 등을 통해 서비스 사각지대 지원 강화

② 국제결혼중개 관리 및 입국 전 검증시스템 강화

- 국제결혼중개업체 관리 및 사증발급제도 개선을 통해 건전한 국제결혼 문화 조성
- 결혼이민자의 조기정착을 위한 교육 프로그램 강화

③ 결혼이민자 정착 지원 및 자립역량 강화

- 결혼이민자가 한국생활에 어려움이 없도록 기초생활보장, 통·번역, 취업 지원 등 다양한 서비스 제공

구분	내용	
비전	열린 다문화사회로 성숙한 세계국가 구현	
목표	• 다문화가족의 삶의 질 향상 및 안정적인 정착 지원 • 다문화가족 자녀에 대한 지원 강화 및 글로벌인재 육성	
추진과제	다문화가족지원정책 추진체계 정비	• 다문화가족지원 관련 총괄 · 조정 기능 강화 • 다문화가족지원 서비스 전달체계 효율화 • 다문화가족지원정책 추진 기반 확충
	국제결혼중개 관리 및 입국전 검증시스템 강화	• 국제결혼중개에 대한 관리 강화 • 결혼이민 예정자 대상 사전정보 제공 확대 • 자립가능한 이민자 유입을 위한 입국전 검증시스템 강화
	결혼이민자 정착 지원 및 자립역량 강화	• 결혼이민자 한국어교육 및 의사소통 지원 강화 • 결혼이민자 직업교육 및 취업지원 활성화 • 안정적 사회통합을 위한 국적취득 합리화 • 결혼이민자 생활적응 지원 사회보장 확대 • 이혼 및 폭력피해 결혼이민자 인권보호 증진 • 배우자교육 운영 및 다문화가족간 네트워크 강화
	다문화가족 자녀의 건강한 성장환경 조성	• 글로벌인재 육성을 위한 맞춤형 교육지원 강화 • 다문화가족 유아 등의 언어발달 지원사업 확대 • 다문화가족 학부모의 자녀교육 역량 강화 • 학교부적응 자녀 지원을 위한 인프라 확충
	다문화에 대한 사회적 이해 제고	• 다문화이해 증진을 위한 사회교육 활성화 • 다문화이해 증진을 위한 학교교육 강화 • 지자체 일선공무원 등 다문화 관계자에 대한 교육 확대 • 다문화이해 증진을 위한 홍보활동 강화

그림 2-6. 제1차 다문화가족지원정책 기본계획 비전 및 목표. (출처: 여성가족부, 2011)

• 한국사회 초기·긴급 지원 및 가족갈등 예방

④ 다문화가족 자녀의 건강한 성장환경 조성

• 다문화가족의 자녀양육 부담 경감을 위해 영유아 보육료 전액 지원

• 다문화가족 자녀의 언어발달 지원 및 부모의 자녀교육 역량 강화

• 중도입국 자녀의 학교생활 조기적응을 위한 교육환경 개선

⑤ 다문화에 대한 사회적 이해 제고

- 다문화 이해 증진을 위한 문화 프로그램 실시
- 다문화에 대한 인식제고를 위해 교육 및 홍보 추진

(2) 제1차 다문화가족지원정책 기본계획 추진의 한계

① 다문화가족의 유·아동을 위해 보육료 등 지원을 확대하였으나, 취학 자녀의 학교 생활 적응을 위한 정책은 다소 부족한 상황임

② 결혼이민자의 민간부분 취업지원이 다양화되고 있으나 규모가 작은 수준이며, 공공부문 일자리 지원은 미흡함

③ 국제결혼에 대한 인식 제고를 위해 한국인 배우자의 국제결혼안내 프로그램 이수제를 도입하였으나 참가자는 예상보다 낮은 수준임

④ 결혼사증 발급 시 국제결혼중개업체의 등록사항, 현지국가 법령위반 사실 등에 관한 정보가 필요하나, 부처 및 지자체 간 정보공유에 어려움

⑤ 서비스 제공기관·담당공무원 관련 인력 부족으로 서비스 지원에 한계

2) 제2차 다문화가족정책 기본계획

2012년 제6차 다문화가족정책위원회를 열어 제2차 다문화가족정책 기본계획을 심의·확정하였다. 한국사회의 다문화 변화에 대응하고, 다문화사회로의 진전이 사회발전의 계기가 될 수 있게 구성되었다.

2013년 제1차 다문화가족정책 기본계획에 대한 평가는 다음과 같다.

① 결혼이민자 대상 한국문화교육 프로그램에 비해 한국인 배우자, 자녀 등을 대상으로 한 결혼이민자의 문화 등에 대한 이해 제고는 미흡하다.

② 결혼이민자의 취업지원사업이 다양화되고 있으나 결혼이민자의 연령, 학력 등 다양한 특성을 고려한 차별화된 지원 서비스가 부족하여 질 좋은 일자리 연계에 한계가 있다.

③ 다문화가족 자녀에 대한 지원이 확대되고 있으나, 취학 자녀·중도입국 자녀의 학업 지원 및 학교생활 적응을 위한 정책은 부족한 상황이다.

④ 다문화사회에 대한 이해 교육이 이루어지고 있으나, 다문화가족에 대한 역차별 논란, 외국인혐오증(제노포비아) 등 여전히 사회 전반적 다문화 수용성은 낮다.

제2차 다문화가족정책 기본계획에서 비전은 활기찬 다문화가족, 함께하는 사회, 목표는 사회발전 원동력으로서의 다문화가족 역량강화, 다양성이 존중되는 다문화사회 구현이다.

이에 따른 6대 영역의 정책과제는 ① 다양한 문화가 있는 다문화가족 구현, ② 다문화가족 자녀의 성장과 발달 지원, ③ 안정적인 가족생활 기반 구축, ④ 결혼이민자 사회경제적 진출 확대, ⑤ 다문화가족에 대한 사회적 수용성 제고, ⑥ 정책추진체계 정비로 86개의 세부과제가 있었다(그림 2-7).

비전: 활기찬 다문화가족, 함께하는 사회

목표
- 사회발전 동력으로서의 다문화가족 역량 강화
- 다양성이 존중되는 다문화사회 구현

정책과제(86)

다양한 문화가 있는 다문화가족 구현(7)	1-1. 상대방 문화 · 제도에 대한 이해 제고 1-2. 쌍방향 문화교류 확대 및 사회적 지지 환경 조성
다문화가족 자녀의 성장과 발달지원(15)	2-1. 다문화가족 자녀의 건강한 발달 지원 2-2. 한국어능력 향상 2-3. 학교생활 초기적응 지원 2-4. 기초학력 향상 및 진학지도 강화 2-5. 공교육 등에 대한 접근성 제고
안정적인 가족생활 기반 구축(16)	3-1. 입국 전 결혼의 진정성 확보 3-2. 한국 생활 초기 적응 지원 3-3. 소외계층 지원 강화 3-4. 피해자 보호
결혼이민자 사회경제적 진출 확대(16)	4-1. 결혼이민자 일자리 확대 4-2. 직업교육훈련 지원 4-3. 결혼이민자 역량 개발 4-4. 사회참여 확대
다문화가족에 대한 사회적 수용성 제고(21)	5-1. 인종 · 문화 차별에 대한 법 · 제도적 대응 5-2. 다양한 인종 · 문화를 인정하는 사회문화 조성 5-3. 대상별 다문화 이해 교육 실시 5-4. 학교에서의 다문화 이해 제고 5-5. 다문화가족의 입영에 따른 병영 환경 조성
정책추진체계 정비(11)	6-1. 다문화가족 지원대상 확대 및 효과성 제고 6-2. 다문화가족정책 총괄 추진력 강화 6-3. 국가간 협력체계 구축

그림 2-7. 제2차 다문화가족정책 기본계획 비전 및 목표. (출처: 여성가족부, 2013)

6대 영역의 정책과제의 내용은 다음과 같다.

① 다양한 문화가 있는 다문화가족 구현

- 평등한 부부 및 소통하는 가족관계 조성을 통해 건강한 가족문화가 형성될 수 있도록 상대방 언어·문화 이해 제고

② 다문화가족 자녀 성장과 발달 지원

- 다문화가족 자녀의 건강한 성장을 위해 특별한 서비스보다 보편적 서비스에 대한 접근성 제고
- 학교생활에 적응하고 원만한 교우관계를 형성할 수 있도록 한국어 능력 향상, 학교 생활 초기 적응 지원, 기초학력 향상 및 진학지도 강화, 공교육 접근성 제고

③ 안정적인 가족생활 기반 구축

- 다문화가족이 안정적으로 정착할 수 있도록 입국 전 결혼의 진정성 확보, 한국 생활 초기 적응 지원, 소외계층 및 피해자 인권보호

④ 결혼이민자 사회경제적 진출 확대

- 결혼이민자의 사회경제적 참여 활성화를 위해 직업교육훈련, 역량개발 등 일자리 지원 및 다양한 분야의 사회참여 확대

⑤ 다문화가족에 대한 사회적 수용성 제고

- 일반국민의 다문화 이해 제고 및 다양한 인종·문화를 인정하는 사회문화 조성

⑥ 정책추진체계 정비

- 주요 상대국, 관련 부처 등과의 협조체계 구축을 통해 다문화 정책 추진력 강화

3) 제3차 다문화가족정책 기본계획(안)

다문화가족지원법 제3조 2에 따라 5년마다 수립되는 법정계획에 근거하여 제3차 다문화가족정책 기본계획(안)은 '차별없는 다문화사회 구현과 다문화가족의 참여 확대'를 목표로 5대 영역을 선정하고 정책과제를 발굴하는 중이다. 결혼이민자의 장기정착화 및 다양

한 가족 유형의 발생, 자녀의 학령기 진입 등 변화된 정책 환경을 감안하여 결혼이민 여성의 인권보호, 안정적 가족생활을 위한 지원 강화, 다문화가족 자녀의 학업역량 및 사회진출 지원강화 등을 중점 추진방향으로 삼고 있다. 이에 따른 5대 영역은 ① 다문화가족 정착 지원, ② 결혼이민자의 사회·경제적 참여 확대, ③ 다문화가족 자녀의 안정적 성장지원과 역량 강화, ④ 상호존중에 기반한 다문화 수용성 제고, ⑤ 협력적 다문화가족 정책운영을 위한 추진체계 강화 등이다.

3 다문화 관련 법

1) 국적법

국적법은 '대한민국 국민으로서의 신분이나 국민이 되는 자격을 정한 법률'을 말하며, 국적에 관해서는 민법, 헌법 또는 단행법(單行法)으로 규정하고 있다. 우리나라의 국적법은 1948년 12월 20일에 제정되었다.

우리나라는 국적의 취득에 관하여 부모의 국적에 따라 결정하는 속인주의를 채택하고 부계 혈통주의를 기본 골격을 유지하였으나 1998년 전면 개정으로 부모 양계 혈통주의를 채택하였다. 또한 국적 취득, 귀화, 복수 국적에 대한 내용이 포함되어 있다.

2) 출입국관리법

출입국관리법은 대한민국에 입국하거나 대한민국으로부터 출국하는 모든 국민 및 외국인의 출·입국과 대한민국에 체류하는 모든 외국인의 체류를 관리하며, 난민 인정을 신청한 외국인에 대한 난민 인정 절차 등에 관하여 필요한 사항을 규정하기 위하여 만들어졌다.

출입국관리법에서의 '대한민국'이란 우리나라 주권이 미치는 장소적 범위로서 다한민국의 영역을 의미하며, 영역은 영토, 영해, 영공으로 구성된다. '입국'이란 대한민국 밖의 지역으로부터 대한민국 안의 지역으로 들어오는 것을 말한다. 실질적으로는 영공 또는 영해 내에 입국심사장이 없고 영토 내 공항과 항만에서 출입국심사가 이루어진다. 그러나 입국행위는 대한민국 영역 내로 들어오는 시점에 이루어졌다고 보는 것이다. 또한 '출국'은 대한민국 안에 있던 사람이 대한민국 영역 밖의 지역에서 체류 또는 거주하기 위하여 대한민국 밖으로 나가는 것을 의미한다. 출입국관리법의 내용으로 국민의 출입국, 국민 여권, 체류자격, 외국인 입국·고용·등록 등에 대한 내용을 포함하고 있다.

3) 재한외국인처우기본법

재한외국인처우기본법은 재한외국인의 처우 등에 관한 기본적인 사항을 정함으로써 재한외국인이 대한민국 사회에 적응하여 개인의 능력을 충분히 발휘할 수 있도록 하고, 대한민국 국민과 재한외국인이 서로를 이해하고 존중하는 사회 환경을 만들어 대한민국의 발전과 사회통합을 이루는 것을 목적으로 한다. 외국인의 인권을 보호하고 권리를 향상시키며, 우리나라의 국적을 취득한 결혼이민자와 외국인에 대한 문화적 다양성을 포용하고 인권이 존중되는 성숙한 다문화사회로의 발전을 제시하고 있다.

4) 다문화가족지원법

다문화가족지원법은 대한민국 국민과 혼인한 적이 있거나 혼인관계에 있는 재한외국인과 국적법에 의해 대한민국 국적을 취득한 자로 이루어진 '다문화가족'을 지원하기 위한 법이다. 3년마다 다문화가족에 대한 실태조사를 실시하고 그 결과를 통해 국가와 지방자치단체의 책무, 다문화가족 지원을 위한 기본계획을 수립하고 있다. 그 내용에는 생활정보 제공 및 교육 지원, 가정폭력 피해자에 대한 보호·지원, 의료 및 건강관리를 위한 지원, 다국어에 의한 서비스 제공 등이 포함되어 있다.

5) 결혼중개업의 관리에 관한 법률

국제결혼이 지속적으로 증가함에 따라서 국제결혼중개업은 중개업의 하나로 자리잡게 되었고, 국제결혼 당사자의 권익을 보호하고 인권을 존중하는 중개 절차를 마련하기 위하여 결혼중개업을 규제하고 건전한 방향으로 유도하는 특별법의 제정이 필요하였다. 이에 건강한 국제결혼문화 형성에 이바지하기 위하여 2007년 12월 14일에 결혼중개업의 관리에 관한 법률이 특별법으로 제정되어 2008년 6월 15일부터 시행되었다.

6) 북한이탈주민의 보호 및 정착지원에 관한 법

북한이탈주민은 북한에 주소, 직계가족, 배우자, 직장 등을 두고 있는 사람으로서 북한을 벗어난 후 외국 국적을 취득하지 아니한 사람을 말하며, 대한민국의 보호를 받기 위한 정치, 경제, 사회, 문화 등 모든 생활영역에서 지원하는 것을 목적으로 하고 있다.

4 다문화 관련 정책 및 제도

한국의 다문화에 대한 국가정책은 2006년 다문화 관련 의제들이 정부차원에서 다루어지기 시작하여 여성 결혼이민자 가족 및 혼혈인 이주자 사회통합 지원방안, 다문화가정 교육지원 대책, 외국인 정책 기본방향 및 추진계획 등의 정책이 이루어지고 있다. 정부 부처별 주요 사업은 2017년 사업을 중심으로 서술하였다.

1) 여성가족부

여성가족부(2017)는 제2차 다문화가족정책 기본계획에 따라 정책을 운영하고 있다. 지역사회 내에 다문화가족지원을 위한 다문화가족지원센터가 2017년 12월 기준으로 전국에 217개 설치·운영됨에 따라 이를 통해 한국어 교육, 다문화사회이해교육, 가족교육, 상담, 자조집단 육성지원, 결혼이민자 역량강화 등의 역할을 담당하고 있다. 또한 결혼이민여성의 국내 정착을 위해 생애주기별 맞춤형 서비스를 통해 이주 여성의 필요와 욕구에 대응하고 체계적인 관리를 하고 있다.

■ 주요 사업내용

① 이중 언어 환경조성사업기간 확대 및 가족 코칭 실시로 서비스 질 제고

② 학령기 다문화가족 자녀 증가에 따라 정체성 회복, 사회성 발달, 역량강화 등을 위한 다문화가족 자녀성장지원사업(다재다능) 확대 추진

③ 국내 거주기간 장기화에 따른 미래설계 및 실행계획 수립 등을 지원하는 '결혼이민자 자립 지원 패키지 프로그램' 확대

④ 주제별 심층정보 제공을 위해 한국생활가이드북 보완, 결혼이민예정자를 위한 웰컴북 제공언어 확대 및 다누리 포털 개편 등 정보 제공 강화

⑤ 폭력피해 이주민 여성에 대한 주거지원 등 인프라 확대로 자립 및 자활 기반 마련 강화

2) 법무부

이주민들의 한국사회 적응 및 정착, 생계, 의료지원 등 일상생활의 안정적 체류를 위한 법적 지원과 국가정부 주도적 다문화지원을 위한 법적 지원 측면의 다문화정책을 추진하고 있다.

■ 주요 사업내용

① 속성결혼을 방지하고 건전한 국제결혼가정 형성을 지원하기 위해 국제결혼희망자 대상 국제결혼 안내 프로그램 운영
② 중도입국자녀의 공교육 진입유도를 위해 관계부처 간(법무부–교육부) 정보 공유 추진
③ 기초법, 외국인 체류제도 등 기본적인 사회질서 및 생활정보 등을 제공하는 결혼이민자 조기적응 프로그램 내실화
④ 출입국관리사무소 이민자 네트워크와 국가별 교민회, 외국인 단체 등과 연계하여 이민자 간 정보교류 등 활성화
⑤ 외국인 관련 업무에 종사하는 공무원의 전문성 함양 및 다양한 문화에 대한 수용성 제고를 위한 이민 정책 이해과정 운영

3) 문화체육관광부

다문화 대상자에게 한국사회의 적응을 위해 특징적인 문화 프로그램을 운영하고 일반시민의 다문화 인식을 높이기 위한 프로그램도 운영하고 있다. 한국어교육, 다문화교육의 연계 프로그램과 사회교육 프로그램 등 다양한 종류의 프로그램을 운영하고 있다.

■ 주요 사업내용

① 문화다양성 보호와 증진을 위한 '문화다양성 정책 기본계획안' 마련
② 대상별 문화다양성 교육 프로그램 및 '문화다양성 주간' 운영
③ 문화기반시설의 문화다양성 프로그램 개발 및 운영 확대
④ 이주민의 문화활동 지원 및 이주민과 내국인 간 문화 소통·교류 확대
⑤ 다문화가족구성원 대상 한국어 교원 재교육 연수 실시 및 온라인 한국어 교수학습 센터 구축·운영
⑥ 다언어방송 프로그램 다양화 및 확대(16개국 13개 언어)

4) 교육부

다문화가정 학생 맞춤형 프로그램을 지원하고 다문화가정 학생을 글로벌 인재로 육성하기 위한 사업을 추진하며 교사의 다문화교육 전문성 제고를 위한 교사 연수 및 교과개발 사업을 추진하고 있다.

■ 주요 사업내용

① 다문화 예비학교 확대하고 사각지대 해소를 위해 찾아가는 예비학교 운용

② 다문화 학생의 학생생활 적응 및 기초학습 지원을 위한 대학생 멘토링을 추진하고 농어촌지역 방학 프로그램 운영확대

③ 수학, 과학, 언어, 리더십, 예체능 등 다양한 분야에 잠재능력을 가진 다문화 학생의 재능발현을 위한 글로벌 브릿지 사업 확대

④ 일반학교에 재학하는 다문화 학생의 진로교육을 위한 직업교육 지원기관 운영 확대

⑤ 안정적이고 체계적인 교육과정 운영을 위해 중점학교를 다년도 사업으로 전환하고 일반학교에 적용 가능한 모델 개발

⑥ 예비·현직 교원의 다문화교육 역량 강화를 위한 연수를 실시하고, 현장교원 지원과 교육자료 개발을 위한 다문화교육 교사 연구회 운영

5) 보건복지부

국제결혼이주여성, 미성년 자녀에 대한 기초생활보장제도를 지속적으로 적용하며, 결혼이민여성 및 다문화가족을 위하여 보건의료서비스 및 건강증진사업을 운영하고 있다. 또한 이중언어 교육환경을 조성하는 사업도 이루어지고 있다.

■ 주요 사업내용

① 국내 거주 외국인 대상 의료코디네이트 양성과정 운영

- 국내 거주 외국인 중 의료관련 인력 또는 한국어 구사 가능한 자를 대상으로 의료코디네이트 양성과정 교육
- 취업연계 및 실무교육 인턴십 프로그램 운영
- 역량강화를 위하여 수료생 대상 보수교육 과정 운영

② 어린이집 교원 대상 다문화가족 이해 제고

- 교원(원장·보육교사) 보수교육에 다문화가정 영유아 보육 및 지원 교육 지속 실시

6) 행정자치부

외국인 주민 대상으로 한국어 및 한국문화교육을 실시하고, 다문화가족의 경제활동을 위한 직업훈련 지원, 운전면허, 의료 등 실생활과 밀접한 분야에 다국어 민원서비스를 제공하고 있다.

■ 주요 사업내용

① 외국인 주민 등 지원 민관협의회 구성·운영을 통해 지자체의 정책결정과정에 결혼이민자 참여 확대

② 결혼이민자 일자리 창출 및 지역사회 정착지원

- 지역공동체 일자리 사업에 결혼이민자 참여 지원
- 다문가족 참여 및 지원 비영리민간단체 사업 지원

③ 공무원교육원에 다문화 관련 교과과정·과목 개설·운영

7) 고용노동부

외국인 노동자를 위한 안전 및 보건교육을 지원하고 외국인 취업실태 파악과 관리강화 사업, 고용주에 대한 지도 및 점검사업을 운영하고 있다. 또한 국적을 취득하지 않은 외국인 노동자, 북한이탈주민, 결혼이주여성을 대상으로 각 지방 노동청과 산업인력공단의 외국인 업무 부서를 통해서 국내 생활 적응 및 취업을 지원하고 있다.

■ 주요 사업내용

① K-Move 스쿨 연수생 모집 시 다문화가족 자녀를 취업취약계층 범위에 포함하고 해외 취업 시 성공장려금 추가지원

② 취·창업을 희망하는 결혼이민자에 대한 직업능력개발훈련 기회를 제공하는 취업 성공 패키지 참여 시 훈련비 자비부담 면제

③ 자치단체 주도로 결혼이민자 맞춤형 취업지원 프로그램을 개발하고, 고용부가 재정지원·컨설팅 등을 지원

④ 새일센터를 통해 결혼이민여성 대상 집단상담 프로그램 운영 등 취업지원서비스 실시

⑤ 외국인력지원센터 및 상담센터 상담서비스 인력으로 결혼이민자 우대 채용

8) 외교부

외교활동을 통한 서로 다른 국가, 국민 간 철학, 정보, 예술, 생활양식, 가치체계 등 문화교류를 통한 상호이해를 증진시키기 위한 사업에 기여하고 있다.

■ 주요 사업내용

① 국가 간 제도적·문화적 차이로 발생하는 다문화가족 문제해결을 위한 노력 지속 경주

• 주요 국제결혼 상대국과 여사국장 회의 등 계기에 국제결혼 관련 문제 및 해결방안 논의

5 한국사회의 다문화

1) 결혼이민자

우리나라 국민이 국내에서 외국인과 결혼하는 형태는 결혼이민자와 혼인귀화자가 있다. 결혼이민자란 우리나라 국민과 결혼한 사람으로서 한국 국적을 취득하지 않은(못한) 외국인을 말하며, 혼인귀화자란 외국인이 우리나라 국민과 결혼하여 한국 국적을 취득한 사람을 말한다.

우리나라의 다문화가정은 2016년 기준 96만 명으로 국민과 결혼하여 이주해 온 결혼이민자 및 귀화자는 31만 9천명, 자녀는 20만 천명, 배우자 등 기타 가구원은 44만 명으로 확인되었다.

우리나라 결혼이민자의 연도별 증감 추이를 살펴보면, 우리나라의 결혼이민자는 2012년에는 14만 8,498명(2.6%), 2013년에는 15만 865명(1.6%), 2014년에는 15만 994명(0.1%), 2015년 15만 1,608명(0.2%), 2016년 15만 2,374명(0.5%), 2017년 15만 5,157명(1.7%)으로 지속적으로 증가하고 있으나 2011년 이후 증가 추세는 점차 둔화되고 있다(표 2-4).

표 2-4. 국민의 배우자(결혼이민자) 연도별 증감추이

연도	2012년	2013년	2014년	2015년	2016년	2017년
인원	148,498	150,865	150,994	151,608	152,374	155,157
전년대비 증감률	2.6%	1.6%	0.1%	0.2%	0.5%	1.7%

(출처: 법무부 출입국외국인정책본부 이민정보과, 출입국외국인 정책 통계월보, 법무부, 2017)

결혼이민자의 국적별·성별 현황(표 2-5)은 2017년 현재 우리나라 결혼이민자의 출신 국가는 중국(한국계 포함) 37.2%, 베트남 27.1%, 일본 8.6%, 필리핀 7.6%, 캄보디아 2.9% 등으로 나타나고 있다. 여성, 남성 결혼이민자는 중국(한국계 포함), 베트남, 일본, 필리핀 순으로 나타났다.

2017년 11월 현재 결혼이민자의 성별 분포는 총 15만 5천여 명 가운데 여자 13만여 명, 남자 2만 5천여 명으로 나타나고 있으며, 한국 남성과 결혼한 여성 결혼이주자의 비율은

표 2-5. 결혼이민자의 국적별·성별 현황

<table>
<tr><th>국적
구분</th><th>계(%)</th><th>중국</th><th>한국계</th><th>베트남</th><th>일본</th><th>필리핀</th><th>캄보디아</th><th>타이</th><th>몽골</th><th>기타</th></tr>
<tr><td rowspan="2">전체</td><td rowspan="2">155,156
(100%)</td><td>57,641</td><td>21,519</td><td rowspan="2">42,077
(27.1%)</td><td rowspan="2">13,382
(8.6%)</td><td rowspan="2">11,770
(7.6%)</td><td rowspan="2">4,459
(2.9%)</td><td rowspan="2">3,613
(2.3%)</td><td rowspan="2">2,399
(1.5%)</td><td rowspan="2">19,815
(12.8%)</td></tr>
<tr><td colspan="2">37.2%</td></tr>
<tr><td>여자</td><td>130,004
(83.8%)</td><td>45,543</td><td>14,373</td><td>40,354</td><td>12,152</td><td>11,404</td><td>4,347</td><td>3,531</td><td>2,272</td><td>10,401</td></tr>
<tr><td>남자</td><td>25,152
(16.2%)</td><td>12,098</td><td>7,146</td><td>1,723</td><td>1,230</td><td>366</td><td>112</td><td>82</td><td>127</td><td>9,414</td></tr>
</table>

(출처: 법무부 출입국외국인정책본부 이민정보과. 출입국외국인 정책 통계월보. 법무부. 2017)

83.8%로서, 한국 여성과 외국 남성과의 결혼 비율 16.2%보다 매우 높은 비율을 보이고 있다. 이에 따라 우리나라에서 국민의 배우자(결혼이민자)라고 하는 의미는 일반적으로 여성 결혼이민자를 지칭하는 것으로 이해되고 있다.

우리나라의 전체 결혼 가운데 국제결혼 비율은 2000년부터 급격히 증가하여 농촌 지역에서는 전체 결혼 4건 중 1건은 외국인과의 결혼으로 국제결혼 비중이 높게 유지되고 있다. 이에 따라 다문화가정에서 출생한 자녀도 급증하고 있는데, 2016년 현재 20만 1,333명으로 증가하였고, 국적별로는 중국(한국계) 자녀가 3만 1,404명으로 가장 많은 것으로 나타났다(표 2-6).

우리나라의 전체 결혼 가운데 국제결혼 비율은 2000년부터 급격히 증가하여 농촌 지역에서는 전체 결혼 4건 중 1건은 외국인과의 결혼으로 국제결혼 비중이 높게 유지되고 있다. 이에 따라 다문화가정에서 출생한 자녀도 지속적으로 증가하고 있는데, 2016년 현재 기준으로 연령별 분표(표 2-7)를 보면, 6세 이하가 11만 3,506명, 만 7~12세 5만 6,768명, 만 13~15세 1만 7,453명, 만 16~18세 1만 606명으로 나타났다. 또한 한국인 남성과 동남아 출신의 여성 결혼이주자 사이에 태어나는 자녀가 점차 증가하면서 그들을 '코시안'이라고 칭하기도 하는데 영유아기, 학령기, 청소년기의 다문화가정 자녀들에 대한 국가적, 민간적 정책과 관심이 필요함을 나타내고 있다.

국제결혼이주여성은 한국 문화와 한국어를 배워 준비하고 입국한 경우는 약 15% 정도로 나타나고 있다. 대부분의 결혼이주여성은 한국사의 생활습관, 문화, 언어 등에 대한 준비 없이 한국 생활을 시작하고 한국 생활의 시작은 결혼과 함께 이루어진다. 이에 따라 그들의 모국에서와는 다른 기후, 생활환경, 생활습관, 가족생활, 가사활동 등을 한꺼번에 받

표 2-6. 국적별 다문화가족 자녀 수(단위: 명)

국적별	2010	2011	2012	2013	2014	2015	2016
합계	121,935	151,154	168,583	191,328	204,204	197,550	201,333
중국(한국계)	31,404	33,186	39,278	42,294	43,890	35,439	36,610
중국	29,800	34,852	33,231	37,084	38,824	40,351	37,963
베트남	27,517	34,256	41,238	49,458	54,737	57,464	56,468
필리핀	11,926	13,937	15,820	18,020	19,568	19,918	20,146
일본	5,734	14,510	16,237	17,806	18,185	7,773	9,485
캄보디아	2,554	3,565	4,690	5,961	6,777	7,016	6,909
몽골	1,807	2,250	2,468	2,802	2,952	2,771	2,719
태국	1,711	2,082	2,427	2,663	2,767	2,254	2,543
미국	821	1,207	1,422	1,697	1,855	6,140	5,874
러시아	766	1,090	1,139	1,289	1,319	1,017	1,058
대만	1,129	1,191	1,615	1,758	1,892	2,377	2,522
기타	6,766	9,028	9,018	10,496	11,348	14,530	19,036

(출처: 외국인 주민 현황조사, 행정안전부, 2017)

표 2-7. 다문화자녀 연령별 현황(단위: 명)

연도	연령별 현황				
	계	만 6세 이하	만 7~12세	만 13~15세	만 16~18세
2016	201,333	113,506	56,768	17,453	13,606
2015	197,550	116,068	61,625	12,567	7,290
2014	204,204	121,310	49,929	19,499	13,466
2013	191,328	116,696	45,156	18,395	11,081
2012	168,583	104,694	40,235	15,038	8,616
2011	151,154	93,537	37,590	12,392	7,635

(출처: 외국인 주민 현황조사, 행정안전부, 2017)

아들이고 적응해야 하기 때문에 여러 가지 고충을 겪게 되며, 대부분은 한국 남편의 가부장적 태도와 시부모의 통제로 인한 어려움을 경험하는 것으로 나타났다.

결혼이주여성의 한국사회 적응 경험을 파악함으로써 조기에 한국사회에 적응할 수 있는 중재적 요인을 개발할 필요성을 제기하고 있다. 또한 다문화가정의 건강과 행복을 추구하기 위해서는 결혼이주여성뿐만 아니라 남편과 시부모 등이 결혼이주여성의 모국의 문화, 생활 습관, 언어 등에 대한 이해와 배려를 포함하는 통합적 프로그램 개발과 적용이 필요하다.

2) 외국인 근로자

'외국인 근로자'란 대한민국의 국적을 가지지 않은 자로서 대한민국에 소재하고 있는 사업 또는 사업장에서 임금을 목적으로 근로를 제공하고 있거나 제공하려는 자를 말한다('외국인 근로자의 고용 등에 관한 법률' 제2조). 따라서 '대한민국 국민으로서 외국의 영주권을 취득한 자 또는 영주할 목적으로 외국에 거주하고 있는 자'인 '재외국민(국외에 거주하고 있으나 국적을 유지하고 있는 사람)('재외동포의 출입국과 법적지위에 관한 법률' 제2조 제1호)'은 외국인 근로자가 아니다.

국내 외국인 취업자는 지난 2013년 76만 명, 2014년 85만 2,000명, 2015년 93만 8,000명, 2016년 96만 2,000명 등으로 매년 증가하고 있는 양상이다. 2016년 기준 산업별 외국인 취업자는 광·제조업(43만 7,000명, 45.4%)의 비중이 가장 높고, 도소매 및 숙박·음식점업(19만 명, 19.7%), 사업·개인·공공서비스업(18만 7,000명, 19.4%) 등 의 순이다(그림 2-8).

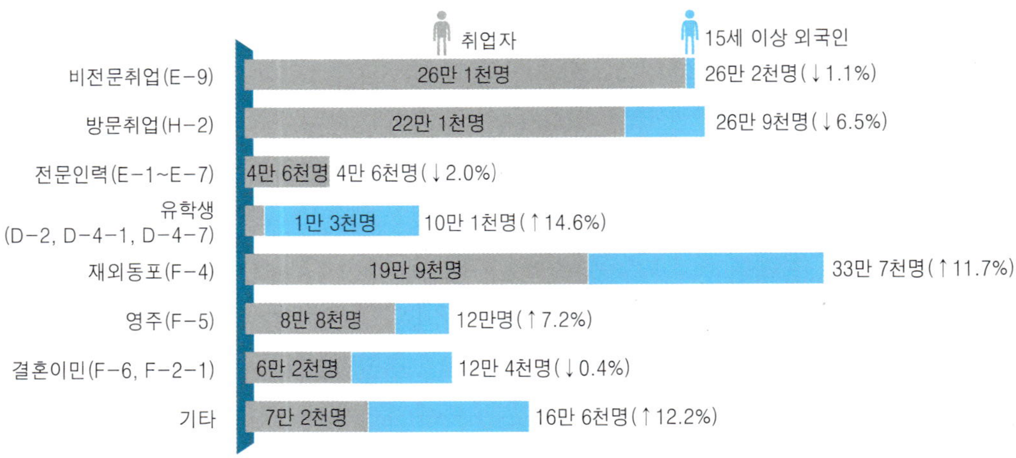

그림 2-8. 체류자격별 외국인 취업자 현황. (출처: 통계청, 2016년 기준)

국내 외국인 근로자가 가파르게 증가하고 있는 가운데 외국인 근로자를 더 늘려야 할지, 아니면 줄여야 할지를 놓고 논란이 가열되고 있다. 저출산·고령화 시대에 따른 외국인 근로자에 대한 합의된 의견 도출은 시일이 필요할 것이다.

고용노동부 등 정부는 기본적으로 전문인력의 도입을 늘리는 반면 저 숙련 인력은 줄여야 한다는 입장이다. 정부는 올해 구조조정 본격화로 취업난이 가중될 것을 우려해 외국인 근로자 도입 규모를 지난 해보다 2,000명 줄인 5만 6,000명으로 결정했다.

최서리 IOM이민정책연구원 박사는 향후 '4차 산업혁명으로 사라지는 직업군도 있겠지만 새롭게 생겨나는 일자리도 있을 것'이라며 '예를 들어 고령자들을 위한 헬스케어 등 이러한 분야에서 인력이 더 필요하게 될 가능성도 배제할 수 없다'고 달했다. 그는 이어 '현재 외국인 근로자가 그들을 필요한 산업분야에 고르게 배치되고 있는지도 점검해 봐야 한다'고 표현했다.

취업활동이 가능한 체류자격의 취득과 노동관계법령이 외국인 근로자 적용범위를 살펴보면 외국인이 대한민국에서 취업하려면 '출입국관리법'에 따라 취업활동을 할 수 있는 체류자격을 받아야 한다('출입국관리법' 제18조제1항). 취업활동을 할 수 있는 체류자격을 받지 않은 외국인이 취업을 하면, 3년 이하의 징역 또는 2천만원 이하의 벌금에 처해진다('출입국관리법' 제94조제8호). 취업활동을 할 수 있는 체류자격을 받지 않은 외국인을 고용하거나 그 고용을 업으로 알선 또는 권유하면 3년 이하의 징역 또는 2천만 원 이하의 벌금에 처해진다('출입국관리법' 제94조제9호 및 제10호). 우리나라출입국 외국인정책본부의 외국인 근로자를 위한 주요사업은 표 2-8과 같다.

외국인 근로자정책의 성과는 경제활성화 지원과 인재유치, 관리 위주의 정책을 경제 활성화 기여를 위한 외국인 정책으로 전환하고 유학생 관리·활용 기반을 강화, 관광객 유치

표 2-8. 외국인 근로자를 위한 주요사업

구분	주요사업
상담	외국인 근로자와 사용자에 대한 통역지원 및 고용허가제, 노동관계법, 출입국체류 관리절차, 생활법률 등 고충상담
교육	한국생활 적응을 위한 한국어·정보화·법률교육·산업안전 교육 실시
문화	한국문화 이해와 공감대 형성을 위한 소통과 화합의 장 형성
특성화	외국인 근로자의 건강한 한국 생활을 위한 무료진료 사업 외국인 근로자들을 위한 심신단련과 태권도 전파

증대 및 투자 이민제 도입으로 국부 창출에 기여한다는 것이다. 또한 사회통합 및 자립 촉진, 국제결혼 부작용 해소 및 결혼이민자의 안정적 정착 도모, 이민배경 청소년의 사회적응·진로·직업교육을 강화하고 재한 외국인의 사회참여 확대이며, 차별방지와 문화다양성 존중을 통한 재한 외국인 차별방지와 인권옹호에 대한 기본원칙 마련, 가정폭력 피해 결혼이민자 등 취약계층 인권 보호 강화, 문화다양성이 존중되는 사회환경 조성을 추진한다.

국민과 외국인의 안전한 사회구현은 국경관리 과학화 등으로 국경 안전 향상 및 국제행사의 안전한 개최 지원, 불법체류 발생 억제를 위한 부처·지자체 협업 강화 및 외국인의 준법 의식을 제고하며, 이민협력을 통한 국제사회와의 공동발전에 기여한다. '제3차 외국인정책 기본계획'은 정부의 국가 비전인 '국민의 나라 정의로운 대한민국'과 법무부의 '프로(Pro)-저스티스(Justice)*' 정신에 기반을 두고 정책수요자와 함께하는 '정책 수요자 참여형'으로 만들어진다(표 2-9).

외국인력지원센터 상담원 현황을 살펴보면 아래와 같다(2017. 11. 15).

- 한국센터(1644-0644): 몽골, 스리랑카, 태국, 베트남, 우즈베키스탄, 미얀마, 캄보디아, 중국, 파키스탄
  - 오전 방문상담: 태국
- 의정부센터(031-838-9111): 몽골, 태국, 캄보디아, 필리핀, 베트남, 우즈베키스탄
  - 오전 방문상담: 베트남, 캄보디아, 태국
- 천안센터(041-411-7000): 네팔, 인도네시아, 러시아, 우즈베키스탄
  - 오후: 스리랑카, 중국, 베트남
- 김해센터(055-338-2727): 베트남, 중국, 우즈베키스탄, 인도네시아, 필리핀, 캄보디아
- 창원센터(055-253-5270): 베트남, 필리핀, 우즈베키스탄, 네팔, 캄보디아, 중국, 인도네시아(9~13시), 스리랑카(10~14시)
- 대구센터(053-654-9700)
- 인천센터(032-431-4545)
- 광주센터(062-946-1199): 베트남, 캄보디아, 인도네시아, 네팔
  - 14:00-16:00: 상담원 직무역량 강화교육

---

* 프로-저스티스(PRO-JUSTICE): '공정하고 정의로운 사회, 인권이 존중받는 사회'를 법무행정이 나아가야 할 방향으로 삼고, 이를 실현하기 위해 추진하고 있는 소통 3원칙으로, 국민 참여(Participation), 정책고객과 만남(Relationship), 열린 마음(On)을 뜻함

표 2-9. 외국인정책 기본계획 비전 및 정책목표

비전	국민이 공감하는 인권과 다양성이 존중되는 대한민국
핵심 가치	국민 공감, 안전, 통합, 인권, 협력

정책 목표	중점 과제
국민이 공감하는 활기찬 이민 사회	1. 우수인재 유치 및 성장 지원 강화 2. 성장동력 확보를 위한 취업이민자 유치·활용 3. 관광객 및 투자자 등 유치를 통한 경제 활성화 4. 종합적 관점의 이민자 유입 체계 마련 5. 이민자 증가에 대비하는 체류·국적 제도 개편
국민과 이민자가 함께 안전한 사회	1. 안전과 서비스가 조화를 이루는 국경관리 체계 구축 2. 사회질서 보장을 위한 체류관리 강화 3. 불법체류 근절 등 이민관련 법질서 확립
이민자의 자립과 참여로 통합되는 사회	1. 이민단계별 정착 지원 및 건전한 민주시민 양성 2. 이민배경 자녀 역량 강화 3. 이민자 사회통합을 위한 기초생활 복지지원 내실화 4. 이민자의 지역사회 참여 확대
인권과 다양성이 존중되는 정의로운 사회	1. 이민자 인권증진 및 차별방지를 위한 법·제도 개선 2. 취약 계층 이민자의 인권개선 3. 문화다양성 증진 4. 동포와 함께 공존·발전하는 환경 조성 5. 난민인권·국익·세계평화를 고려한 난민정책 추진
협력에 바탕한 미래 지향적 거버넌스	1. 지속가능한 개발을 고려한 이민정책 추진 2. 국제 이민 거버넌스 참여 활성화 3. 중앙·지자체 협력 및 기반 강화

(출처: 법무부 출입국, 2017)

3) 북한이탈주민

'북한이탈주민'이란 군사분계선 이북지역(이하 '북한'이라 한다)에 주소, 직계가족, 배우자, 직장 등을 두고 있는 사람으로서 북한을 벗어난 후 외국 국적을 취득하지 아니한 사람을 말하며, 보호대상자로 보호된다(북한이탈주민법).

북한에서 벗어나 대한민국의 보호를 받으려는 북한이탈주민은 대한민국에 적응하고 정착하는 데에 필요한 보호 및 지원을 받을 수 있다. '북한이탈주민의 보호 및 정착지원에 관한 법률'에 따른 보호대상자는 거주지로 전출할 때까지 정착지원시설에서 보호받을 수 있고, 보호대상자의 정착여건 및 생계유지 능력 등에 따라 정착금을 지원받을 수 있다. 또한,

주택무상제공·주택임대지원, 교육지원, 직업훈련·취업알선·취업보호, 의료급여, 국민기초생활보장, 국민연금 등의 복지지원 및 법률지원 등 다양한 지원을 받을 수 있다.

보호신청은 북한이탈주민으로서 '북한이탈주민의 보호 및 정착지원에 관한 법률'에 따른 보호를 받으려는 사람은 재외공관이나 그 밖의 행정기관의 장(각급 군부대의 장을 포함, 이하 '재외공관장 등'이라 함)에게 보호를 직접 신청해야 한다('북한이탈주민의 보호 및 정착지원에 관한 법률' 제7조제1항).

다만, 다음과 같은 사유에 해당하는 경우에는 북한이탈주민이 직접 보호신청을 하지 않아도 된다(규제 '북한이탈주민의 보호 및 정착지원에 관한 법률' 제7조제1항 단서 및 규제 '북한이탈주민의 보호 및 정착지원에 관한 법률 시행령' 제10조).

- 심신의 장애가 있는 경우
- 가족의 구성원이 나머지 가족을 대리하여 신청하는 경우
- 그 밖에 긴급한 사유가 있는 경우

보호대상자는 대통령령으로 정하는 바에 따라 북한이나 외국에서 이수한 학교교육의 과정에 상응하는 학력을 인정받을 수 있고, 통일부장관은 영농(營農)을 희망하는 북한이탈주민에 대하여 영농정착을 위한 행정적·재정적 지원을 할 수 있다.

세제혜택으로 국가 및 지방자치단체는 북한이탈주민을 채용하는 기업에 대하여 예산의 범위에서 재정지원을 하거나 조세 관계 법률에서 정하는 바에 따라 세금을 감면할 수 있다.

북한에서의 자격이나 경력이 있는 사람 등 북한이탈주민으로서 공무원으로 채용하는 것이 필요하다고 인정되는 사람에 대하여는 '국가공무원법' 제28조제2항 및 '지방공무원법' 제27조제2항에도 불구하고 북한을 벗어나기 전의 자격·경력 등을 고려하여 국가공무원 또는 지방공무원으로 특별 임용할 수 있다.

통일부장관은 보호대상자의 정착 여건 및 생계유지 능력 등을 고려하여 정착금이나 그에 상응하는 가액의 물품(이하 '정착금품'이라 한다)을 지급할 수 있으며, 거주지에 전입한 북한이탈주민에 대한 정신건강 검사 등 전문적 상담서비스를 제공할 수 있는 북한이탈주민 전문상담사제도를 운영할 수 있다(개정 2014. 5. 28.)

교육지원으로 대통령령으로 정하는 바에 따라 보호대상자의 나이, 수학능력(修學能力), 그 밖의 교육 여건 등을 고려하여 보호대상자가 교육을 받을 수 있도록 필요한 지원을 할 수 있다. 예산의 범위에서 북한이탈주민을 대상으로 초·중등교육을 실시하는 학교의 운영에 필요한 경비를 지원할 수 있다.

의료급여 등으로 보호대상자와 그 가족에게 '의료급여법'에서 정하는 바에 따라 의료급여를 실시할 수 있으며(개정 2013. 8. 13.), '국민건강보험법'의 적용 대상인 보호대상자의 경제적 능력 등을 고려하여 '국민건강보험법' 제69조에 따라 부담하여야 하는 보험료의 일부를 지원할 수 있다.

국민연금에 대한 특례로 제8조에 따른 보호 결정 당시 50세 이상 60세 미만인 보호대상자는 '국민연금법' 제61조에도 불구하고 다음 각 호의 구분에 따른 날부터 국민연금을 받을 수 있다.

① 가입기간이 10년 이상인 가입자 또는 가입자였던 자에 대하여는 60세(특수직종근로자는 55세)가 된 때부터 생존하는 동안 노령연금을 지급한다. (개정 2011. 12. 31.)

② 가입기간이 10년 이상인 가입자 또는 가입자였던 자로서 55세 이상인 자가 대통령령으로 정하는 소득이 있는 업무에 종사하지 아니하는 경우 본인이 희망하면 제1항에도 불구하고 60세가 되기 전이라도 본인이 청구한 때부터 생존하는 동안 일정한 금액의 연금(이하 '조기노령연금'이라 한다)을 받을 수 있다. (개정 2011. 12. 31.)

그러나 아래와 같은 경우에는 그 대상자에서 제외가 된다.

- 항공기 납치, 마약거래, 테러, 집단살해 등 국제형사범죄자
- 살인 등 중대한 비정치적 범죄자
- 위장탈출 혐의자
- 체류국(滯留國)에 10년 이상 생활 근거지를 두고 있는 사람
- 국내 입국 후 1년이 지나서 보호신청한 사람
- 그 밖에 보호대상자로 정하는 것이 부적당하다고 대통령령으로 정하는 사람

(1) 정착지원시설에서의 보호와 정착에 필요한 지원

'정착지원시설'이란 보호대상자의 보호 및 정착지원을 위하여 통일부에서 설치·운영하는 시설을 말한다('북한이탈주민의 보호 및 정착지원에 관한 법률' 제2조제3호 및 제10조제1항). 다만, 국가안전보장에 현저한 영향을 줄 우려가 있는 사람에 대하여는 국가정보원에서 별도로 정착지원시설을 설치·운영할 수 있다('북한이탈주민의 보호 및 정착지원에 관한 법률' 제10조제1항).

정착지원시설은 보호대상자의 건강하고 쾌적한 생활과 적응활동을 위해 숙박시설과 그 밖의 필요한 시설이 갖추어져 있다('북한이탈주민의 보호 및 정착지원에 관한 법률' 제10조제2항).

임시신분증명서 발급의 경우는 정착지원시설에서 보호 중인 보호대상자는 증명서를 발급 받을 수 있다('북한이탈주민의 보호 및 정착지원에 관한 법률 시행령' 제23조).

보호금품의 지급은 정착지원시설에서 보호 중인 보호대상자는 생활에 필요한 보호금품을 개인별로 지급받게 된다('북한이탈주민의 보호 및 정착지원에 관한 법률 시행령' 제25조제1항). 다만, 세대를 구성한 때에는 세대별로 지급받을 수 있다('북한이탈주민의 보호 및 정착지원에 관한 법률 시행령' 제25조제1항).

주거지원의 경우 보호대상자는 연령·세대구성 등에 따라 예산의 범위에서 전용면적 85m^2 이하의 주택을 무상으로 제공받거나 임대에 필요한 지원[알선 및 임대보증금의 지급에 필요한 지원(이하 '주거지원금'이라 함)을 말함]을 받을 수 있다('북한이탈주민의 보호 및 정착지원에 관한 법률' 제20조제1항 및 '북한이탈주민의 보호 및 정착지원에 관한 법률 시행령' 제38조제1항). 다만, 보호대상자 및 그 직계가족의 재산·사회적응상태, 정착의지, 정착지원시설과 임시보호시설에서의 위반행위 및 제3국에서의 체류 기간 등에 따라 주거지원금 중 일부를 지원받지 못할 수 있다('북한이탈주민의 보호 및 정착지원에 관한 법률 시행령' 제38조제1항).

취업을 위한 직업훈련을 희망하는 보호대상자 또는 보호대상자이었던 사람(이하 '보호대상자 등'이라 함)은 직업훈련을 받을 수 있다('북한이탈주민의 보호 및 정착지원에 관한 법률' 제16조제1항). 직업훈련은 대상자의 직무능력 등에 따라 3개월 이상이 될 수 있다('북한이탈주민의 보호 및 정착지원에 관한 법률' 제16조제2항). 직업훈련 신청은 직업훈련을 받으려는 보호대상자 등은 직업훈련신청서를 통일부에 제출하면 된다.

취업 알선은 보호대상자는 직업훈련 정도와 북한에서의 경력에 따라 통일부와 노동부를 통해 취업을 알선 받을 수 있다('북한이탈주민의 보호 및 정착지원에 관한 법률' 제17조제6항). 북한이탈주민을 고용한 사업주에 대한 고용지원금 지급으로 고용지원금의 지급신청은 취업보호대상자를 고용한 사업주는 취업보호대상자 임금의 2분의 1의 범위에서 고용지원금을 지급받을 수 있다(규제 '북한이탈주민의 보호 및 정착지원에 관한 법률' 제17조제3항).

고용지원금을 지급받으려는 사업주는 취업보호대상자에게 급여를 지급한 분기의 다음 달 10일까지 고용지원금 신청서에 임금대장 등을 첨부하여 해당 사업체를 관할하는 지방고용노동관서에 고용지원금의 지급을 신청하면 된다. 다만, 사업주가 부득이한 사유로 해당 기간 내에 신청하지 못한 경우에는 그 다음 분기의 다음 달 10일까지 신청해야 한다(규제 '북한이탈주민의 보호 및 정착지원에 관한 법률 시행령' 제34조의2제4항).

우선구매 등의 지원방법은 취업보호대상자의 고용과 관련하여 다음의 요건을 갖춘 모범이 되는 사업주는 생산품 우선 구매 등의 지원을 받을 수 있다('북한이탈주민의 보호 및 정착지원에 관한 법률' 제17조제5항 및 '북한이탈주민의 보호 및 정착지원에 관한 법률 시행령' 제34조의3제1항).

- 연간 평균 7명 이상의 취업보호대상자를 고용할 것
- 1년 이상 월 평균근로자 수의 7% 이상을 취업보호대상자로 고용할 것

교육지원으로 보호대상자의 나이, 수학능력(修學能力), 그 밖의 교육 여건 등에 따라 교육에 필요한 지원을 받을 수 있다('북한이탈주민의 보호 및 정착지원에 관한 법률' 제24조제1항).

교육지원의 대상자 및 지원기준은 국내의 각 학교에 입학 또는 편입학('북한이탈주민의 보호 및 정착지원에 관한 법률' 제13조)하려는 보호대상자는 각각의 지원기준에 따라 교육지원을 받을 수 있다('북한이탈주민의 보호 및 정착지원에 관한 법률 시행령' 제44조제1항, 제45조 및 제46조제1항·제3항).

- 초등학교·공민학교, 중학교·고등공민학교, 고등학교·고등기술학교, 특수학교 및 각종학교에 만 25세 미만에 입학 또는 편입학한 사람: 입학금·수업료·학교운영지원비 및 기숙사 사용료 등 면제
  ※ 산업수요 맞춤형 고등학교 및 특성화고등학교(자연현장실습 등 체험위주의 교육을 전문적으로 실시하는 고등학교 제외)에 입학 또는 편입학한 사람에 대해서는 생활비 일부를 지원받을 수 있다('북한이탈주민의 보호 및 정착지원에 관한 법률 시행령' 제46조제2항).
- 대학 및 교육대학에 만 35세 미만에 입학 또는 편입학한 사람
  ① 국립·공립인 교육기관에 입학 또는 편입학한 사람에 대해서만 입학금·수업료 및 기성회비 등 면제('북한이탈주민의 보호 및 정착지원에 관한 법률 시행령 제46조

제3항)

② 사립인 학교에 입학 또는 편입한 경우에는 입학금·수업료와 기성회비 등이 반액(半額) 보조되며, 직전 두 학기 평균 성적이 각각 만점의 70% 미만인 경우에는 보조 받지 못할 수도 있다('북한이탈주민의 보호 및 정착지원에 관한 법률 시행령' 제46조제4항 및 '북한이탈주민의 보호 및 정착지원에 관한 법률 시행규칙' 제8조).

③ 이에 해당하는 사람은 거주지 보호기간 중이거나 고등학교 졸업 또는 이와 같은 수준 이상의 학력이 있다고 인정된 후 5년 이내에 입학 또는 편입학한 경우에만 해당한다('북한이탈주민의 보호 및 정착지원에 관한 법률 시행령' 제45조).

④ 이에 따른 지원은 해당 보호대상자가 최초로 입학 또는 편입학한 날부터 6년의 범위에서 8학기(의학·치의학·약학·수의학 및 한의학 계통은 8년의 범위에서 12학기)를 초과할 수 없습니다('북한이탈주민의 보호 및 정착지원에 관한 법률 시행령' 제46조제5항).

- 산업대학, 전문대학, 방송대학·통신대학·방송통신대학 및 사이버대학, 기술대학 및 각종학교, '평생교육법'에 따라 학력이 인정되는 평생교육시설, '학점인정 등에 관한 법률'에 따라 평가인정을 받은 학습과정을 운영하는 교육훈련기관 또는 '근로자직업능력개발법'에 따라 학위과정을 운영하는 기능대학에 입학 또는 편입학한 사람

① 국립·공립인 교육기관에 입학 또는 편입학한 사람에 대해서만 입학금·수업료 및 기성회비 등 면제('북한이탈주민의 보호 및 정착지원에 관한 법률 시행령' 제46조제3항)

② 사립인 학교에 입학 또는 편입한 경우에는 입학금·수업료와 기성회비 등이 반액(半額) 보조되며, 직전 두 학기 평균 성적이 각각 만점의 70% 미만인 경우에는 보조 받지 못할 수도 있다('북한이탈주민의 보호 및 정착지원에 관한 법률 시행령' 제46조제4항 및 '북한이탈주민의 보호 및 정착지원에 관한 법률 시행규칙' 제8조).

③ 이에 해당하는 사람은 거주지 보호기간 중이거나 고등학교 졸업 또는 이와 같은 수준 이상의 학력이 있다고 인정된 후 5년 이내에 입학 또는 편입학한 경우에만 해당한다('북한이탈주민의 보호 및 정착지원에 관한 법률 시행령' 제45조).

④ 이에 따른 지원은 해당 보호대상자가 최초로 입학 또는 편입학한 날부터 6년의 범위에서 8학기(의학·치의학·약학·수의학 및 한의학 계통은 8년의 범위에서 12학기)를 초과할 수 없다('북한이탈주민의 보호 및 정착지원에 관한 법률 시행령' 제46조제5항).

생활보호대상자는 정착지원시설에서의 보호가 종료된 사람 중 생활이 어려운 사람에게는 본인이 '국민기초생활보장법' 제21조에 따라 특별자치시장·특별자치도지사·시장·군수·구청장(교육급여인 경우에는 특별시·광역시·특별자치시·도·특별자치도의 교육감을 말함)에게 신청하는 경우에 5년의 범위에서 다음에 따른 보호를 받을 수 있다('북한이탈주민의 보호 및 정착지원에 관한 법률' 제26조).

보호대상자는 요건과 기준에 따라 생계급여, 주거급여, 교육급여, 해산급여, 장제급여, 자활급여 등을 지원받을 수 있다('국민기초생활 보장법' 제8조제1항 및 제11조부터 제15조까지).

- 생계급여: 수급자에게 의복, 음식물 및 연료비와 그 밖에 일상생활에 기본적으로 필요한 금품을 지급하여 그 생계를 유지하게 하는 것
- 주거급여: 수급자에게 주거 안정에 필요한 임차료, 유지·수선비, 그 밖에 수급품을 지급하는 것
- 교육급여: 수급자에게 입학금, 수업료, 학용품비, 그 밖의 수급품을 지급하는 것
- 해산급여: 조산(助産)이나 분만 전과 분만 후에 필요한 조치와 보호를 하는 것
- 장제급여: 수급자가 사망한 경우 사체의 검안(檢案)·운반·화장 또는 매장, 그 밖의 장제조치를 하는 것
- 자활급여: 수급자의 자활을 돕기 위해 자활에 필요한 금품의 지급 또는 대여, 자활에 필요한 근로능력의 향상 및 기능습득의 지원, 취업알선 등 정보의 제공 등을 하는 것

법률구조로는 북한이탈주민 중 국내 거주자는 대한법률구조공단에 법률구조를 신청할 수 있다('법률구조법' 제7조제2항제11호 및 '법률구조법 시행령' 제4조제3항제4호).

【법률구조】

법률구조는 경제적으로 어렵거나 법을 몰라서 법의 보호를 충분히 받지 못하는 자에게 법률 상담, 변호사 또는 공익법무관에 의한 소송대리 및 형사변호 등을 지원하여 정당한 권리를 적법한 절차에 따라 보호하고 국민의 기본적 인권을 옹호하는 것을 말한다('법률구조법' 제1조 및 대한법률구조공단 사이트 참조).

법률구조 대상사건은 사·가사사건, 형사사건, 성범죄·성폭력범죄 피해자에 대한 변호사선임 특례사건, 개인회생 및 파산·면책사건, 행정심판사건과 행정소송사건, 헌법소원사건이다. 법률구조를 신청하기 위해서는 본인의 주민등록등본과 법률구조대상자임을 소명할 자료와 주장사실을 입증할 자료를 구비하고, 가까운 공단 사무실에 내방하여 상담을 신청하면 된다. 상담을 마친 경우 공단 소정의 법률구조신청서와 위의 구비서류를 공단 사무실에 제출하게 된다(대한법률구조공단 사이트 참조).

위 내용을 근거로 한 사례를 통하여 한국사회 내에서의 북한이탈주민의 상황을 이해할 수 있도록 살펴보기로 하자.

Q. 북한이탈주민인데 법률구조를 받고 싶습니다. 어떻게 해야 하나요?

A. 북한이탈주민은 법률 상담, 변호사 또는 공익법무관에 의한 소송대리 및 형사변호 등의 지원을 받을 수 있습니다. 법률구조를 받으려는 북한이탈주민은 법률구조공단에 구조신청을 해야 합니다. 구조신청이 접수되면 공단에서는 소송할 것인지의 여부를 결정하여 공단 소속변호사나 공익법무관이 소송을 수행합니다.

Q. 북한이탈주민의 보호결정에서 제외되는 사유에는 어떠한 것이 있나요?

A. 보호여부를 결정할 때 신청자가 중대한 국제형사범죄를 저지른 경우, 위장탈출 혐의가 있는 경우, 국내 입국 후 1년이 지난 경우 등에 해당하면 보호대상자로 결정되지 않을 수 있습니다. 보호결정 제외 사유는 항공기 납치, 마약거래, 테러, 집단살해 등 국제형사범죄자입니다.

Q. 북한에서 군인이나 공무원이었던 사람들에게는 취업의 특혜가 없나요?

A. 북한에서 공무원이나 군인이었던 사람이 대한민국의 공무원에 채용되길 원하거나 국군에 편입되기를 희망하면 북한을 벗어나기 전의 계급, 직책 및 경력 등에 따라 공무

원 또는 국군으로 특별임용될 수 있습니다.

북한에서 공무원이었던 사람의 특별임용은 북한의 각급 행정기관, 공공기관 등에서 근무한 경력이 있거나 임용 희망 분야의 관련 자격이 있는 사람 또는 통일부장관이 국방부장관과 협의하여 정하는 자에 한정됩니다.

Q. 북한이탈주민에게 지급되는 정착금은 어떻게 받을 수 있나요?

A. 북한이탈주민의 보호 및 정착지원에 관한 법률'에 따른 보호대상자는 정착 여건이나 생계유지 능력 등에 따른 정착금이나 정착금품을 받을 수 있습니다. 보호대상자는 정착 여건 및 생계유지 능력 등에 따라 통일부로부터 정착금이나 그에 상응하는 가액의 물품을 지급받을 수 있습니다.

Q. 북한에서의 학력을 남한에서 인정받을 수 있나요?

A. 보호대상자는 북한이나 외국에서 학교교육을 이수한 경우 학력인정 기준에 따라 학력을 인정받을 수 있습니다. 학력인정 기준으로 초등학교·중학교·고등학교 졸업자와 같은 수준의 학력을 인정합니다. 또한 교육감이 학력심의위원회의 심의를 거쳐 6년 이상 우리나라 학교교육과정을 마친 사람에 상응한 학력을 가진 것으로 인정된 사람은 상급학교 입학 시 초등학교 졸업자와 같은 수준의 학력이 있다고 인정됩니다.

Q. 북한에 부인을 두고 남한으로 귀순했습니다. 남한에서 새출발을 하고 싶은데 북한에 있는 부인과 이혼할 수 있는 방법이 없나요?

A. 가족관계 등록부에 등록을 한 사람 중 북한에 배우자가 있는 사람은 그 배우자가 남한지역에 거주하는지의 여부가 불명확한 경우 이혼을 청구할 수 있습니다. 이혼의 청구는 가족관계 등록을 창설한 사람 중 북한에 배우자를 둔 사람은 그 배우자가 남한에 거주하는지 불명확한 경우 이혼을 청구할 수 있습니다.

Q. 북한이탈주민이 대한민국에서 보호받으려면 어떠한 절차가 필요한가요?

A. 대한민국의 보호를 받으려는 북한이탈주민은 재외공관이나 그 밖의 행정기관의 장에게 보호를 직접 신청해야 합니다. 보호신청을 할 수 있는 북한이탈주민은 북한에 주소, 직계가족, 배우자, 직장 등을 두고 있는 사람으로서 북한을 벗어난 후 외국 국적을 취득하지 않은 사람을 말합니다.

Q. 북한이탈주민을 고용하면 고용지원금을 받을 수 있다는 말을 들었습니다. 고용지원금은 어떻게 받을 수 있나요?

A. 북한이탈주민을 고용한 사업주는 고용지원금을 받을 수 있습니다. 고용지원금을 지급받으려는 사업주는 해당 사업체를 관할하는 지방노동관서에 고용지원금의 지급을 신청하면 됩니다. 취업보호대상자를 고용한 사업주는 그 취업보호대상자 임금의 2분의 1의 범위에서 고용지원금을 지급받을 수 있습니다.

4) 불법체류 외국인

불법체류 외국인는 외국인등록을 하지 않은 상태로 90일을 경과하여 국내에 체류하게 되는 외국인을 의미하며, 그 인원은 증가 추세에 있다(표 2-10, 그림 2-9).

표 2-10. 불법체류 외국인 (불법 체류율)연도별 증감 추이(단위: 명)

연도	총체류자	불법체류 외국인	불법체류율
2006년	910,149	211,988	23.3%
2007년	1,066,273	223,464	21.0%
2008년	1,158,866	200,486	17.3%
2009년	1,168,477	177,955	15.2%
2010년	1,261,415	168,515	13.4%
2011년	1,395,077	167,780	12.0%
2012년	1,445,103	177,854	12.3%
2013년	1,576,034	183,106	11.6%
2014년	1,797,618	208,778	11.6%
2015년	1,899,519	214,168	11.3%
2016년	2,049,441	208,971	10.2%
2016년 1월	1,879,880	215,875	11.5%
2017년 1월	**2,013,779**	**211,320**	**10.5%**
전년대비 증감률	7.1%	-2.1%	

(출처: 출입국관리소)

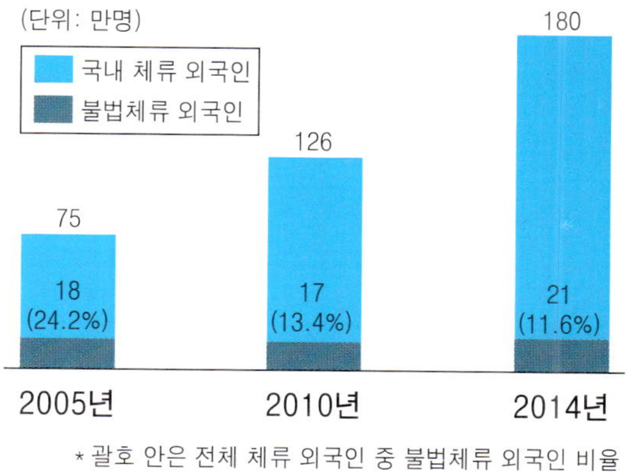

그림 2-9. 체류 외국인, 불법체류 외국인 현황. (출처: 법무부, 2014년 출입국·외국인정책 통계연보)

국내에서 불법체류 외국인이 높은 비율을 차지하는 나라는 중국, 방글라데시, 태국, 필리핀, 인도네시아, 네팔이며, 상대적으로 미국이나 독일, 캐나다 등 선진국의 외국인은 그 수가 많지 않다. 또한 일반인들에게 외국인 불법체류 외국인은 매우 부정적으로 인식되어 있다. 통상 '불법체류 외국인'는 출입국관리법을 위반한 사람들이기 때문에 국내의 다른 실정법도 쉽게 위반할 수 있는 개연성이 있는 존재라고 위험시 한다. 그렇지만 한편 다른 시각으로 보면, 취업상태를 유지하기 위한 목적에서 불법체류상태에 놓이게 되는 외국인은 자신의 신분이 노출될 경우 강제 출국될 수 있기 때문에 가능한 한 문제가 되는 행동을 자제하게 되어 결과적으로 범법 행위를 할 가능성은 오히려 낮아진다고 한다고 한다.

현재 우리나라 불법체류 외국인들은 이들의 고용 및 직업과 관련된 차별뿐만 아니라 단속과 보호시설 입소와 관련된 기본권 측면에서도 심각한 인권침해를 받고 있다. 특히 신체의 자유는 인간의 권리 중 가장 본질적인 것이라 할 수 있으며 따라서 이를 제한하기 위해서는 적법성의 통제를 받아야 하고 자의적이거나 인간의 존엄성을 훼손하는 방법에 의한 구금이 일어나서는 안 된다. 그리고 법률에 대한 해석 및 적용과 관련해서는 확다는 아니더라도 적어도 보편성이 확보되고, 국제적 규정의 준수, 관련 정책에 대한 적극적 연구 등도 계속되어야 할 것이다.

법무부는 한시적으로 '불법체류 외국인 자진출국 촉진기간'을 운영하여 불법체류 외국인의 자진 귀국을 유도하기도 한다. 아래 그림은 이와 관련한 포스터이며, 각 나라별로 제작하여 배포하고 있다(그림 2-10, 2-11).

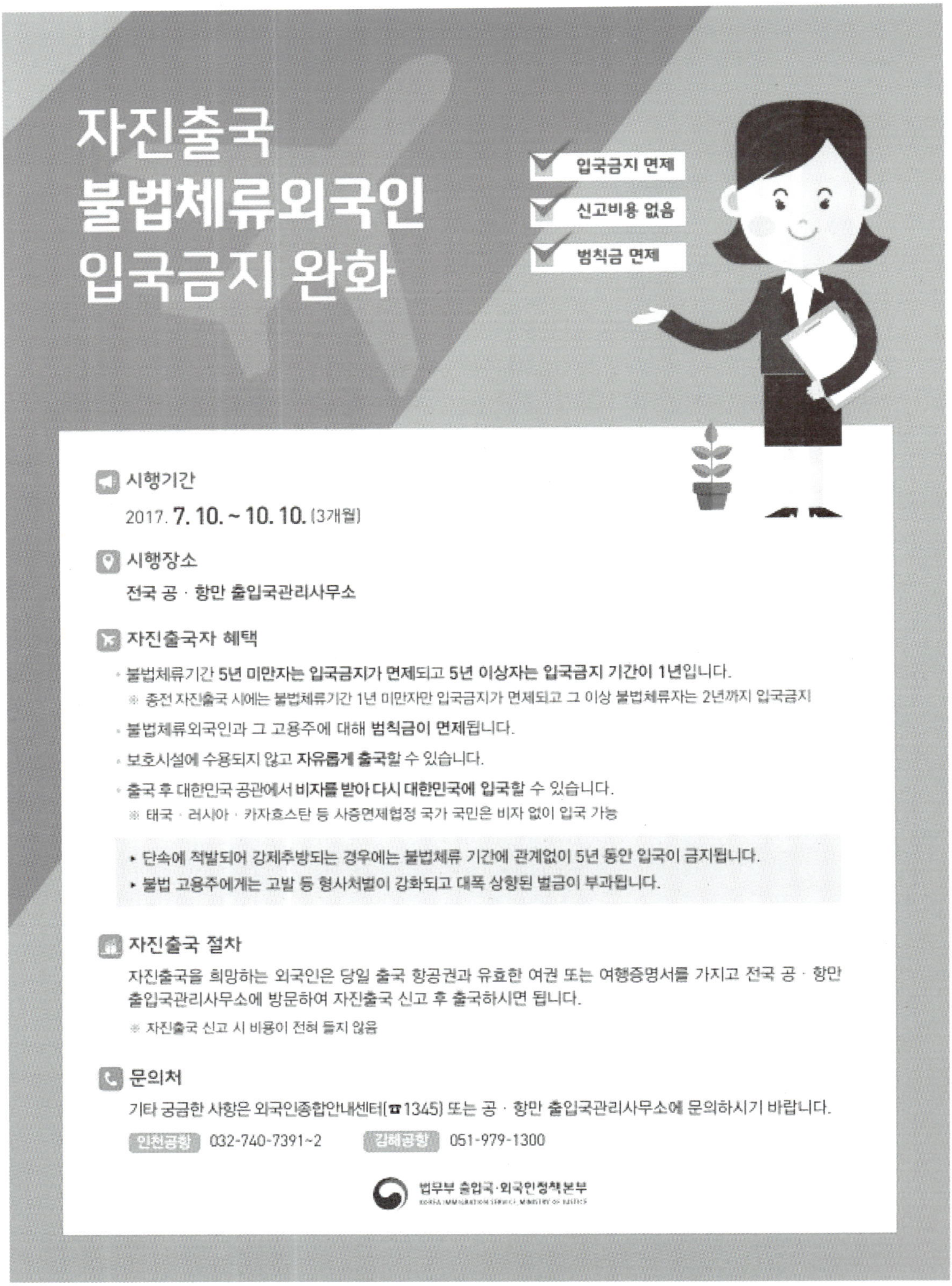

그림 2-10. 불법체류 외국인 자진출국 촉진기간. (출처: 법무부, 2017)

그림 2-11. 불법체류 외국인 자진출국 촉진기간' 중국어 번역판. (출처: 법무부, 2017)

위 내용을 근거로 한 사례를 통하여 한국사회 내에서의 불법체류 외국인 근로자의 상황을 이해할 수 있도록 살펴보기로 하자.

Q. 불법체류 외국인 근로자도 근로자에 해당하나요?

A. 판례(대법원 1995.9.15. 선고 94누12067 판결)는 '외국인이 취업자격이 아닌 산업연수 체류자격으로 입국하여 구 산업재해보상보험법(1994.12.22. 법률 제4826호로 전문 개정되기 전의 것)의 적용대상이 되는 사업장인 회사와 고용계약을 체결하고 근로를 제공하다가 작업 도중 부상을 입었을 경우, 비록 그 외국인이 구 출입국관리법상의 취업자격을 갖고 있지 않았다 하더라도 그 고용계약이 당연히 무효라고 할 수 없고, 위 부상 당시 그 외국인은 사용 종속관계에서 근로를 제공하고 임금을 받아 온 자로서 근로기준법 소정의 근로자였다 할 것이므로 구 산업재해보상보험법상의 요양급여를 받을 수 있는 대상에 해당한다'고 하여 불법체류 외국인도 근로를 제공하는 한 근로자로 인정하고 있습니다.

Q. 불법체류 중인 외국인과 결혼을 하려고 하는데요. 벌금이라던가 신고는 어떻게 해야 하나요? 제발 도와주세요.

A. 불법체류 중인 경우 국내에서는 국민의 배우자로의 체류자격변경이 안 되며, 출국을 하시어 재외공관에서 결혼동거 목적의 거주사증(F-2)을 발급받아 국내에 입국하여야만 합니다. 다만, 불법체류 외국인라 하더라도 배우자의 임신, 출산 기타 인도적인 고려가 필요할 경우에는 심사 후, 국내 체류자격변경을 허용하는 등 탄력적으로 운용하고 있습니다. 자진 출국하는 경우 범칙금은 부과되지 않으며, 국민과 혼인신고를 필하고 정상적인 혼인생활을 유지하고 있음이 입증될 경우에는 입국규제를 유예하고 있음도 추가로 알려드립니다.

Chapter 3

외국의 다문화 현황 및 정책

학습목표

1. 외국의 다문화 현황과 정책을 이해하고 설명할 수 있다.
2. 외국의 다문화 현황과 국내 다문화 현황과 정책을 비교하여 이해하고 설명할 수 있다.
3. 외국의 다문화 역사와 문화에 대하여 이해하고 설명할 수 있다.

우리사회가 급속히 다문화 사회로 이행해 감에 따라, 효과적인 다문화정책의 수립과 정책을 위한 정부의 노력이 절실히 필요하다.

특히, 우리나라는 이미 지난 수년간 '제1차 외국인 정책 기본계획(2008~2012)'과 '다문화가족 지원정책 기본계획(2010~2012)'을 기반으로 국내에 거주하는 외국인 주민의 한국사회적응과 사회통합을 위한 정책을 본격적으로 수행해 왔다. 그럼에도 불구하고 '다문화정책'이라는 용어사용의 혼란에서 엿볼 수 있는 것처럼 우리나라 이민자 통합에 대한 사회적으로 합의된 정책방향은 아직까지 구체화되지 않고 있다.

다문화정책 수립과 시행에서의 다양한 나라들의 문화 및 생활방식, 사례 등을 기반으로 우리사회에 실질적으로 필요한 다문화 정책을 수립과 외국인 이민자의 사회 부적응 및 사회갈등을 인지하고, 사회적 통합을 실현시키는 것에 그 목표를 두고자 한다.

1 일본

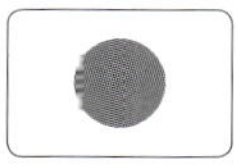

1) 다문화 정책 및 현황

일본의 수도는 도쿄이며, 인구는 약 1억 2,700만 명으로 우리나라와 비슷하게 민족주의와 동질성을 강조해왔지만, 일본 사회도 이제 본격적으로 다문화사회에 진입하고 있다. '다문화사회'라는 용어보다는 '다문화공생'이라는 용어가 일반화되어 있는 것처럼, 일본에서 다문화사회에 대한 대응 방식의 핵심은 '공생(共生)'이라는 용어에 집약되어 있다.

공생의 관점에서 진행되고 있는 일본의 다문화가정 학생들에 대한 지원 체제의 분석 결과 다음과 같이 3가지 특징이 고찰되었다. 첫째, 일본계 귀국학생이나 외국인 학생 지원을 위한 체제는 '유입체제 만들기, 네트워크 만들기, 인적자원 만들기, 좋은 학습환경 만들기, 교재 및 수업 만들기, 특색 있는 도전'의 형태로 진행되고 있다. 둘째, 정주 외국인에 대한 지원체제는 정부의 행정기관별로 역할분담이 비교적 명확하게 구별되고 각 기관은 유기적인 체제를 유지하고 있다. 예를 들어, 외국인 자녀들에 대해 문부과학성, 총무성, 외무성, 후생노동성 등이 역할을 분담하여 유기적으로 지원하는 체제를 유지하고 있다. 셋째, 외국인 학생을 위한 취학지원체제는 국제인권 규약의 규정을 근거로 일본인과 동일한 지원을 하고 있으며, 정부는 외국인 취학 연령 자녀를 파악하고, 각 교육위원회에서는 이들에 대한 취학 안내 및 실질적인 지원체제를 유지하고 있다.

일본의 다문화교육과 관련한 과제로는 효과적인 일본어 지도를 위한 내용과 방법의 개선, 외국인 학생 지도를 위한 교원과 도우미의 양성 및 확보, 국제이해 교육과 연계한 충실한 교육, 외국인 가정 취학에 관한 조사 및 정보제공, 취학이나 전학에 있어서 학교 간의 제휴, 일본어 지상주의 방식에서의 탈피 등이 제시되었다.

일본의 다문화정책은 일본인과 외국인의 일상적 연계를 통해 외국인이 일본사회에서 소외받는 주변인이 되는 것을 방지하고 자립하여 함께 살아갈 수 있는 지역사회의 네트워크 구축을 의미하였다. 또한, 네트워크에 대한 자발적 참여를 통해 지역공동체의 연대감을 강화함과 동시에 개인의 자아실현, 나아가 주체적 생활자로서 자립하여 함께 살아갈 수 있는 지역공동체사회를 기대하였다. 즉, 종래 상의하달식 통제에서 벗어나 지역의 인적네트워크에 기초한 지역사회교육사업으로서 시민문화 프레임을 중심으로 한 사회통합촉진책이라고 할 수 있다.

또한 일본의 다문화정책은 그동안 대체로 다음과 같은 세 가지 특징을 보였다. 첫째는 다문화정책의 태동 및 형성에 있어서 시민단체와 지방 정부가 큰 역할을 담당했다는 점이다. 둘째는 일본의 다문화정책에 있어서 중앙 정부의 중점적 역할은 일본으로 유입되는 외국인들을 주요한 노동력으로서 조정하고 관리하는 데 초점을 맞추고 있다는 점이다. 셋째는 중앙 정부의 그러한 미온적 대체에도 불구하고 일본의 다문화정책은 국내외적인 상황 변화, 예를 들어 인권에 대한 국제협약의 도입이나 플라자 합의와 같은 경제상황의 변화, 세계화의 흐름, 그리고 정권교체와 같은 요인들에 의해 발전해 왔다는 점이다.

일본은 국적과 민족 등이 다른 사람들이 서로의 문화적 차이를 인정하고 대등한 관계를 구축하면서 지역사회의 구성원으로 함께 살아가는 다문화공생이라는 용어를 현재까지 그 기조를 유지하고 있다. 일본의 다문화 공생으로 불리는 다문화 정책은 이주민을 지역주민으로 인식하고, 적극적인 사회참여를 촉진하고 사회적 공감대를 형성하고 있는 것이 특징이다.

2) 역사와 문화

일본의 역사와 전통문화를 살펴보면 우리는 일본을 '가깝고도 먼 나라'라고 말하는데,

다소 식상한 표현 같지만 이 말 만큼 우리나라와 일본의 관계를 정확하게 설명한 표현도 없을 것이다. 지리적으로는 가까우나 역사적으로는 아직 먼 나라 일본은 아시아에서 가장 먼저 선진국에 진입한 경제 대국이다. 목조로 된 전통 가옥구조와 고온다습한 여름을 대비한 '다다미'는 아직도 중요한 주거문화의 일부로 남아 있다. 후지산과 5천 개가 넘는 온천으로 대표되는 나라이다.

일본의 음식 문화를 한 마디로 표현하면 그건 '장인 정신'일 것이다. 대를 이어 가업으로 성공한 사례가 매우 많다. 대표적인 음식으로 우동, 낫또, 라멘을 들 수 있는데, 우리에게도 잘 알려져 있는 사누키 우동의 '사누키'는 지금의 가가와 현의 옛 지명으로 이곳에 가면 우동집까지 안내해주는 '우동택시'라는 명물도 만날 수 있다고 한다. 이 외에도 세계 5대 장수 식품으로 꼽히는 낫또, 다양하고 깊은 국물 맛의 라멘은 대표 건강식으로 알려져 있다.

문화예술은 브라질에 리우카니발이 있다면 일본에는 '마쯔리'가 있다. 일본의 마쯔리 역시 이 시기에 맞춰 외국 관광객들이 몰릴 만큼 세계적인 축제로 자리잡아가고 있다. 또한 1년 내내 전국에서 계속되는데, 그 중에서도 가장 인기가 있는 일본의 3대 마쯔리는 도쿄(東京)의 '간다 마쯔리', 교토(京都)의 '기온 마쯔리', 오사카(大阪)의 '텐진사이 마쯔리'이다.

문화적 경향에 따른 차이 Tip

Tip 1. 밥공기는 들고 먹는다.
우리나라에서는 밥공기를 들고 먹으면 경박한 행동으로 취급하지만 일본에서는 밥공기를 들어 입 가까이 대고 먹는 것이 매너이다.

Tip 2. 자전거에도 번호판이 있다!
일본에서는 자전거도 교통수단 중의 하나로 여겨 번호판이 있는 것은 물론 운전면허가 필요하며 음주운전을 하거나 운전 중 전화 통화는 교통 법규 위반에 하당된다.

Tip 3. 젓가락으로 음식을 주지 않는다.
일본에서는 사람이 죽어서 화장을 하고 나면 남은 뼈를 항아리에 젓가락을 집어넣는 풍습이 있어 젓가락으로 상대방에게 음식을 집어주는 것을 싫어한다.

Tip 4. 대중교통 이용 시 핸드폰 사용은 자제한다.
일본은 남에게 피해를 끼치는 것을 매우 조심하기 때문에 대중교통 이용 시 핸드폰 사용을 자제하는 것이 좋다.

2 중국

1) 다문화 정책과 현황

중국의 수도는 북경이며, 인구는 2017년 7월 CIA 기준 약 13억 8천만 명으로, 중국에서 다문화 접근 및 논의는 21세기 중반 들어 사실상 본격적으로 시작되었고, 학문적인 측면보다는 이데올로기나 정책적 측면에서 접근되었다. 다문화주의를 서구의 중국에 대한 정치적인 도전으로 파악하고, 대응 논리를 발전시키는 중국만의 독특한 특색을 보였다.

중국식 '다문화 관련 논의'는 '다원문화주의'로 표현된다. 또한 페이 샤오퉁의 다원일체론과 결합되면서 중국식 다원문화주의의 변용이 발생한다. 다원일체에 근거하여 중화민족을 새롭게 규정한 페이의 사상은 소수 민족 정책은 물론, 중국의 국가 및 민족정체성과 사회통합에 이르기까지 광범위한 영향을 끼쳤다. 그 결과 사회주의와 다원문화주의의 결합이나 다원문화주의에 대한 재해석 등을 통해 다원일체론은 변용 과정을 거치게 된다.

정치적 슬로건으로 내세워진 조화사회(和諧社會)나 소수 민족에 대한 정치적 통합, 다문화교육과 연관된 변용 과정을 통해 '다문화 관련 논의'가 중국에서 실제적으로 확산되고 왜곡되는 현상을 분석한다. 역사는 물론 민족주의, 문화, 교육을 재해석하면서 중국식 다원문화주의는 중국 공산당의 통치를 합리화하고, 업적과 성과를 재조명하는 수단과 도구로 사용되는 현상을 분석하였다.

결론적으로 중국에서는 '다문화 관련 논의'를 수용 초기에는 비판적, 부정적 시각에서 바라보았으나 이후 중국의 통치 이데올로기는 물론 구체적인 소수 민족 정책을 중화민족주의 입장에서 재해석하는 데 유용한 도구로 사용하는 전향적 입장으로 변모하였다. 이런 왜곡된 다문화 관점의 전개가 현재 중국의 다문화 논의의 특징이며, 점차 확장되고 있는 중국의 국가민족주의를 합리화하는 도구로 '다문화 관련 논의'가 현재 사용되고 있다.

2) 역사와 문화

중국의 역사와 전통문화를 살펴보면 다음과 같다.

중국하면 제일 먼저 떠오르는 말들이 '크다', '많다'이다. 세계 4위를 자랑하는 커다란 영토와 13억이 넘는 세계 최대의 인구를 가진 나라 중국은 한족과 55개 소수 민족으로 구성되어 있으며 우리와는 국경을 맞대고 있는 이웃나라로 오랜 역사를 두고 끊임없이 영향을 받아온 뗄래야 뗄 수 없는 관계를 가진 나라가 바로 중국이다. 중국의 과감한 개혁과 개방정책으로 최근 미국과 함께 전 세계에 그 영향력과 위상을 과시하고 있는데, 더 큰 나라로 발전해 나가는 중국의 생활과 문화를 살펴보자.

음식문화는 넓은 영토와 많은 인구만큼이나 식재료도 풍부하고 요리법도 다양하여 특색 있는 요리가 많이 발달했다. 우선 북경지방은 육류를 중심으로 한 튀김요리와 볶음요리, 남경지방은 풍부한 해산물과 쌀을 이용한 요리, 광동지방은 재료 자연의 맛을 잘 살려내는 담백한 요리, 그리고 사천지방은 향신료를 많이 쓴 매운 요리가 발달해 있다. 또한 중국의 식문화에서 차(茶)를 빼놓을 수 없다. 사실 중국에서 차가 발달한 이유는 중국의 물이 이물질이 많고 깨끗하지 못해 끓여서 먹는 것에서 유래한 것이라고 한다.

문화예술은 우리나라 사람들이 복삼이라 해서 숫자 '3'을 좋아하듯 중국인들은 '8(八)'을 좋아한다. 8의 중국어 발음이 'ba(빠)'인데 이는 '돈을 벌다, 재산을 고으다'라는 뜻을 가진 '發(fa)'와 발음이 비슷하기 때문이라고 한다. 또 숫자 8만큼이나 좋아하는 색이 붉은색인데, 중국에서 붉은색은 태양과 즐거움, 경사의 상징이기 때문이다.

문화적 경향에 따른 차이 Tip

Tip 1. 종이 달린 시계는 싫어한다.
괘종시계처럼 종이 달린 시계는 중국에서 '끝낸다'와 '죽음'의 의미가 있으니 선물로는 삼가야 한다.

Tip 2. 생선을 뒤집는 건 불길함의 상징!
중국인들에게 생선은 배를 의미해 식사 중에 생선을 뒤집으면 배가 뒤집히는 것과 같은 뜻으로 불길함을 의미하기 때문에 조심해야 한다.

Tip 3. 음식은 남기는 게 예의이다.
중국에서 반찬이나 음식을 남기는 것이 호스트에 대한 예의이다. 다 먹어버리면 '너무 부족했어요'라는 의미이므로 주의해야 한다.

3 베트남

1) 다문화 정책과 현황

베트남의 수도는 하노이이며, 지역공동체를 구성하는 기본인 마을 단위 조직 형태는 국민성을 반영하고 있다. '마을 전통이 왕권을 능가한다'는 믿음이 있는 베트남 농부는 마을에서 조화를 추구하지만, 이를 벗어나면 고슴도치 자세를 취한다.

역사적으로 베트남은 프랑스의 다낭 점령(1858)을 시작으로 하노이 점령(1873)과 아르망 조약(1883)에 따른 홍강 개방 이후, 코친차이나, 안남, 통킹, 캄보디아, 라오스 등 5개 지역을 보호령으로 결합한 인도차이나 연방(1887)이 결성되어 1945년까지 식민지의 길을 걷게 되었다. 프랑스 식민세력은 인도차이나 정복 이후 1900년을 기점으로 식민정부가 마을 경제를 세계 자본주의 체제로 편입시키는 정책을 추진하였다.

이러한 세부 정책으로 정부가 토지를 수용해서 프랑스 기업가에게 불하하여 운영하였고, 농업소득세를 수확량의 1/5로 인상해 근대국가 건설에 소요되는 비용을 충당하였는데, 세금은 현금으로 납부하도록 하였다. 식민화에 따라 광산, 농장, 도시 노동자의 수요가 증가하였고, 마을에서 지주의 권한을 강화함으로써 식민주의자들의 마을에서 지지기반은 확대되었다. 북베트남 토지개혁운동(1945~1956)은 경자유전 원칙에 따라 마을 공동 토지가 폐지되었고, 사회주의 대생산체제 4대 요소로 계획경제화, 정치 사회주의화, 기술 근대화, 집산화 과정의 지휘체계가 구축되었다.

한편 남베트남은 공산화 방지 전략의 일환으로 인구의 재분포를 위한 분산화 정책과 신경제구역 설정으로 인구 균일화, 미개척지 개간, 도시 실업 해소, 국토방위, 작업분배 제도화, 유목민 정주화 기능을 추진하였다. 그러한 대표적 사례로 베트콩의 지역공동체 침투를 방지하기 위한 'Stanley Taylor Plan'이라는 전략촌(strategic hamlet) 건설(1961) 수행 과정에서 이농과 인구의 도시 집중화 현상이 발생하였다.

2) 역사와 문화

베트남의 역사와 전통문화를 살펴 보면 아래와 같다.

'Phep vua thua le lang(왕의 명령이 마을 규칙을 이기지 못한다)'라는 격언이 있다.

지하자원, 에너지, 삼림, 인적자원이 풍부하다는 장점을 가지고 있는 베트남의 열대 및 아열대 삼림은 금림은해(金林銀海)의 자원이라 할만하다. 대표적인 수자원으로는 연간 유출량이 1,200억 톤에 달하는 북부의 홍강과 5,500억 톤(세계 12위)에 달하는 남부의 메콩강이 있다. 반면, 인구 대 토지 비율이 불리하고, 환경오염, 인구 폭발, 국가 과제도 대두된 지역 간 경제 격차 등이 단점으로 꼽힌다. 그리고 통일 과정(1975~1983)에서 7천 명이 전범(戰犯) 교도소에 수감되었으며, 정치적 숙청 추정치는 최소 65,000명에 달하는 것으로 알려졌다.

종교문화와 가치관을 보면 베트남은 유교의 영향으로 노인 공경과 조상을 모시는 효도 정신이 우리나라보다 강하다. 그리고 사회주의 국가 형태를 갖는 정치적 특징이 있다. 불교와 마르크스주의는 공통적으로 보편 평등, 개인 부정, 무계급을 지향하지만, 다르크스주의는 해방철학과 물질주의 위주의 카르마와 모순되는 운명결정주의 성향을 갖는다는 점에서 차이가 있다.

베트남인들은 스스로 근면, 성실, 인내, 친절, 용기를 갖추고 있다고 생각하며, 외세에 굴복하지 않은 역사를 지닌 나라라는 자부심이 강하다. 정이 많고 마음이 여린 편, 정서에 호소하거나 부탁하는 것에 대해 단호하게 거절 못하는 편, 폭력적이거나 과격한 언행에 불쾌해하거나 두려워하는 경향이 있다. 베트남인들은 가능한 한 잘못했다는 말을 하지 않으며, 그들은 실수를 했을 때 사과, 실수 인정보다 여러 가지 변명을 늘어놓거나 미소를 띄우며 '미안하다'고 한다. 이는 끝까지 체면을 유지하려는 습성 때문인데 한국 사람들은 이 상황에서 잘 다투기도 한다. 짝수를 선호해 물건을 살 때도 사진을 찍을 때도 사람 수를 짝수로 맞추며 예의를 차리는 자리, 높은 사람과 이야기 할 때 종교의식 자리 등에 팔짱을 끼기도 한다.

숫자 9를 으뜸, 13은 액운 상징, 숫자 5는 위험이라고 생각하며, 생활언어는 '신짜오-안녕하세요', '깜언-고맙습니다', '콩 사오-괜찮아요', '훌륭해요-뜻꽈', '좋아요-뜻람', '어디 아파요-다우 더우?', '피곤해요?-꼬 멧 콩'을 사용한다.

문화적 경향에 따른 차이 Tip

Tip 1. 전통의상

아오자이(Ao Dai)는 베트남 여성들이 즐겨 입는 전통 의상으로, 아오는 옷 또는 저고리, 자이는 길다는 뜻이다(남부에서는 '아오 야이'로 발음). 즉, '긴 옷'이란 의미를 갖고 있으며, 19세기부터 입기 시작한 것으로 알려졌다. 1976년 사회주의 정부가 노동에 부적합하고 퇴폐적이라는 이유로 착용을 금지했다가 1986년 도이머이(Đôi Mơ'i) 정책 추진 이후 완화하였으며, 최근에는 각종 예식에서 즐겨 착용하고 여고생들의 교복이나 주요 기업체의 제복으로도 사용된다.

논(Non)은 야자나무 잎으로 만든 모자로, 아오 자이(Ao Dai)와 함께 베트남 여인들의 상징이다. 13~15세기 중 쩐(Trân) 왕조 시대에 유행하였으며, 비가 올 때는 우산으로, 햇빛이 내려 쬘 때는 양산이 되며, 더울 때는 부채로도 사용된다.

Tip 2. 전통풍습

뗏(Tet)은 음력 정월 초하루로, 베트남에서 가장 큰 명절이다. 친척, 선생님, 이웃들을 방문해 서로 덕담을 나누고 복을 기원하며, 어린이들에게는 세뱃돈을 주는 풍습이 있다. 베트남은 전통적으로 9를 으뜸이자 신성한 수로 여기며, 13은 액운의 상징으로 생각한다. 5는 베트남어로 위험이라는 단어와 비슷하여 숫자의 합이 5가 되거나 15, 25 등 5로 끝나는 숫자를 기피한다.

Tip 3. 민족성

베트남인은 지식과 배움에 대한 열망이 높고, 가족에 대한 헌신을 중요하게 생각한다. 개인적인 평판을 매우 중요시 한다.

4 필리핀

1) 다문화 정책과 현황

필리핀의 수도는 마닐라이며 인구가 약 9,800만 명으로 내수시장 기반이 넓으며, 동, 니켈 등 광물자원과 임산자원뿐만 아니라 영어에 능통하고 저렴한 노동력도 풍부하여 성장 잠재력이 높은 국가이나 각종 정치·사회 불안요인들이 경제성장에 걸림돌로 작용하고 있다.

필리핀 국민은 말레이족을 근간으로 하여 중국인, 미국인, 스페인인 및 아랍 혈통의 후손들로, 전체 인구는 약 105,720,644명(2013년 7월 기준)이며 말레이시아계, 중국계, 혼혈계의 메스티조로 구성되어 있다.

필리핀인들은 서구 국가의 오랜 식민 통치 역사와 무역 상인들의 혈통이 섞여 외모와 문화 모두에서 동양과 서양이 독특하게 혼합된 특징을 가지고 있으며, 필리핀 국민의 특성은 실제로 모든 문화가 조금씩 섞여 있다. 예를 들면, 필리핀인들의 유명한 친족 정신은 말레이족 선조로부터 물려받았으며, 긴밀한 가족 관계는 중국인으로부터 전해져 왔다고 한다.

필리핀은 미국, 영국에 이어 세계에서 국민 영어 사용률이 높은 나라 3위를 차지한다. 물론 영어만 사용하고 있지는 않는다. 필리핀 고유어인 '타갈로그(Tagalog)', 영어, 그리고 수많은 지방의 토착 언어가 있고, 대표적인 것이 '타갈로그'라고 할 수 있다. 타갈로그는 원래 루손섬의 마닐라 주변에서만 사용되었던 것인데 텔레비전과 라디오를 비롯한 매스컴의 발달로 인해 전국적으로 널리 퍼지게 되었다. 그러나 아직도 각 지방에는 이와 별도로 세부아노, 일롱고, 와라이와라이 등 각각 독자적인 언어를 사용하고 있다.

필리핀의 기후는 아열대성 기후지역에 속한 고온다습한 열대 몬순형 기후의 영향으로 1년 내내 무덥고 습기가 많은 날씨가 지속된다. 크게 건기와 우기로 구분하면 11월에서 5월까지는 건기, 6월부터 10월까지는 우기로써 내내 비가 오며, 평균 기온은 25℃이며, 5월은 가장 더워지는 달로 무더위의 낮 기온이 40℃까지 올라간다. 12월과 2월 사이는 22℃에서 28℃ 정도로 선선한 날씨이다. 연평균 습도는 77%이며, 1년 내내 여름이기 때문에 옷은 평소에 입는 여름 복장을 생각하면 된다.

2) 역사와 문화

필리핀의 역사와 전통문화 특성을 살펴보면 아래와 같다.

필리핀인은 낙천적, 열정적, 친화력이 강하기 때문에 어느 누구와도 쉽게 친해 지며, 대화를 할 때 목소리를 높이지 않는다. 큰소리로 말하는 것은 상대와 싸울 성각이 있는 것으로 간주하기도 한다. 프라이버시를 중요시하여 대중목욕탕 같은 것을 아주 생소하게 생각하며, 자식은 부모 공경, 부모 양로원 같은 곳에 맡기는 것을 수치로 여긴다. 아들보다는 딸에게 거는 기대치가 크며, 장녀는 결혼 후에도 친정집에 책임감을 발휘하며 생일 등을 매우 중요시하여 생일 파티가 자주 열린다.

음식은 전반적으로 단 맛을 선호하며, 식사 시 맥주, 주스, 탄산 음료 등을 곁들여 마신다.

생활언어를 살펴보면 '마간당 우마가–안녕하세요', '살라맛–고맙습니다', '왈랑아누만–괜찮아요', '갈링–좋아요', '메이삿킷–어디 아파요', '파곳카바–피곤해요' 등이 있다.

문화적 경향에 따른 차이 Tip

Tip 1. 교통 문화

1년에 단 한번 약간의 자동차세를 제외하고는 차량 관련 규제가 거의 없다. 대부분의 거리에 신호등과 차선이 없는데도 불구하고 차량통행이 순조로우며 서행안전운전이 몸에 베어 있다.

Tip 2. 환경에 적응하는 집

고온다습한 기온을 감안하고 지진을 대비해 많은 사람들이 목재 집에 산다. 대부분의 주택에는 한 주에 몇 번 나오는 물을 보관하기 위한 대형 탱크가 있다. 작은 도마뱀들이 많이 서식하는 관계로 자연스럽게 사람들과 함께 집에서 산다.

Tip 3. 민족성

일본의 오랜 침략과 약탈에 시달린 탓에 외국인을 보는 시각이 더러는 싸늘하고 항거하는 반 약탈문화가 일부 사람에게 아직도 남아 있다.

Tip 4. 종교에 관한 의식과 양태

국민의 98%가 카톨릭 교회를 믿을 정도로 카톨릭 국가지만 신앙이 형식화 됐다는 표현을 쓰도 무방할 정도로 보편적 일반 문화로 자리를 잡은 양상이다. 간혹, 한인교회를 찾는데, 그 이유 중 하나는 한국에 가고 싶거나 일자리를 구하기 위해서이다.

Tip 5. 언어

학교에서는 타갈로그어보다 영어로 수업진행을 하는 경우가 더 많다. 타갈로그어에는 스페인어가 많이 섞이게 되었고, 120여 개 소수지역 언어와 150여 개의 지방 사투리가 존재한다.

Tip 6. 자원

자원 중 코코넛은 세계 최대생산을 자랑하고, 석유와 대리석도 많이 난다. 그러나 기술과 자본의 부족으로 대부분 외국자본과 기술이 들어와 있는 실정이다.

5 태국

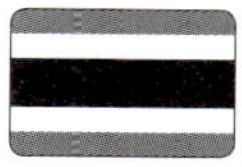

1) 다문화 정책과 현황

태국의 수도는 방콕이며, 인구 6천 3백만 명으로 태국인, 중국인이 대부분이고 그 밖에 말레이시아, 라오스, 인디언, 그리고 버마인들이 그 나머지를 차지하고 있다. 공식어는 태국어지만 상업 영어도 통상적인 언어로 사용되고 있다. 동남아시아의 중심부에 위치하고 있어 인도차이나, 미얀마 그리고 중국 남부지역의 게이트웨이 역할을 하고 있다. 해안선이 2,614km에 달하고 동쪽으로는 태국만, 서쪽으로는 안다만(Andaman) 해를 끼고 있다.

총 면적은 약 513,115km^{2}로 프랑스와 비슷하며 남한 면적의 5배에 달한다. 국토의 28%가 삼림지대로 이루어져 있으며 약 41% 가량은 경작지로 구성되어 있다.

태국의 국교는 상좌부 불교 또는 남방불교(Theravada Buddhism)로, 태국인들의 불교에 대한 신앙심은 대단한 것으로 알려져 있다. 그밖에 남쪽 지역민들이 믿는 이슬람교를 비롯해 힌두교와 기독교 등의 종교를 가진 소수의 사람들도 있다.

태국은 3개의 계절로 나뉜 열대기후 나라이다. 3월부터 5월까지는 덥고 건조한 날씨로 평균 기온은 34℃ 정도까지 올라가는 매우 더운 계절이며, 6월에서 10월은 평균 29℃ 정도의 날씨로 우기에 해당한다. 하루에 한두 차례 소나기가 내리며, 비가 오지 않을 때는 화창하게 해가 비치는 날씨이다.

태국은 한국과 오랜 우방 관계를 지속해 온 국가로 1949년 대한민국 정부를 승인, 한국 전쟁 때에는 유엔군의 일원으로 군대를 파견하여 1972년까지 한국에 주둔하기도 했다. 1959년 정식으로 양국 간에 외교관계가 성립되었고 1981년 양국 간 사증면제협정 체결로 한국인은 관광을 목적으로 하는 경우 비자 없이 90일간 태국에 체류할 수 있게 되었다.

2) 역사와 문화

태국의 역사와 전통문화를 살펴보면 다음과 같다.

태국은 세계에서 가장 독실한 불교국가로 전체 인구의 90% 이상 차지하며, 태국은 미소의 나라로 잘 알려져 있다. 미소는 상대에게 예의를 표하는 것이며, 상대를 수용한다는 의미를 내포하고 있다. 본인의 실수나 잘못된 점을 타인이 지적할 때 미소를 지으며 듣는 경우가 있는데, 이는 상대에게 예의를 표하는 것이며, 버릇이 없거나 예의에 어긋난 행동은 절대 아니다. 오랜 세월동안 주변국 침략과 지배를 받으며 독립을 지켜온 민족으로서 국가와 국민에 대한 강한 사랑과 애착이 특징이다. 남에게 몸을 보이는 것을 수치라고 생각하여 공중목욕탕 등에 가는 것을 무척 싫어하고 대부분 혼자 샤워를 한다. 발로 사람이나 물건을 가리키는 행동은 무례한 행동으로 여긴다(발은 가장 더러운 신체부위로 여겨진다). 차분한 성격으로 평소에 좀처럼 화를 내지 않으나, 지나치게 모욕을 주거나 화가 나게 하는 행동은 주의해야 한다. 일반적으로 날생선(회)을 먹지 않으며, 대부분 불교를 숭상하므로 소고기를 먹지 않는다.

쏭크란 명절엔 모두 고향으로 돌아가 가족, 친지, 친구들과 화목한 시간을 보내며, 불력으로 새해 맞이하는 날로 1월 1일보다 더 성대하게 진행된다. 태국인 이름은 길기 때문에 '츠렌'이라 부르는 닉네임 가지고 있으며, 서로의 친밀감을 높여 준다.

생활언어를 살펴보면 '싸왓디 카(여성)–안녕하세요', '컵 쿤 카(여성)–고맙습니다', '마이 뺀 라이 카(여성)–괜찮아요', '디 닙–좋아요!', '마이 싸바이 르–어디 아파요!', '느어이 마이–피곤해요' 등이 있다.

문화적 경향에 따른 차이 Tip

Tip 1. 음식문화

태국음식은 세계 6대 요리 중 하나로 손꼽히고, 태국요리는 향신료를 자유롭게 사용하여 그 독특한 맛이 일품이며, 세계 유명도시를 거점으로 점점 더 그 세력을 넓혀가고 있다. 태국 고유음식의 특징은 살리면서 주변국을 비롯한 중국과 이탈리아 등의 요리법과 신선하고 매우 넓은 범위의 다양한 재료들과 조리방법 및 문화적 배경들이 한 군데 모여 만들어낸 섬세하고 새롭게 조합된 음식이다. 산악지대가 주를 이루는 북부는 부드럽고 끈기가 없는 밥 대신 스팀식 찰밥을 선호하며, 북부음식문화의 특징을 보여 주는 가장 좋은 예는 '칸톡 디너'라고 일컬어지는 일반적인 밥상으로, '칸'은 그릇, '톡'은 밥상으로 몇 가지 반찬과 밥을 함께 식사하는 것으로 한국의 식문화와 비슷하다.

Tip 2. 축제 및 휴일

태국은 관광대국답게 관광객들의 관심을 끄는 축제가 연중 각 지역에서 개최되는 바, 대부분의 축제는 불교, 농사, 왕실과 깊은 연관을 가지고 있다. 유흥을 즐기고 감정이 풍부한 태국인들에게 있어서 생활의 중요한 부분을 차지. 개최시기는 태국력으로 지정된다.

Tip 3. 음악

인도, 인니, 미얀마, 크메르의 영향을 받아 화음을 중요시하지 않으며 중심이 되는 선율이 약간씩 변형되며 반복되는 양식이다.

Tip 4. 미술

사원, 왕궁의 장식, 책 삽화, 벽화 등의 모습으로 발전하여 왔으며, 특히 불교의 영향을 많이 받아 불교에 대한 내용들이 대부분이다.

Tip 5. 스포츠

무에타이는 1천 년간 타이 민족의 역사와 함께한 격투기로 타이 복싱으로 불리며 팔꿈치와 무릎, 정강이 등의 파괴력 있는 부위를 주로 사용한다. 또한 축구가 상당한 인기를 끌고 있으며, 특히 영국 프리미어리그 등 해외경기에 대한 국민의 관심 지대이다.

Tip 6. 문학

역사적으로 국왕이 문학을 육성하였으며 왕들 자신이 뛰어난 문학작품을 저술하였다. 태국 문학의 황금기는 아유타야 왕조(1349~1767)이며, 이 시기에 시, 무용극, 힌두교의 영향을 받은 산문체 설화문학이 발달하였다.

6 캄보디아

1) 다문화 정책과 현황

캄보디아는 과거 캄푸차(Kampuchea)로 불렸던 캄보디아 왕국(Kingdom of Cambodia)으로 태국, 라오스, 베트남, 태국만(Gulf of Thailand)과 경계를 이루고 있는 동남아시아 국가이다. 수도는 프놈펜(Phnom Penh)이며, 크메르 제국의 수도였던 씨엠립(Siem Reap)은 앙코르와트와 앙코르톰 등의 유적으로 널리 알려져 있다.

면적은 약 18만km^{2}로 남한의 1.8배 정도이며, 인구는 약 1,390만 명(2009년 기준)이며, 낮은 노동 생산성과 미성숙한 산업구조로 인해 경제 상황이 열악하고 캄보디아 경제에서 대외 원조가 차지하는 비중이 상대적으로 높다.

국토는 남서쪽과 북쪽의 산맥을 제외하면 대부분 저지대 평원으로 이루어져 있으며, 남북을 가로지르는 메콩강(Mekong river)과 톤레삽 호수(Tonlé Sap Lake)가 캄보디아의 지리적 특징이라 할 수 있다. 천연자원으로는 석유와 천연가스, 목재, 원석, 철광석, 망간,

인산, 수력자원 등이 있다. 다른 동남아시아 국가와 마찬가지로, 캄보디아의 기후는 1년 내내 무덥고 따뜻한 날씨가 계속된다. 우기와 건기로 나뉘는 몬순 기후의 영향을 받으며, 우기는 3월부터 10월, 건기는 11월부터 이듬해 4월까지 지속된다. 12~1월이 1년 중 가장 추운 계절이며, 4월이 가장 무더운 시기이다. 평균 기온은 27~28℃이다.

크메르루즈 정권의 학살로 인해 숙련노동자 및 지식인의 비중이 낮고, 교육수준이 열악하여 노동생산성이 낮으며, 1인당 GDP 또한 731달러(2009년 기준)로 세계 최하위권이다. 산업구조는 농업과 어업 및 관광업에 의지하고 있으며, 서비스업과 제조업 및 통신관련 산업은 상대적으로 미약하고, 대도시와 지방도시 간 경제격차가 크다. 그럼에도 불구하고 풍부한 천연자원과 관광자원, 최근의 높은 경제 성장률, 풍부한 노동력, 교육열 등 성장 자산이 풍부하며, 성장의 뒷받침을 위해 공간정보인프라 계획수립 추진 중이다. 앙코르와트 등 세계적 경쟁력을 갖춘 문화유산과 어업의 보고인 톤레삽 호수 및 농업 생산성이 높은 메콩강 주변의 평야지대 등 천연자원을 보유하고 있다.

그러나 2000년대 이후 GDP 성장률이 연 10~19%로 빠르게 경제 규모가 성장하고 있으며, 저렴한 인건비, 선진국의 점증적인 투자증가와 많은 개발수요 등 성장 잠재력이 풍부하며 관광산업의 개발과 천연자원의 활용이 캄보디아의 주요한 성장동력인 만큼, 이러한 자원의 활용 극대화를 위한 국가공간정보인프라의 계획수립과 구축이 절실한 상황이다.

2) 역사와 문화

캄보디아의 역사와 전통문화를 살펴 보면 아래와 같다.

문화특성으로 캄보디아인은 외면상 친절하지만 배타심도 강한 편이다. 캄보디아인은 공경스런 인사법으로 두 손을 합장하고 고개를 숙인다. 상대에 따라 손가락 위치가 다르지만 일반적으로 높은 위치일수록 손끝의 위치가 올라간다. 오늘날에는 웃어른이나 정부 관료를 만날 때를 제외하면 남성들은 악수로 인사를 대체하게 되었다. 여성들은 남성과 여성 모두에게 전통 방식으로 인사한다. 외국인의 경우 캄보디아인과 악수로 인사하는 것도 가능하긴 하지만, 전통을 존중하여 '쭘리읍 쑤어'로 인사하면 더욱 좋을 것이다.

캄보디아는 모계중심의 가족제도로 남자가 여자 집으로 장가를 가서 장인·장모를 모시고 살며, 신랑은 부인 집으로 갈 때 혼수와 지참금을 가지고 간다. 모든 실권은 여자가 가지며, 가족부양을 위한 노동의 의무도 여성에게 있다. 요즘은 사회적 변화와 교육 수준향상 등으로 완화되어 가고 있다.

주식은 쌀이고, 90년간 프랑스 식민지 생활로 빵 문화가 발달되어 있으며, 특별히 금기된 음식은 없다.

머리를 만지거나 손가락, 발가락으로 상대방 가리키거나 허리에 손을 올리고 말을 하는 행동은 상당히 예의 없는 행동으로 간주된다. 상대방과 대화 시 다리를 꼬고 있거나 얼굴을 똑바로 응시하고 오래 말하는 것은 피해야 한다. 자신을 향해 큰소리를 치면 본인을 무시 또는 무조건 혼내고 있다고 생각한다. 생활언어를 살펴보면 '쭘립수어-안녕하세요', '어꾼-고맙습니다', '먼 아이 떼-괜찮아요', '반-좋아요!', '따흐 네악 츠-어디 아프요', '따흑 네악 어껌랑-피곤해요' 등이 있다.

문화적 경향에 따른 차이 Tip

Tip 1. 전통 사회 관습

캄보디아인들은 동남아시아 전체를 통털어 가장 사귀기 쉬운 사람들이다. 태국에서처럼 캄보디아인들은 손을 기도하듯이 앞으로 모아 허리를 굽히면서 인사를 한다. 그리고 동남아시아의 다른 지역과 마찬가지로 사람을 부를 때는 손바닥을 아래로 해야 하며, 어린이들의 머리를 쓰다듬으면 안 된다.

Tip 2. 전통의상

여성의 전통의상은 삼포트(sampot)라고 부르고, 남성들의 전통의상은 사롱(sarong)이라고 한다. 삼포트와 사롱은 모두 무릎길이까지 둘러서 입는 면이나 실크로 만든 치마이다. 여자들은 삼포트에 흰 블라우스를 입고 면이나 비단으로 만들어 바둑판 무늬로 된 크라마를 착용하는 것이 보통이다. 크라마는 강렬한 햇빛과 먼지를 막아주고 바람과 추위로부터 신체를 보호하는 기능을 한다.

Tip 3. 전통음식

캄보디아인의 주식은 쌀과 생선이다. 특히 생선은 보편화되어 있고 풍부한데 달리거나 훈제해서 또는 생선소스를 만들어 양념으로 먹는다. 간혹 논 주위에서 야생으로 자라는 과일을 먹기도 한다. 야자나무로 덮은 전형적인 시골풍의 초가집은 진흙으로 덮은 지붕에다 대나무 위에 지어진 목조 건물로 바뀌고 있다. 대표적인 음식으로 '끼'라는 음식이 있는데, 태국식 샤브샤브로 냄비에 육수를 붓고 해물과 고기, 야채를 취향에 맞게 넣어 먹는 음식이다.

Tip 4. 전통 주거

캄보디아의 주거형태는 아파트, 빌라(단독주택), 플랫하우스, 전통가옥 이렇게 4가지 형태가 있다

Tip 5. 생활환경

보건 위생관계가 빈약하다. 폴포트 정권(1975~1979)이 거의 모든 의사들을 죽였기 때문이다. 풍토병인 장티푸스, 말라리아, 이질 등으로 많은 사람들이 죽는다. 265명이 매달 지뢰로 인하여 지체를 잃어버린다. 전 인구의 5%만이 안전한 식수를 공급받을 수 있다. 기본적인 에너지원은 나무이다.

7 우즈베키스탄

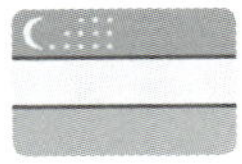

1) 다문화 정책과 현황

중앙아시아에 위치하고 있으며 국토면적은 447,000km^2, 인구 약 2,900만 명이다. 중앙아시아 5개국 중 인구가 가장 많은 나라이다. 우즈베키스탄이라는 이름은 '우즈(O'z, 자신의)' + '베크(Bek, 왕)' + '스탄(Stan, 땅, 나라)'이 합쳐진 말로, '자신들의 왕을 가진 나라', 즉, 다른 민족에게 지배받지 않는 독립된 나라임을 뜻한다. 수도는 '돌의 도시'라는 의미의 타슈켄트이고, 우즈베크어로는 '터슈켄트(Toshkent[tɒʃ'kent])'라고 한다.

한국과는 1992년 1월 29일 수교했으며, 같은 해 2월 7일 북한과도 수교했다. 1993년 12월 21일 우즈베키스탄 주재 한국대사관이 설치되었으며, 주한 우즈베키스탄 대사관은 1996년 1월에 설치되었다. 주요협정체결 현황을 보면 1992년 6월 투자보장협정, 무역협정, 과학기술협정, 사증발급양해각서, 1994년 6월 항공협정, 문화협정, 1995년 2월 교육협력양해각서 등 여러 부문에서 협력관계를 유지하고 있다. 1996년 대한수출액은 1억 9,610만 달러였고 대한 수입액은 4억 9,383만 달러였다. 1997년 기준 교민은 22만 명이고 체류자는 350명이다.

1991년 소련에서 독립했으며, 북쪽과 서쪽으로 카자흐스탄, 동쪽과 남동쪽으로는 키르키스스탄과 타지키스탄, 남서쪽으로는 투르크메니스탄과 접해 있고, 남쪽으로는 아프가니스탄과 짧은 국경선을 맞대고 있다.

중앙아시아의 중심부에 자리잡고 있는데, 대체로 남서쪽의 아무다리야강(고대 이름은 옥수스 강)과 북동쪽의 시르다리야강(고대 이름은 자카르테스 강) 사이에 위치한다. 국경 내에 카라칼파크스탄 공화국을 포함하고 있다. 남쪽과 동쪽에 기름진 오아시스와 높은 산맥이 있지만 국토의 거의 4/5는 햇볕에 말라붙은 평평한 저지대이다.

아주 건조하고 대륙적인 성격이 뚜렷한 기후를 갖고 있다. 여름이 길고 따뜻하며, 겨울은 짧고 대체로 온화한 편이다. 여름 평균기온은 32℃이며, 국민은 남동부 언어 혹은 투르크어의 분파인 차가타이어를 사용하는 이슬람 민족인 우즈베크족이 전인구의 7/10 이상을 차지하고 있다.

경제적 측면으로 우즈베키스탄은 중앙아시아의 주요 면화 재배국이며 세계 최대의 면화 생산국이다(목화). 카라쿨양 사육과 양잠업 또한 중요하며, 이외에 목축 및 멜론·포도 등 다양한 과일·야채 재배가 농업의 나머지 부분을 이룬다. 또한 천연가스의 주요 생산국이자 수출국이며, 상당량의 석유·석탄과 다양한 금속 광물이 매장되어 있다. 화학 산업은 우즈베키스탄의 면화 산업과 밀접한 관련이 있어 목화밭에 필요한 비료를 생산하는 한편, 면화 가공의 부산물과 폐기물로 여러 가지 화학제품을 생산한다.

'국경없는 기자회'의 2013년 언론자유지수에서 179개 국가들 가운데 우즈베키스탄은 164위를 차지했다. 또한 매년 6월 미국국무성에서 발행하는 '세계인신매매보고서(GTIP report)'에 따르면 2013년에 우즈베키스탄은 그 순위가 2등급에서 3등급으로 강등되었다. 우즈베키스탄은 아동과 성인에 대한 강제노동 및 인신매매의 정보출처가 있는 국가로 분류되어 왔다.

2) 역사와 문화

우즈베키스탄은 과거 실크로드의 십자로와 중간기착지로서 동서양의 우수한 문물과 문화가 이곳을 통해 이동했다. 우즈베키스탄은 중앙아시아에서 유일하게 오아시스 농경문화를 발전시킨 곳이기 때문에 많은 이민족이 차지하고 싶어 한 지역이기도 하다. 실제 이곳은 중앙아시아와 인접해 있는 고대 페르시아의 아케메니드(Achaemenids) 왕조를 시작으로, 그리스의 알렉산더 대왕, 아랍, 투르크계 민족들, 몽골, 러시아 등의 침략과 지배를 받았다. 그리고 이들은 자신이 가지고 있던 문화를 이곳에 이식시키며 통치했는데, 우즈베키스탄이 자랑하고 있는 대부분의 전통 음식들은 이들의 영향을 받았다고 할 수 있다.

음식으로는 알렉산드로스 대왕이 정복해서 만든 야외의 볶음밥인 쁠롭이 유명하다고 한다. 우즈베크어로는 '오쉬(osh)'라고 한다.

이 나라의 예절에는 다음과 같은 것들이 있다. 문을 사이에 두고 악수하지 않는다. 이는 절교를 의미하기 때문이라고 한다. 또한 실내에서 모자를 쓰거나 신발을 신는다. 머리 고기는 연장자에게 준다고 한다. 또한 굉장히 관료주의적이어서 어떤 일을 할 때마다 서류가 너무 많이 필요하며 시간도 오래 걸린다.

우즈베키스탄에서는 초등학교가 4년, 중학교가 5년, 고등학교가 2년이다. 따라서 우즈베키스탄에는 고3이 없고 고2가 곧 고등학교 졸업반이 된다. 이 나라의 대학 1학년생의 나이는 한국에서 고3에 해당한다.

키르키스스탄 만큼은 아니지만 우즈베키스탄도 알라 카추라는 유구한 풍습이 전해져 오고 있다. 합의 하에 여자를 납치해 결혼하는 납치혼 풍습이다. 유목민 시절의 약탈혼 관습과 중동 문화의 가부장적 의식을 배경으로 등장하였다.

문화적 경향에 따른 차이 Tip

Tip 1. 문화

우즈베키스탄의 부카레, 키바, 사마르칸트에는 전 세계적으로 희귀한 대담하고 아름다운 이슬람교 건물이 있다. 사원, 첨탑 등의 건축은 티무르인 시대까지 거슬러 올라간다. 민속 예술은 반유목민생활로 인하여 옷감, 무기, 보석, 직조, 자수, 모피 등과 같은 운반 가능한 것이 많이 발달하였다.

Tip 2. 전통의상

남자들은 옛날부터 넉넉한 바지 위에 허벅지까지 긴 셔츠인 쿠일락(kuylak)을 입고 그 위에 초폰(chopon)이라는 외투를 걸쳤으며 돕프(doppi)라는 모자를 썼다. 여자들은 넉넉한 바지와 일자형 원피스를 입고 무르삭(mursak) 또는 캄줄(kamzul)이라는 외투를 입었다. 여름에도 초폰을 입는 이유는 강렬한 햇빛으로부터 피부를 보호하기 위해서이며 옛날에는 초폰을 통해 그 사람이 속한 부족, 신분, 사는 곳, 직업 등을 알 수 있었다고 한다. 초폰은 오늘날에도 즐겨 입는 옷이며 결혼식, 장례식 등 중요한 의식이 있을 때 반드시 입는다.

Tip 3. 식(食) 문화

대표음식은 오쉬(osh)라는 볶음밥이다. 쌀과 양고기, 소고기, 당근, 양파, 마늘, 콩 등과 함께 섞어 기름에 볶아 지름이 30cm 정도 되는 넓은 접시인 랴간(lagan)에 담아 식탁에 올리고 손님들과 함께 먹는다. 오쉬를 먹을 때는 토마토, 양파를 소금과 고춧가루 등으로 양념한 샐러드인 아칙추축(achchig chuchuk)을 곁들여 먹기도 한다.

또한 밀가루를 반죽하여 탄디르(tandir)라는 진흙 화덕에 둥글고 납작하게 구워 낸 빵인 논(non)을 즐겨 먹는데 겉은 바삭하고 속은 부드러워 맛이 일품이다. 논의 종류는 밀가루, 물, 효모만 섞어 구운 것, 우유와 버터로 반죽한 것, 향이 나는 풀로 만든 것 등 다양하다. 논을 먹을 때는 절대로 칼로 잘라서는 안 되며 손으로 뜯어 먹어야 하고 자른 빵은 모양이 있는 앞면이 위로 보이도록 해야 한다.

Tip 4. 주거 문화

우즈베키스탄은 초원지대가 많아 오래 전부터 유목문화가 발달하였다. 계절에 따라 그들이 기르는 동물들과 함께 옮겨 다니며 살았던 천막형태의 이동식 가옥인 오토브(o'tov)에서 생활한다. 또한, 아무강과 시르강 주변지역은 농경문화가 발달하여 마할라(mahalla)라는 단독주택들로 형성된 전통마을을 이루며 살았다. 마할라의 주택들은 구불구불한 골목길 양쪽으로 쭉 늘어서 있고 높은 담으로 둘러져 있다.

8 인도네시아

1) 다문화 정책과 현황

인도네시아의 수도는 자카르타이며, 인구는 2억 4천여 명이다. 남중국해와 인도양 및 태평양이 교차하는 동남아시아의 적도를 따라 남북으로 크고 작은 섬으로 이루어 진 인도네시아는 세계 최대의 도서 국가이다. 2008년 인도네시아 정부 자료에 따르면 섬의 숫자는 17,508개이고, 이 중 6,000여 개의 섬에 사람들이 거주하고 있다. 한반도의 9배, 대한민국의 약 20배에 해당되는 약 192만 km²의 국토는 세계에서 16번째로 큰 면적에 해당한다.

동서간의 거리는 5,120km로 서울에서 인도네시아의 수도인 자카르타에 이르는 거리와 비슷하고, 남북간 거리는 1,888km이다. 가장 큰 면적을 가진 섬은 깔리만딴(약 54만km²) 이며 그 다음으로 수마트라(약 47만km²), 빠뿌아(약 42만km²), 술라웨시(약 19만km²), 그리고 인도네시아 인구의 약 60%가 거주하고 있는 자바(약 13만km²)이다. 깔리만딴은 보르네오섬의 대부분을 차지하는 지역으로 북부는 말레이시아(Malaysia)의 사바(Sabah)와 사라왁(Sarawak)주와 국경을 이루고 있고, 이슬람교의 술탄이 통치하는 브루나이(Brunei)도 위치하고 있다. 빠뿌아섬은 파푸아뉴기니와 접해 있으며, 티모르섬의 동부에는 2002년 인도네시아로부터 분리 독립한 동티모르(Timor Leste)가 위치하고 있다. 해상으로 인접해 있는 나라들은 싱가포르, 말레이시아, 필리핀, 태국, 베트남, 호주 등이다.

환태평양 조산대에 속해 있는 인도네시아에는 2012년 현재 대략 127개의 활화산이 있으며, 끄라까따우(Krakatau)는 1883년 세계적 대재앙을 가져온 화산으로 유명하다. 최근에도 대규모 자연재해가 빈번하게 보고되고 있으며, 2004년 아쩨 지역과 2006년 중부자바의 족자까르따 지역에서 각각 해일과 지진이 발생하였다.

2010년에는 중부자바에 위치한 구눙 머라삐(Gunung Merapi) 화산도 폭발한 바 있다. 화산폭발은 많은 인명 피해를 가져왔지만 동시에 비옥한 화산재를 공급함으로써 농업 발달에 유리한 환경을 형성하는 요인이기도 하다. 기후는 고온 다습한 열대성 해양기후에 속하며 연평균 기온은 26~30℃이다. 강우량은 저지대의 경우 연평균 1,800~3,200mm이며, 고지대의 경우 6,000mm에 이른다. 계절은 크게 건기와 우기로 구분되며, 적도 이남의 경우 건기는 보통 4~9월, 우기는 10~3월이지만, 최근의 기후변화에 따라 건기 및 우기의 시작이 보다 더 불규칙적이 되었다.

인도네시아는 한국의 대외국인 직접투자에서 동남아시아 국가들 중 베트남에 이에 2위를 지속적으로 유지하고 있으며, 2억 4천만의 인구, 인도네시아 정부의 강력한 IT정책과 IT산업의 급속한 발전 등 자본과 기술에서 우위에 있는 한국기업들에 매우 매력적이고, 상호보완적인 경제협력 대상국이다.

인도네시아는 300여 종족으로 구성된 다종족국가로 문화적, 지역적, 종교적인 균열 상황에 놓여 있다. 인구의 다수를 차지하고 있는 자바족의 정치적 우위는 타종족과의 심각한 대립과 갈등을 초래했다. 과거 권위주의 정권하에서 억제되어 있던 종족 간 정치적, 경제적, 사회적 격차에 따른 갈등은 민주화 이후 강력하게 표출되고 있다.

한국과의 관계로 인도네시아는 남북한 동시수교국이다. 남북한의 상주공관이 설치되어 있다. 한국과는 1973년 9월에, 북한과는 1964년 4월에 국교관계가 성립되었다. 1981년 7월 전두환 대통령이 인도네시아를 방문한 데 이어 이듬해 10월 대통령 수하르토가 한국을 방문함으로써 자원개발을 비롯한 양국의 협력관계가 확대되었다. 2000년 11월 김대중 대통령이 인도네시아를 국빈방문하고, 2000년 2월과 10월에 인도네시아 와히드 대통령이 방한하는 등 정상외교를 통해 양국 간의 유대관계가 강화·발전되고 있다.

양국 간에 체결된 협정은 경제 및 기술협력과 통상증진에 관한 협정(1971), 임업협정(1987), 항공협정(1989), 이중과세방지협정(1989), 투자보장협정(1991), 법무자료교환협정(1996), 대외경제 협력기금(EDCF) 협정(1997), 건설협력약정(1999), 범죄인 인도협정 및 문화협정(2000) 등이다. 1970년대 이후 한국 건설업체의 진출로 마두라 유전개발 등을 비롯하여 민간차원의 협력이 강화되고 있다.

2) 역사와 문화

인도네시아 국가 표어로 '비네까 뚱갈 이까(Bineka Tunggal Ika)'라는 말이 있다. 이는 자바 고어로 '다양성 속의 통일'을 의미하고 있다. 종족적, 종교적, 언어적 다양성으로 인해 인도네시아 전체에 적용될 수 있을 문화적 특성을 간단히 정리하기가 쉽지 않다는 것을 반증하고 있기도 하다. 인도네시아의 종교는 세계에서 가장 큰 이슬람국가(총인구 87%)이며, 기독교 9%, 불교 1%, 힌두교 등의 순이다.

열대성 기후 풍요한 식생활과 지하자원이 풍부하고 광활한 영토 등으로 온순하고 여유롭다. 좋고 싫음을 명확히 표시하지 않고 매사 긍정적으로 말하며, 의심이 없고 모든 것은 신에 의해 존재하는 것이라 믿으며, 모든 것을 수용하려는 입장을 보인다. 비교적 개방된 이슬람사회로 여성의 사회참여가 보장되어 있고, 경제발전에 따라 사회진출이 더 활발해지고 있다.

악수나 물건 주고받을 때 오른손 또는 두 손을 사용하고, 왼손 사용은 불경시 여겨진다. 왼손은 화장실 이용 등 사용하기 때문이다. 상대를 존중하면서 감정 없는 표현과 사려 깊은 판단을 하는 것이 특징이다. 자바인이 전체 인구의 약 60% 차지하고 있고, 대통령 등 사회지도층을 가장 많이 배출하였다. 머리는 영혼의 그릇이고 왼손으로 머리 만지는 것 금기이다. 하루 5번 알라신 향해 기도하고, 라마단 기간 중에는 금식은 물론이고 부부 생활까지도 자제한다. 생활언어를 살펴보면 '슬라맛빠기(아침)–안녕하세요!', '떠리마까시–고맙습니다', '띠닥 아빠 아빠–괜찮아요', '바구스–좋아요', '사낏 아빠–어디 아파요!', '짜뻬 야–피곤해요' 등이 있다.

문화적 경향에 따른 차이 Tip

Tip 1. 문화

특유의 와양(wayang; 그림자극)·가믈란음악(gamelan)·무용을 비롯하여 고전문학도 모두 그 영향 아래 발전해 왔다. 이들 대부분은 조령숭배(祖靈崇拜) 등의 신비주의와 결브되어 인도문화가 유입되기 전부터 인도네시아 지역에 있었던 것이지만 인도문화가 가미됨으로써 그 내용이나 표현방법이 한층 풍요롭고 완전한 것으로 발전하였다.

Tip 2. 음식의 문화적 특징

인도 상인이 향신료 거래를 하기 위하여 인도네시아에 들어와 힌두교 및 남방불교를 전파시켰는데, 이때 상인들은 농업기술을 이들에게 가르쳤고 동시에 코코넛밀크의 사용 및 카레 음식문화를 전파시켰다. 또한 중국 상인과 무역으로 채식주의가 성행하였으며, 중국 음식 만드는 기술이 전파되어 튀김 조리법이 시작되었다. 오늘날에는 인도네시아의 큰 비중을 차지하고 있다.

Tip 3. 식습관 및 조리법의 특징
옛부터 다양하고 싱싱한 향신료가 생산되며 특히 붉은 고추의 사용이 두드러져 붉은 고추를 갈아 만든 'samble sauce'를 즐겨 먹으며, 밥을 짓는 것에서부터 시작하여 거의 모든 음식에 coconut milk가 다양하게 사용되고 있다. 또한 볶거나 튀긴 음식은 쉽게 변질되지 않는다고 믿어 'goreng'이라 불리는 튀김, 볶음 음식이 많으며 palm oil 등이 풍부하게 생산되기 때문에 많은 요리에 이용되고 있다. 인도네시아인은 뜨거운 음식을 싫어하여 음식을 조리한 후 바로 먹지 않고 항상 미리 상차림 해 놓는 관습이 있다. 이는 기후 때문에 생겨난 것이기도 하다.

9 몽골

1) 다문화 정책과 현황

몽골의 수도는 울란바타르이며, 인구는 275만 명 정도이다. 중국의 북쪽, 러시아의 남쪽에 위치한 동아시아의 내륙국, 중앙아시아로 분류된다. 내륙국가로 바다와는 아주 멀리 떨어져 있어 건조하고 일교차가 큰 극단적인 대륙성 기후를 띤다. 또한 고지대에 위치해 있어서 한랭하다. 최고봉 후이텡 봉은 4,374m에 달하며 최저점도 518m로, 국토 평균 고도는 1,580m, 수도 울란바토르도 해발 1,350m에 위치해 있다.

서쪽 끝 중국, 러시아, 카자흐스탄과의 접경지역에 매우 높은 알타이 산맥이 존재하며, 중부에는 비교적 낮은 항가이 산맥이 존재한다. 남동부는 낮고 평평하지만 거의 전 지역이 사막으로 덮여 있는데 그 유명한 고비 사막이다. 사막 외곽엔 초원이 있으며 북부 지역엔 숲도 있다.

기후는 몽골 전 지역이 차이가 있지만 대체로 건조하고 연교차가 극단적으로 크며 겨울이 추운데, 서북쪽으로 갈수록 연교차가 커지고 남쪽으로 갈수록 건조해진다. 몽골 서부 올랑검은 1월(−32.1℃)과 7월(18.9℃) 평균 기온의 차이가 51℃에 이르며, 동부 처이발상도 1월(−20.5℃)과 7월(19.8℃) 기온 차이가 40℃에 달한다.

아직 개발되지 않은 초원과 사막이 중심인 국토 지형과 소수지만 존재하는 유목민들을 생각해보면 그리 이상한 이야기는 아닐 듯하다. 대신 공업기술과 생산력이 부족해서 거의 수입에 의존한다.

출산율이 2명대 중반수준을 기록하고 있다 보니 인구 증가율 자체는 상당한 편이고 고령화 진행 속도가 상대적으로 더딘 편이다. 2015년 1월에는 300만 명을 돌파하였고, 전체 인구수는 매우 작지만, 각종 통계자료를 보면 21세기 후반에는 400만 명을 돌파할 것으로 예상되고 있다. 이는 저출산 고령화사회로 심각한 사회문제를 야기하는 우리나라에서 살펴볼 만한 내용으로 사료된다.

교육은 소련이 존재하던 시기에 몽골에서는 소련의 막대한 지원에 따라 국토 전역에 초등학교가 설립되었다. 하지만 몽골 특유의 유목생활로 인해 취학률은 70%를 넘지 못했고 90년대 중반부터는 일부 초등학교에 기숙사를 설치해서 학생들을 취학시키기 위해 노력하고 있다. 중등교육은 거점(각 주에 2~4개교)에 설치하여 기숙학교 형식으로 운영하고 있으며, 초등학교를 졸업한 학생들 중에서 시험을 통해 입학생을 받는다. 몽골 내에서는 중등학교를 졸업하면 상당한 고학력자로 인정 받기 때문에 지방 관청이나 기업체에 취직하는데 큰 어려움을 겪지 않는다. 몽골의 대학들은 수도인 울란바토르에만 있으며, 전부 국립대학 형식으로 운영되고 있다. 대표적인 대학으로 1942년 소련 당국에 의해 설립된 국립종합대학(National University)이 있다.

한국은 정부개발원조(ODA) 지원 강화를 통해 경제개발 초기단계부터 개발파트너십을 강화하는 전략이 필요하다. 지식 및 인적 교류사업 확대, 특히 지식이전을 통해 몽골의 경제개발에 도움을 줄 수 있으며 더 나아가 북한의 개혁·개방에 대비한 유사경험도 축적할 수 있을 것이다. 따라서 한국은 몽골에 해외투자 등을 통해 보다 적극적으로 경제협력을 할 필요가 있다. 이는 최근 들어 더욱 심도 깊게 논의되고 있는 동북아지역 경제협력에서 한국의 입지와 역할을 더욱 키울 수 있을 것이기 때문이다.

2) 역사와 문화

몽골의 역사와 전통문화를 살펴보면 다음과 같다.

몽골어로 한국을 '솔롱고스(Солонгос)'라 부르는데, 이 단어의 유래가 무엇인지에 대한 정설은 없다. 단순히 직역하자면 '무지개의 나라'라는 뜻이 되지만, 보통은 '신라'를 음차한 것으로 보고 있다.

문화특성으로 가축들과의 자유로운 이동, 광활한 땅, 기후조건 등이 어우러져 바른 적응력, 자유로운 사고, 개방성 등을 자연스럽게 체득한다. 몽골인들은 불을 신성시 여기며, 때문에 게르 안에 있는 화로에 물을 붓거나, 화로를 넘어가서는 안 된다.

몽골인은 독립심이 강하고 순박하며 느긋한 성격에 낙천적으로 한번 시작하면 끝까지 하는 강한 의지와 성실함이 장점이다. 인사를 할 때 남녀노소 구별 없이 악수로 인사하며 사람을 사귀는 것 좋아한다. 특히 본인 나이에서 10살 위아래는 친구라고 생각하기도 한다.

다른 사람이 머리 만지는 것 굉장히 싫어 하며, 발을 밟거나 치는 것을 '싸우자'라는 의미로 생각한다. 발이 부딪혔을 때 악수를 청해 사과하여야 한다. 모계 중심 사회라 가정에 여성의 발언권이 강하며, 결혼 후에도 친정과 시댁 어른들을 동등하게 모신다.

무엇인가를 가리킬 때 손바닥 펴서 해야 하고, 둘째손가락을 사용해 가리키면 상대를 해치겠다는 뜻으로 상당히 무례한 행동이다. 뜨거운 차를 즐겨 마시고, 하루에 한번 육류를 먹는다. 생선을 산채로 먹는 것에는 거부감이 크다.

생활언어를 살펴보면 '센베노–안녕하세요', '바야를라–고맙습니다', '주게레–괜찮아요', '새앵 새앵–좋아요', '바이비예 업더쯔 배노?–어디 아파요', '야따르쯔 배노–피곤해요' 등이 있다.

문화적 경향에 따른 차이 Tip

Tip 1. 문화적 특징

몽골의 문화생활은 수백 년 동안 내려온 전통과 새로 나타나고 있는 근대적 요소가 섞여 있다. 몽골의 전통축제 가운데 가장 유명한 것은 해마다 건국기념일인 7월 11일에 시작되는 나담 축제이다. 이 축제에서는 남자들을 위한 씨름·활쏘기·경마 등 3가지 경기를 벌인다. 몽골의 전통 문학에는 영웅서사시·전설·옛날이야기·유롤(행운을 비는 시)·마그탈(찬미하는 시) 등이 있다. 20세기 작가로는 다쉬도르진 나차고르즈와 G. 나반남질이 있다. 공연예술 분야에서는 국립극단·오페라단·발레단이 전통 및 고전 연극과 오페라·발레를 공연한다.

Tip 2. 음식 문화

우리에게 친숙한 요리로는 우리의 전골과 비슷하고, 일본에서는 샤브샤브로 불리기도 하는 징기스칸이다. 하지만 몽골 국민의 주식는 자연 그대로의 음식을 즐긴다는 표현이 맞을 것이다. 전 국민의 70% 정도가 가축을 키우며 유목생활을 하기 때문이다.

Tip 3. 몽골의 축제

'나담(natham)'이라는 말은 몽골어로 '여가, 경기'를 의미한다. 무엇보다도 나담 축제는 남자로써 갖추어야 할 기본 기술인 승마, 레슬링, 궁술 등을 다투는 중요한 기회이다. 동시에 사람들은 이 축제를 경제적 교역이나 물물 교환의 기회로 이용한다.

Chapter 4

다문화와 간호

학습목표

1. 다문화간호 이론을 설명할 수 있다.
2. 문화적 역량의 개념과 구성요소를 이해할 수 있다.
3. 문화적 다양성에 따른 간호를 이해할 수 있다.
4. 문화적 특성에 따른 간호 중재를 적용할 수 있다.
5. 의사소통의 개념을 이해할 수 있다.
6. 간호상황에 필요한 의사소통을 적용할 수 있다.
7. 다문화가정의 의사소통 중요성을 이해할 수 있다.
8. 지역사회 다문화 구성원의 건강상태를 설명할 수 있다.
9. 지역사회 다문화 구성원의 건강·간호 전략을 제시할 수 있다.
10. 다문화가족의 건강에 대해 이해하고 설명할 수 있다.
    - 다문화가정자녀의 문화적응과 건강관리를 이해하고 설명할 수 있다.
    - 외국인 근로자, 북한이탈주민, 불변처류자의 문화적응과 건강관리에 대하여 이해하고 설명할 수 있다.
    - 문화적응과 건강관리에 대한 실제사례들을 살펴보고 그 문제점과 해결책에 대하여 토의할 수 있다.

1 다문화간호

1) 문화간호의 배경

다양한 의료 환경과 과학기술의 빠른 변화로 컴퓨터를 통한 과중한 문서업무를 하다 보면 실제로 환자나 대상자들과 상호작용할 시간은 점점 줄어드는 추세이나 세계화나 국내 사회변화의 추세로 보아 대상자의 문화다양성은 점점 가속화될 전망이어서 이에 대한 대응이 필요한 시점이다.

모든 간호사가 만나는 환자나 대상자 개개인의 문화적 배경에 맞게 간호할 수 있는 역량을 가질 때 대상자들의 문화적 다양성을 인정해 줄 수 있다. 이에 따라 문화다양성에 대한 이해와 이에 대비한 문화역량을 기르는 것이 필수적인 시대가 되었다. 일찍이 우리보다 먼저 다문화사회를 경험했던 나라들의 문화간호에 대한 언급을 살펴보자. 영국의 전문간호사 실무강령에는 '개개 환자와 대상자의 독자성과 위엄을 인정하고 존중하며 인종, 종교적 신념, 개인적 속성, 그리고 그들 건강문제나 다른 요인들이 무엇이든 그들의 간호요구에 따라야 한다'고 되어 있다. 호주전문직실무강령에는 '간호사는 간호와 처치를 받는 사람들과 동료들의 존엄성, 문화, 종족, 가치 및 신념들을 존중해야 한다'고 되어 있다. 우리 간호실무와 교육을 전해준 미국은 합중국으로, 우리나라의 다문화사회 현상과는 다르지만 문화다양성에 대한 경험과 그에 대한 연구들은 단연 우리나라보다 많다.

미국간호사회 산하의 '간호실무에서의 문화다양성의회'에서는 1991년 '간호실무에서의 문화다양성(cultural diversity in nursing practice)'에 대한 성명서를 발표한 후 1998년에는 '건강관리에서의 차별과 인종차별(discrimination and racism in health care)'에 대한 성명서를 발표하였다. 여기에서 문화란 다양한 집단들에 대한 신념체계를 아우르는 넓은 개념으로, 이미 습득한 행위패턴들과 전해 내려온 상징물들로 구성되어 있으며, 인간들이 만들어낸 독특한 업적과 고고학적 자료에 나타난 것들도 포함한다. 문화의 가장 필수적인 핵심은 역사적으로 이어오고 선택된 아이디어들과 그것들에 부과된 특별한 가치들이다. 또한 문화는 사람들의 인식과 해석, 그리고 행위들에 영향을 끼치는 매우 중요한 요인이기에 건강을 정의하고 간호계획을 수립할 때 문화적 차이를 고려하는 것이 중요하며 교차문화적인 비교도 할 수 있어야 한다고 하였다. 결국 미국간호사회에서 문화간호는 곧 간호대상자들의 문화다양성을 얼마나 포용할 수 있는가에 있다고 보았다. 여기서 문화다양성이란 서로 공유하는 이데올로기와 신념, 규범, 풍습 그리고 생활양식에서 볼 수 있는 사람들 간의 차이를 말한다. 문화적인 측면에서 가치란 어떤 집단의 아이디어나 행위, 또는 풍습이나 제도를 바람직하고 유용하며 가치 있고 중요하다고 생각하는 것으로, 자신들의 문화가 최상이며 옳고 도덕적이고 유일한 삶의 방식이라고 생각하는 것이다. 이런 신념은 설득적이고 때로는 무의식적이어서 건강관리를 포함한 모든 일상생활에서 드러나게 되며, 이로 인해 다양한 문화집단으로 이뤄진 간호사와 대상자들 간에 문제가 생기게 된다.

문화다양성은 대개 개인과 조직으로 구분하기도 하지만 개인 차원을 세분하여 세 가지 측면, 즉 인종, 성별과 연령, 결혼상태, 가족상태 등과 같은 인간 다양성(human diversity)과 신념, 태도, 가치, 종교, 성격특성, 생활양식이나 의사소통 양식 등과 같은 개인차원의 문화적 다양성(cultural diversity), 그리고 팀워크, 임파워먼트, 교육 등과 같은 체계의 다양성(systems diversity)으로 구분하기도 한다.

문화다양성에 대한 지식은 간호실무의 모든 단계에서 매우 중요한 문제이며, 건강관리에서 문화가 상호작용에 어떤 영향을 미치는지에 대한 지식은 임상에서 일하든지, 교육이나 연구 또는 행정 분야에서 일하든지 간호사에게는 필수적이다. 문화다양성에 대한 지식과 기술이 어느 정도인가에 따라 건강관리전달체계를 강화 내지는 확장시킬 수 있다. 질환과 안녕, 그리고 치료에 대한 개념들은 문화에 대한 관점과 세계관에 따라 변화해가는데, 이는 전체 문화신념체계의 일부이기 때문이다. 미국간호사회에서는 문화간호를 실천하려는 간호사는 다음 사항들을 이해할 필요가 있다고 하였다.

① 각각의 문화집단들은 삶의 과정(life processes)을 어떻게 이해하고 있는가?
② 그들은 건강과 질병을 어떻게 정의하고 있는가?
③ 그들은 건강을 유지하기 위하여 무엇을 하는가?
④ 그들은 질환의 원인이 무엇이라고 믿고 있는가?
⑤ 전통적인 요법사(healer)들은 사람들을 어떻게 치유·치료를 하는가?
⑥ 간호사의 문화적 배경은 간호제공방식에 어떤 영향을 미치는가?

또한 미국간호사회에서는 간호사는 개별 대상자에게 영향을 주는 특별한 문화적 요소들을 염두에 두는 것이 중요하다고 밝히면서 간호실무와 교육 및 연구 분야에서 문화다양성에 관련된 활동들을 다음과 같이 제시하였다.

- 간호실무: 간호사들이 실무에 임할 때는 자신들의 개인적인 문화유산은 물론 간호교육에서 배운 문화적, 철학적인 견해들도 나타나게 된다. 그러기에 '간호사-환자 만남(nurse-patient encounters)'에서 3가지 문화체계, 즉 간호사의 문화, 대상자의 문화, 그 환경에 대한 문화가 상호작용한다는 것을 이해할 때 간호서비스의 질이 향상될

수 있다. 임상실무에서 문화적으로 민감한(culturally sensitive) 간호를 개발하고 실천하려면 문화다양성에 대한 지식을 활용할 수 있어야 한다. 간호사정을 하고 대상자의 옹호자로서 역할을 하려면 문화다양성을 인식하고 문화적 지식을 통합하며, 문화적으로 적절한 매너로 행동하는 것이 분명히 효과적이다.

- 간호교육: 모든 간호교육과정에는 다양한 건강관리 신념과 가치들 그리고 관행들에 대한 관련 정보들을 반드시 포함시켜야 하며 이를 통해 간호학생들은 신체적, 정신사회적인 요소들과 같이 문화신념과 관행들도 간호과정 속에 중요한 부분으로 제시할 수 있다. 또한 간호학생의 문화역량과 문화자기효능감은 타 교과에 통합해 일부 가르치거나 비간호교과로 할 때보다는 간호교육과정에 정규교과로 교육했을 때 문화역량 수준에 영향을 준다.
- 간호행정: 간호행정가들은 다양한 문화신념에 잘 적응할 수 있는 접근방법을 강화할 수 있는 정책과 절차를 발전시켜가야 하며, 서비스 제공자와 소비자 간 문화의 다양성에 대해 이해하고 민감할 필요가 있다.
- 간호연구: 간호연구자들이 연구 질문들을 찾기 위해서는 교차문화적인 지식체(cross-cultural body of knowledge)를 잘 활용할 필요가 있다.

이상과 같이 미국간호사회에서는 문화간호에 관련된 용어의 의미를 분명히 밝히고 간호사가 문화간호를 실천하기 위해서는 여러 측면에서의 다양성에 대한 폭넓은 이해와 이에 대응하는 기술이 필요함을 밝혔다.

2) 문화와 간호의 관계

문화는 사회 구성원의 인지, 판단, 의사소통 등 행위에 영향을 디치는 가치체계이므로 정치적, 경제적 구조를 이루는 동시에 가족이나 학교, 건강관리체계와 같은 제도의 기초를 이루고 있다. 또한 문화는 그 문화에 따라 건강과 질병에 대한 독특한 반응이 나타나게 되며, 이처럼 건강이나 건강관리체계는 하나의 문화 요소이자 문화 현상이라 할 수 있기 때문에 문화적 접근을 적용해야 그 근원을 심층적으로 이해할 수 있다.

간호학의 문화적 접근은 돌봄에 초점을 두고, 돌봄의 수혜자와 제공자 모두의 건강과 질병에 대한 이해를 바탕으로 사회 규범에 맞는 정서, 행위, 가치가 서로 상호교환되는 과정 속에서 이루어지는 것이 바람직하다.

문화적 접근에서 건강관리체계는 건강과 질병에 관한 관념은 물론 질병행위, 치료관행,

건강관리제도를 총망라하는 포괄적인 의미를 지닌다. 문화는 집단의 일상생활을 구성하는 일련의 상호 연관된 인지적 틀로서 건강 행위에 직접 영향을 미치기도 하고, 질병의 자연사에 따른 행위에 영향을 미치고 조절하는 매개체의 역할을 한다. 그러므로 건강과 건강관리에 대한 문화적 접근을 보다 근본적으로 광범위하게 이해하여야 하며, 그 특성상 간호학, 의료인류학, 건강심리학 등의 분야에서 포괄적으로 접근하여야 한다.

문화적 맥락 속에서 건강과 질병을 이해하고자 하는 노력은 인류학에서부터 시작하여 의료인류학과 응용인류학의 순으로 이어졌다. 1960년대 이전의 인류학자들은 상징적이고 종교적인 관점에서 마술이나 샤먼과 같은 주술적인 치료자로서의 치료의례에 초점을 두고 있다. 1970년대 이후부터 간호학에서 문화적 접근을 적용한 연구자들이 많아지면서 주요 관심이 의학적인 문제가 아닌 환자에게 초점을 두고, 가족과 문화의 맥락 속에서 환자의 관점을 중시하게 되었다. 또한 1980년대부터는 간호대학의 주 교과과정에 인류학과 문화적 역량이 도입되었다. 이는 간호학적인 측면에서 간호사는 각 개인의 문화적 맥락 속에서 건강과 질병의 개념을 이해하고 관찰자, 연구자, 실무자로서의 역할을 하게 되었으며 실제 임상상황에서 간호중재의 효과를 높이기도 하였다. 이에 기여한 학자 중 특히 Leininger는 횡문화간호를 주장하였고, 횡문화간호는 '치료, 건강, 환자의 유형 등 전반적인 비교 문화에 초점을 둔 공적인 연구와 임상 분야이며, 문화적 가치관·신념·관습의 다름과 유사함을 존중하고, 다양한 인구 집단에게 문화적으로 적절하고 민감하게 반응하는 실력을 갖추고 간호를 하는 것'이라고 정의하였다.

Leininger는 다문화간호를 확립하는 데 영향을 준 8개의 요인을 언급하였다.

① 전 세계적으로 국내의, 그리고 국가 간의 이주민이 현저하게 증가하고 있다. 우리 국가와 세계 인구를 특정 짓는 다양성이 증가하기 때문에 다문화간호가 필요하다. 광범위한 의미로 볼 때, 다양성이란 민족, 민족성, 국가의 기원, 종교, 연령, 성별, 성 지향성(sexual orientation), 능력 또는 무능력, 사회적 및 경제적 지위 또는 계급 및 교육의 차이를 말하며 사회에 있는 사람들의 그룹 속성과 관련된다.

② 사람들은 간호사와 다른 건강관리 제공자들에 의해서 그들의 문화적 신념, 가치 및 생활양식이 이해되고 존중받기를 기대하면서 다문화적 정체성이 발생하였다.

③ 건강관리 기술 사용이 증가하면서 때때로 대상자들의 문화적 가치와 갈등을 일으키고 있다. 예를 들어 아미시(Amish)는 무호흡 모니터기, 정맥 펌프와 그 외에 가정에서 건강관리 장비의 사용을 금지한다.

④ 많은 문화들이 서로 상호작용을 하면서, 건강관리에 영향을 주는 문화적 갈등, 충돌

및 폭력 등이 전국적으로 일어나고 있다.

⑤ 세계의 많은 지역에서 여행을 하거나 일을 하는 사람들의 수가 증가하고 있다.

⑥ 건강관리 실무에서 문화적 갈등, 태만, 무지 및 남용으로 인한 법적 소송이 증가하고 있다.

⑦ 여성과 아이들의 욕구를 충족시키기 위한 건강관리 체계에서 새로운 요구와 함께 여성주의 및 성(gender)적인 이슈가 증가하고 있다.

⑧ 다양한 환경적 맥락에서 문화적인 근거가 있는 건강관리 서비스와 지역사회에 대한 요구가 증가하고 있다.

3) Leininger의 문화간호이론

Leininger가 1950년대 중반 아동교육기관에서 일하면서 문화적 요인이 아동의 행동에 많은 영향을 미치는 데 반해, 간호사들의 간호진단과 간호수행에서 문화적 요인을 고려하지 않아 아동들에게 적합한 도움을 주지 못하는 것을 알게 되었다. 문화간호이론은 아동교육기관의 직원들이 환자의 치료와 진단에서 문화적 요인에 관심이 별로 없어 그 당시 정신분석적 이론들과 치료전략은 아동의 문화적인 행동과 욕구에 부합되지 않는다는 것을 확인하면서 개발되었다.

Leininger의 문화간호이론은 인류학적 관점과 간호학적 관점으로부터 도출되었지만 인간 돌봄의 조망에서 횡문화적 간호로 재구성되었다. Leininger는 횡문화적 간호를 세계 다양한 문화와 그 하위문화들의 돌봄 가치, 표현, 그리고 건강-질병 신념과 행위 유형을 인정하면서 간호의 주요 영역으로 규정하였다. 또한 Leininger는 인간이 다문화적 세상에 살고 있기 때문에 횡문화적 간호는 중요하고 타당하며 공식적인 연구 분야 중 하나이므로 인간을 내부자(emic) 관점에서 연구하거나 지역적 지식과 경험, 그리고 질적인 연구방법인 민속간호연구방법 사용의 중요성을 강조하였다.

(1) 문화간호이론의 논리적 형태

Leininger는 이론의 본질적인 구성요소를 설명하기 위하여 1970년대에 이론의 핵심적인 요소를 묘사한 '해돋이 돌봄 수행자(Sunrise Care Enabler)' 모델을 개발하였다. Leininger는 해돋이 모델(the Sunrise Model)을 현재의 상태로 수정하였으며, 진화된 모형은 이론의 다양한 요소나 구성요소를 정확하게 연구하고 문화적으로 일치하는 임상사정을 위해 좀 더 창의적이고 가치가 있게 만들었다(그림 4-1).

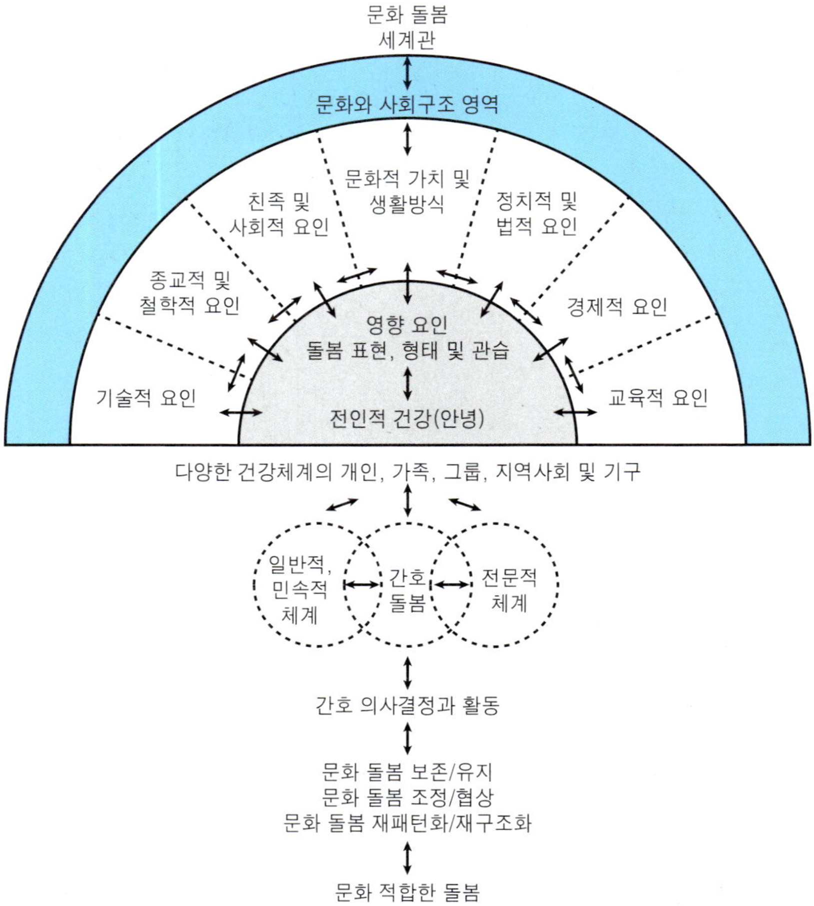

그림 4-1. 해돋이 모형(Leininger's Sunrise enabler to depict the Theory of Cultural Care Diversity and Universality). (출처: Leininger MM, McFarland MR. Culture care diversity and universality: A worldwide theory for nursing, 2nd ed. Sudbury, MA: Jones & Bartlett, Publishers; 2006, p.25)

해돋이 돌봄 수행자 모델은 해가 떠오르는 것(rising of the sun)을 상징한다. 위쪽의 반원은 언어와 민족역사, 환경을 통해서 간호와 건강에 영향을 주는 문화의 사회구조적 차원 및 세계관의 요인들을 묘사한다. 이 요인들은 모델의 중간부분에 있는 민속적(토속적) 돌봄, 전문적 돌봄, 간호실무에 영향을 주며, 이는 모형의 가운데에 위치하고 있다. 이 두 개의 반원이 모여 완전한 태양을 이루는데, 이는 간호사들이 인간의 간호와 건강을 이해하는 데 반드시 고려되어야 하는 우주를 표현한 것이다. Leininger는 간호행동은 문화적 돌봄의 보존과 유지, 문화적 돌봄의 조화와 협상, 그리고 문화적 돌봄의 재구성의 세 가지 형태의 간호활동을 통하여 민속 영역과 전문적 건강 체계 사이의 가교 역할을 한다고 주장하였다. 이 3가지 종류의 간호 돌봄과 의사결정, 그리고 활동은 이론에서 예견되었으며 그것은 문화적 돌봄의 보존 또는 유지, 문화 돌봄의 조정 또는 협상, 문화적 돌봄의 재패턴화와 재구성 등이다.

해돋이 모델은 인류를 문화적 배경과 사회적 구조적 차원, 세계관, 역사, 환경적 배경으로부터 분리될 수 없는 것으로 설명하고 있는데, 이것은 Leininger 이론의 기본주의이다. 이 이론의 중심적인 논제는 문화돌봄의 의미가 완전히 파악될 수 있으면 개인, 가족, 그리고 집단의 복지와 건강 관리가 예견될 수 있고 문화적으로 적절한 돌봄을 제공할 수 있다는 것이다.

(2) 문화간호이론의 주요 가정과 개념 정의

① 주요 가정

Leininger는 그 동안 문화간호이론 개발과 체계적인 연구, 문화간호 실무, 문화간호 연구를 자극하고 안내하기 위해 Leininger의 문화 다양성과 보편성의 문화 돌봄 이론을 뒷받침하는 주요 가정을 다음과 같이 제시하였다.

- 돌봄은 간호의 본질이며, 뚜렷하고 우월하며 중심적이고 통합적인 핵심이다.
- 문화적 기반의 돌보기(돌봄)란 인간의 성장, 생존 및 안녕을 위한, 그리고 죽음과 불구에 대처하고 극복하기 위한 필수요소이다.
- 문화간호는 간호 실무를 안내하기 위하여 간호 돌봄 현상을 알고, 이해, 설명, 해석, 예측하는 가장 광범위하고 총체적인 수단이다.
- 간호는 전 세계의 인류에 봉사하는 비교 문화적이고 인본주의적이며, 과학적인 돌봄 학문이자 전문직이다.
- 돌봄은 치료와 치유에 필수적이다. 따라서 돌봄이 없이 치료는 불가능하다.
- 문화 간의 개념, 돌봄의 의미, 표현, 유형, 과정 및 구조는 전 세계 모든 문화 사이에 유사한 특성과 각기 다른 특성을 지닌다.
- 모든 문화에는 민간 돌봄 지식과 관행이 있고, 문화에 따라 다양한 전문적 돌봄 지식과 관행이 있다.
- 문화적 돌봄 가치, 신념, 관행은 특정 문화의 세계관, 언어, 종교, 친족(사회), 정치(법), 교육, 경제, 기술, 민족사, 환경적 맥락에 영향을 받고 또한 그 안에 내재되어 있다.
- 유용하고 건전한, 그리고 만족스러운 문화간호는 환경적 맥락 내에서 개인, 가족, 집단, 지역사회의 안녕상태에 기여한다.
- 간호사가 문화간호의 가치, 표현, 유형을 잘 알고 개인이나 집단에게 이 지식을 적절하

고 유의미하게 활용해야만 문화에 일치하는 간호가 가능하다.

- 세계 도처에 전문직 돌봄 제공자와 대상자(민간 돌봄의 요구를 지닌) 간의 문화적 돌봄의 차이와 유사성이 존재한다.
- 문화적 갈등, 비이행, 스트레스, 윤리적 혹은 도덕적 문제의 징후를 보이는 대상자는 문화에 근거한 간호가 필요하다.
- 자연적 탐구 방식을 이용한 질적 연구 전통은 문화 간 인간 돌봄을 발견하는 필수적인 도구이다.

② 문화간호이론의 주요개념

Leininger가 문화간호이론 개념에서 가장 많이 사용하는 용어는 '문화적(culture)'이며, 이 이론과 관련하여 많은 용어를 개발하였다. Leininger가 제시한 문화간호이론의 주요개념의 정의를 살펴보고자 한다.

- **인간 돌보기와 돌봄**(human care & caring): 자신이나 타인의 건강증진, 인간의 상태나 생활방식을 개선할 필요가 있거나, 장애 및 죽음에 직면하여 대처가 필요하거나, 이러한 욕구가 예상되는 자신이나 타인을 돕고 지지하며 촉진하는 표현을 가진 추상적이고 분명한 현상을 의미한다.
- **문화**(culture): 한 세대가 다음 세대에게 가르치고, 공유하며, 전수하는 개인, 그룹 또는 기관들의 유형화된 생활방식, 가치, 규범, 상징 그리고 실무를 의미한다.
- **문화적 돌봄**(culture care): 대상자가 가진 건강이나 웰빙, 장애 및 죽음에 직면 또는 기타 상황에 대한 명백하거나 기대되는 욕구에 초점을 맞추어 자신이나 타인을 지지하고 도와주며, 가능하게 하거나 촉진적인 종합적이고 문화적으로 구성된 돌봄 활동을 말한다.
- **문화적 돌봄의 다양성**(culture care diversity): 문화와 인간 사이의 돌봄에 대한 신념, 의미, 패턴, 가치, 상징, 생활양식에 있어서의 문화적 차이점들과 다양함을 의미한다.
- **문화적 돌봄의 보편성**(culture care universality): 일반적인 인간으로서 돌봄을 반영하며 많은 문화에서 유사하게 공통적으로 혹은 우세하고 일관성 있게 나타나는 돌봄의 의미, 패턴, 가치, 상징, 생활방식을 말한다.
- **세계관**(world view): 개인 또는 그룹이 인생과 세계에 대한 가치, 자세, 심상 또는 견해처럼 그들과 관련된 주변세상을 내다보고 이해하는 방법을 말한다.

- **문화적 및 사회적 구조의 차원**(cultural and social structure dimensions): 종교, 친족관계, 정치적 특징, 경제, 교육, 기술, 문화적 가치, 철학, 역사 그리고 언어를 포함하는 문화의 구조화된 특징의 역동적이고 총체적이며 상호작용적인 형태를 말한다.
- **환경적 맥락**(environment context): 부분적인 환경이나 상황을 참고하여 인간의 표현과 결정을 안내하기 위해서 해석적인 수단을 제공해주는 관련 경험을 포함하는 환경적(물리적, 지정학적, 사회문화적) 상황이나 사건 전체를 말한다.
- **민족사**(ethnohistory): 지정된 한 민족의 문화에 대하여 오랫동안 알려지고, 주목받고, 증언되며 문서화된 일련의 사실이나 사건 또는 발달의 귀결을 의미한다.
- **내부자 관점**(emic): 어떤 현상에 대한 국소적인 그 지역, 토착적인 원주민 또는 내부자들의 관점이나 견해와 가치를 말한다.
- **외부자 관점**(etic): 어떤 현상에 대한 외부자적 또는 좀 더 일반적이고 보편적인 관점이나 견해와 가치를 말한다.
- **건강**(health): 일상 속에서 기능할 수 있도록 개인이나 그룹에 의해 문화적으로 제도화되고, 정의되고, 가치가 부여되고 실천이 되는 웰빙상태나 회복 가능한 상태를 말한다.
- **횡문화간호**(transcultural nursing): 인간적이고 과학적인 지식과 총괄적인 문화적 돌봄 현상에 초점을 맞춘 실무의 형식적인 영역이며, 개인이나 그룹들의 건강(웰빙)을 유지하고 회복하는 것을 돕고 장애, 죽음 또는 다른 인간의 상황을 문화적으로 적합하고 이로운 방법으로 다루는 능력을 말한다.
- **문화적 돌봄 보존 또는 유지**(culture care preservation or maintenance): 특정 문화의 사람들이 웰빙을 위하여 의미 있는 가치와 생활방식을 보존하고 유지하는 것과 질병으로부터 회복되고 장애나 죽음을 처리할 수 있도록 돕고 지지하고 지원하며 촉진하는 전문적 활동과 의사결정을 의미한다.
- **문화적 돌봄 조정 또는 협상**(culture care accommodation or negotiation): 지정된 문화(또는 하위문화)를 가진 사람들에게 의미 있고 도움이 되며 일치된 건강 결과를 얻을 수 있도록 다른 사람들에게 적응하거나 협상하는 것을 돕는 지지적, 지원적, 촉진적 또는 전문적 활동과 의사결정을 가능하게 하는 것을 말한다.
- **문화적 돌봄 재패턴화 또는 재구조화**(culture care repatterning or restructuring): 대상자들의 삶의 방식을 재질서화, 변화 또는 수정하여 보다 색다르고 도움이 되는 건강결과를 얻을 수 있도록 돕는 지지적, 지원적, 촉진적 또는 전문적 활동과 의사결정

을 가능하게 하는 것을 말한다.

- **문화적으로 적합한 간호 돌봄**(culturally competent nursing care): 개인과 그룹에게 의미 있고 유익하며, 만족스러운 건강과 웰빙을 위하여 일반적인 생활방식과 욕구를 맞추고 질병과 장애, 죽음에 직면할 수 있도록 민감하고 창의적이며 의미 있는 방법들로 이루어진 문화적으로 적합한 돌봄과 건강지식을 확실히 사용하는 것을 뜻한다.

(3) Leininger 문화간호이론에 대한 간호계의 수용

① 실무 측면

Leininger의 이론은 1950년대에 개념화되면서 그 당시에는 인류학 또는 문화적 지식 면에서 문화 상호 간의 개념이나 모델, 이론을 이해할 수 있는 간호사가 없었다. 대부분의 간호사들은 간호학 현상 혹은 문제를 이해하려는 배경적 지식으로 인류학의 본질과 인류학적 지식이 인간에 대한 돌봄과 건강행위에 어떻게 기여할 것인가를 이해하지 못하였다. 대상자들은 문화적 욕구가 있다 하더라도 그들의 문화적, 사회적 욕구가 수용되기를 요구하지 않았으며, 간호학의 본질로서 횡문화간호학의 문화적 지식의 관련성을 이해하지 못했거나 가치를 알지 못해 거절되었다. 또한 돌봄의 개념은 간호사들에게는 제한된 관심의 분야였고, 간호학은 의학적 관심과 방향을 따라가는 데 지나치게 치중되어 있었으며, 간호학 연구자들이 질적 연구보다는 양적 조사방법에 의존하고 있는 것 등이 간호실무와 교육에 있어 횡문화적 간호와 문화적 요인의 가치를 인식하는 데 방해하는 요인으로 작용하였다.

최근에는 세계적으로 문화적 다양성이 확대됨에 따라 간호사들은 문화에 초점을 두고 돌봄을 제공해야 한다는 것과 횡문화적 간호지식, 연구, 실무적용에 대한 관심이 높아져, 횡문화적 간호, 인간 돌봄, 중요성을 깨닫고 있는 추세이다.

② 교육 측면

간호교육의 교과과정에서 문화와 비교간호의 포함은 Leininger가 간호학과 인류학 교수로 재직하던 Colorado 대학에서 1966년에 시작되었다. 간호학에서 돌봄의 중요성에 대한 자각은 1960년대 후반에 나타나기 시작했지만 횡문화적 간호과정을 적절하게 가르칠 준비가 된 간호교육자의 수는 매우 적었다. 그러나 최근에는 간호, 서로 다른 문화에 대한 인정, 인권 등에 대해 인식이 높아졌기 때문에 부적절한 돌봄과 관련된 법적 소송이 방지될 뿐만 아니라 적절하게 대상자를 관리하고 질적인 간호를 제공할 수 있는 포괄적이며 총체적인 횡문화적 인간 돌봄에 대한 요구가 증가하고 있다. 이에 발맞춰 1980년대 후반부터 간호학문에서는 횡문화간호와 인간 배려를 강조하는 간호교육과정의 수가 증가되고 있으며, 학문적 지식 및 실제 간호중재를 위한 교과과정을 보완하고 있다.

최근 들어 우리나라에서도 다문화 인구가 증가함에 따라 건강관리 요구도 다양화되며 확대되고 있는 추세이다.

③ 연구 측면

오늘날 세계적으로 많은 간호사들이 Leininger의 문화간호이론을 사용하고 있다. 문화간호이론은 간호학에서 문화 돌봄에 특별히 초점을 두고 이론을 검증하는 조사방법이 있는 유일한 이론이다. 1995년까지 대략 100여 가지에 이르는 문화 및 하위문화들이 연구되었고 더 많은 연구들이 현재 진행 중에 있다. 횡문화 연구자와 이론가는 더 많은 간호사로 하여금 연구에 종사하게 하고 간호학에서 새로운 지식을 찾도록 해야 할 것이다. 이러한 지식은 미래의 횡문화간호학을 재형성하고 변형시키는 데 큰 기여를 할 수 있을 것이다.

(4) 평가

① 단순성

횡문화간호이론은 복잡하고 다양한 개념 때문에 단순하지 않고, 광범위하고 전체론적이며, 인간그룹, 인구, 인종에 대한 포괄적인 시각을 가진다. 이 이론의 범위는 횡문화적이고 세계적이며 복잡하고 실질적이다.

이 이론은 개념의 복합적인 상호관계와 함께 주요개념과 관계의 다양성, 특히 사회 구조적 요인을 보여준다. 이것은 기본적인 인류학적 지식뿐 아니라 정확하고 학술적인 방식으로 쓰일 수 있도록 많은 횡문화간호 지식을 필요로 한다.

② 일반성

횡문화적 간호이론은 광범위하고 포괄적이며 범위가 세계적이고 질적인 경향의 이론이기 때문에 일반화의 범주를 제시하였다. 횡문화간호이론은 간호 돌봄을 다문화적 그리고 세계관적 견해로부터 언급하며, 문화–특수 간호 돌봄의 표현이라는 목표를 가지고 있어 개인이나 그룹 모두에게 유용하고 적절하다.

③ 경험적 정확성

횡문화적 간호이론은 연구 가능해야 하며, 질적 연구를 통해 다양한 문화의 돌봄과 건강에 대해 잘 알려지지 않은 현상을 발견하는 기본적인 패러다임이 되어 왔다. 이러한 질적 접근은 연구의 목적을 측정할 수 있게 하는 전통적인 양적 연구방법론과는 다르다. 하지만 민속 간호학 연구방법론은 본질과 성과에 있어 매우 엄격하고 언어적으로 정확하다. 135개의 간호 개념들이 규명되어 왔으며, 다른 풍부한 횡문화적 간호지식과 함께 더 많은 내용이 매일 밝혀지고 있다. 중요한 특징은 민속방법론과 함께 내부자 관점 또는 사람들의 관점으로부터 유래된 정보를 기반으로 하는 정확성은 높은 신뢰성, 확인가능성, 그리고 다수의 경험적 정보로 이끈다는 것이다. 현재 진행이 되고 있거나 앞으로의 연구는 특정 문화와 보편적 특징에 맞출 수 있도록 추가적인 돌봄과 건강 결과 그리고 민속 간호실무와 교육과의 관련으로 이끌어 갈 것이다.

④ 추론할 수 있는 결과

횡문화적 간호이론은 간호학에서 중요한 결과물들이 도출되었다. 문화-특수한 돌봄의 표현은 간호학에 있어서 필수적이고 본질적인 새로운 목표가 되었다. 이것은 횡문화적 간호이론을 간호지식의 확립과 이용 측면에서 중심의 위치에 놓이게 하였다. 이 이론은 간호실무, 교육, 연구에 매우 유용하고 적절하며 필수적이다.

4) 한국 문화간호학의 현황과 전망

우리나라 간호계에 문화간호가 도입된 것은 간호대학의 대학원 과정에서 '사회문화적 측면의 간호'라는 교과목이 개설된 1979년도이다. 그 당시 한국의 간호는 의학의 영향권에서 완전히 벗어나지 못한 상태였고, 간호학을 하나의 과학적인 학문, 즉, 객관화, 일반화, 측정이 가능한 학문으로 인정하려 하지 않으려는 분위기에서 간호학문의 틀을 정립하기 위하여 서구의 간호이론을 적극적으로 수용하고 있었다.

이러한 상황에서 간호는 자신과 주변의 세계에 대하여 가치를 부여하고 의미를 찾아 행동하고 결정하는 전문직이자 학문임을 강조하였고, 간호는 사회문화적 영역이 학문의 핵심 위치를 차지할 수 있다고 확신하였다. 이를 바탕으로 소수의 간호전문인들이 본격적으로 한국적 간호이론을 개발하기 위해 문화간호연구팀을 구성하는 등의 다각적인 노력이 있었으며, 일부 연구자들은 우리 문화에 적합한 간호이론을 개발하기 위한 기초 작업으로 임상 현장에서 활발하게 연구를 진행하였다.

간호연구자에 의한 실제 문화의 탐구는 한국인의 건강, 질병, 돌봄에 관한 실제 경험을 이해하여 이를 전문직 간호에 접목하고자 하는 시도로 여러 질적 연구방법을 이용하여 현장연구 작업을 진행하고 있다. 이 연구들은 간호의 핵심인 건강과 돌봄에 집중되어 있으며, 실제 우리가 간호하고 있는 대상자들이 경험하는 돌봄이란 무엇이며, 민간에서는 어떻게 가족과 이웃을 돌보고 있는가, 건강과 질병 및 죽음을 어떻게 해석하는가, 일반인들은 어떻게 건강생활을 영위하는가, 죽음이 임박한 상황에서 어떻게 적응해 나가는가를 탐색하는 것이 중요하다.

아직까지 한국 문화간호는 초보적인 수준이다. 문화간호의 궁극적인 목적이자 실천의 장이 되는 실무현장은 더욱 취약하고 문화간호에 대한 정보를 접할 기회가 부족하거니와 실무에 적용할 지식체가 미비한 현실임을 감안할 때 간호학계의 적극적인 노력이 필요한 시점이다.

2 다문화와 의사소통

1) 의사소통

(1) 인간관계와 의사소통

① 인간관계의 이해

인간관계란 인간과 인간 상호간의 심리적 관계의 모든 측면을 지칭하는 것으로서, 인간관계 중 특히 대인관계는 사람을 대하는 개개인의 보편적인 심리적 지향성이다. 사람은 사회생활을 하면서 다양한 인간관계에 놓이게 되며 인간의 성장 발달에 따라 그 관계는 더욱 다양해지고 복잡해진다. 인간관계에 따라서 삶의 모습은 매우 여러 가지 측면으로 나타날 수 있으며, 서로 간의 상호작용에 의해서 인간관계가 유지되고 발전할 수 있을 것이다. 인간의 삶이 풍요롭고 행복해지기 위한 조건 중 하나로 신뢰감이 깊은 인간관계의 형성이 중요하며, 인간의 삶 전반에 인간관계는 중요한 영향력을 미친다.

인간관계는 인간의 기본적 욕구인 소속, 통제, 애정의 3가지 욕구를 통하여 설명할 수 있다. 첫째, 소속 욕구는 타인과의 상호작용 및 연합을 통하여 타인과 만족스러운 관계를 유지하려는 욕구이고, 둘째, 통제 욕구는 타인을 권력을 가지고 지배함으로써 타인과의 관계를 확립하려는 욕구이며, 셋째, 애정 욕구는 사랑과 애정을 통하여 타인과의 관계를 유지하려는 욕구이다. 즉, 사람은 어느 조직에 소속됨으로써 다른 사람들과의 관계를 통하여 타인을 조절하거나 영향력을 행사하며, 사람들을 사랑하고 애정을 과시하면서 욕구들을 다양하게 표현하게 된다. 이러한 과정이 인간관계를 형성하게 되고 결국 삶의 풍요로움으로 이어지게 되므로, 인간관계는 행복한 삶을 담보하는 매우 중요한 요인이라 해도 과언이 아니다. 이렇듯 인간의 행복한 삶을 주도하는 인간관계의 중요한 요인은 의사소통을 얼마나 효과적이며 순기능적으로 발휘하는지에 달려있다. 어떠한 이유에서든 다른 사람과의 원만한 의사소통으로 인간관계를 맺지 못하는 사람들은 불안, 우울, 좌절, 소외, 갈등, 긴장 등을 경험한다. 예를 들어, 가출 청소년들의 가출 동기는 대화 단절이 주된 이유이며, 최근 들어 급증하고 있는 이혼의 사유도 의사소통 문제가 주를 이루고 있다. 또한 상사, 동료, 고객 등과의 효과적인 의사소통은 직업적 성공과도 직결된다고 할 수 있다.

여러 연구자들이 제안한 인간관계에서 효과적인 의사소통을 하기 위한 몇 가지 요소들을 간략하게 정리하였다.

- **경청:** 의사소통 과정에서 다른 사람의 말을 듣는 경우에 단순히 말만 듣는 것을 경청이라고 하지는 않으며, 그 사람의 감정과 생각을 알 수 있도록 충분히 집중해서 듣고 상대방이 보내는 메시지에 대한 피드백을 해야 한다.
- **감정 공감:** 타인의 입장에서 자신의 감정과 이해를 전달하는 능력으로서 타인과의 관계를 강화시킬 수 있다.
- **신뢰감 형성:** 상대방의 욕구에 개방적이고 정직하게 반응한다면 신뢰와 믿음을 얻게 될 것이다.
- **장애물 의식:** 의사소통을 자발적으로 하고자 하는 태도를 갖고 자신의 마음을 개방한 상태에서 타인의 얘기를 듣되 선입견은 피하도록 한다.
- **피드백 이용:** 의사소통이 원활하다고 하더라도 타인이 전달하고자 하는 의도를 파악하지 못했다면 반드시 되물어봐야 한다. 피드백을 주고받을 때 개방적 인식의 영역을 넓히고 새로운 통찰을 얻도록 노력해야 한다.
- **타인 수용:** 타인을 존중하고 배려함으로써 타인을 수용하는 의사소통을 하게 된다. 상대방의 감정을 격려해주고 강화시켜주도록 하는 수용적 의사소통을 하는 것이 좋은 의사소통의 예이다.

② 의사소통의 이해

의사소통이란 언어적·비언어적 수단을 통하여 행동에 영향을 주고 받는 것이며 인간의 감정, 느낌, 태도, 생각 등의 매개체로서 대인관계의 순환적인 과정 및 행동이다. 또한 타인과의 관계 발전 및 개인의 인간성, 자극과 반응, 수신자와 송신자, 메시지, 기호화 과정, 기호 행동과정, 피드백, 자각, 자기표현 등으로 구성된 인간관계의 매개체이다. 즉, 인간은 의사소통을 통하여 서로의 공통된 의미를 조성하고, 서로의 행동에 영향을 미침으로써 상호 협력하면서 사회생활을 영위한다. 따라서 의사소통이야말로 인간의 사회적 욕구 및 인간의 본능을 충족시키기 위한 수단으로서 인간의 사회화 과정에서 필수적이다.

여러 학자들의 의사소통의 정의를 살펴보면 다음과 같다. 사람들이 메시지를 주고받는 과정, 유기체들이 기호를 통하여 서로 정보나 메시지를 수신해서 공통된 의미를 수립하고 나아가서는 서로의 행동에 영향을 미치는 과정 및 행동 등이다. 이처럼 여러 학자들의 의사소통에 대한 정의에서 공통적인 사항은 다른 사람과의 정보·생각·감정 등을 교환하며 의사소통을 통해 다른 사람을 이해하고 자신의 의사표현을 정확하게 할 수 있는 기회이며, 사회 구성원으로서의 친밀한 인간관계를 형성해 나가는 과정이라고 할 수 있다.

③ 의사소통의 유형

의사소통 유형이란 의미를 전달하는 방식으로 개인 간의 정서적 친밀성의 공유와 개인의 사고, 가치, 관심의 표현을 향상시키거나 억제하는 언어적인 의사소통의 과정을 보여주는 상호작용의 특징에 의하여 형성되는 것이다. 의사소통 유형을 분류한 학자로는 사티어(Satir), 바네스(Barnes)와 올슨(Olson), 번스타인(Bernstein) 등이 소개되고 있다.

사티어(Satir)는 의사소통 유형을 가족체계를 이해하는 데 도움이 되도록 크게 순기능적 의사소통과 역기능적 의사소통 유형으로 분류하였으며, 이 중 역기능적 의사소통을 회유형, 비난형, 초이성형, 산만형의 4가지로 분류하였다.

- **회유형:** 자신의 가치나 감정보다는 다른 사람의 비위를 맞추려 노력하는 유형으로, 열등감이 심하고 마음이 약하여 매우 의존적이어서 자신의 주장이나 생각은 거의 찾아볼 수 없고 자아존중감이 매우 낮다.
- **비난형:** 자기방어가 심하고 열등의식 및 우월의식이 반복되는 형으로서, 다른 사람으로부터 항상 인정받기를 원하면서도 상대방의 잘못을 비난하며 타인을 무시한다. 이는 자신의 약한 내면을 보호하고자 함이며, 주로 외부 환경을 탓한다.
- **초이성형:** 모든 일을 비판, 분석, 평가하는 반응을 나타내며, 어떠한 감정도 잘 나타내지 않고 완벽하기 위해 끊임없이 노력한다. 객관적인 사실과 합리적인 것들만 중요하게 생각하므로 사실과 논리에 근거한 의사소통만 한다. 따라서 분석적이지 않고 비논리적인 성향의 사람들은 초이성형과의 의사소통 시 매우 피곤함을 느낄 수 있다.
- **산만형:** 생각과 사고가 자주 바뀌어 말에 일관성이 없으며, 상대방의 반응을 무시하거나 경시한다. 자신이 인정받지 못할지도 모른다는 불안감으로 항상 주위를 살피므로 산만하고 하나의 주제에 집중하지 못한다.

순기능적 의사소통은 일치형으로 분류하는데, 일치형 의사소통을 사용하는 사람은 상대방의 메시지를 경청하고 자신의 의견을 정확하게 전달하며, 자기 자신과 타인 모두를 존중하고 신뢰하며 매우 융통성이 있는 태도로서 개방적이다. 따라서 일치형 의사소통을 하는 사람은 정신적·지적·인격적으로 성숙된 사람들로서 진취적이며 창조적이며 정신적·신체적으로 매우 건전하고 건강한 상태에 있어서 자신이 맞닥뜨린 문제에 가장 이성적으로 대처하여 문제를 해결하는 유형이다.

사티어는 순기능적 의사소통으로 변화시키기 위해 가장 중요한 것은 성숙과 자존감을 높이는 것이라고 했다. 의사소통에서 감정적인 의사교류가 가능하며 자율적이고 친밀한 관계를 가지기 위해서는 우선 자신이 성숙한 인간의 모습으로 변화되어야 한다.

한편, 자아존중감은 자기 자신에게 가치를 부여하고 자기 자신을 귀히 여기며 사랑, 그리고 진실성을 가지고 대할 수 있는 능력을 말한다. 즉, 자존감이란 자기 자신의 가치를 깨닫고 자신을 신뢰하고 존중하는 것이며, 이 자존감이 높으면 높을수록 부부갈등에 대처하는 능력이 커진다고 한다. 자존감이 낮은 사람들은 다른 사람들이 자신을 속이거나, 짓밟고 올라서려 하거나, 헐뜯고 경시한다고 생각한다. 반면 자존감이 높으면 자기 자신을 사랑하고 가치 있게 여길 뿐 아니라 다른 사람도 사랑하고 가치 있게 여긴다. 자존감을 높이기 위해서는 자신의 독특성을 받아들이고 자신과 다른 사람과의 차이점을 인정할 줄 알아야 한다. 자존감은 역기능적 의사소통을 고쳐나갈 수 있는 중요한 요소이므로 자존감을 높이는 끊임없는 노력과 훈련이 요구된다.

바네스(Barnes)와 올슨(Olson)은 가족 의사소통의 측면에서 개방적 의사소통과 문제적 의사소통으로 분류하였으며, 자유롭게 감정을 표현할 수 있는 개방적 의사소통의 중요성을 강조하였다.

번스타인(Bernstein)은 지위지향형과 인성지향형으로 분류하였다. 지위지향형은 사회적 지위에 입각한 제한된 언어를 사용하며 폐쇄적 의사소통 형식을 가지는 반면에, 인성지향형은 지위보다는 심리적 속성이나 상황에 따라 변할 수 있는 융통성을 가지므로 개방적 의사소통 형식을 가지게 된다고 하였다.

의사소통 유형을 통해서 살펴 본 의사소통은 인간관계에서 서로 지속적으로 상호 영향을 주고받으며, 자신의 생각과 감정 및 태도 등을 전달함으로써 상대방과의 끊임없는 교감을 통하여 상호교류하는 과정으로 볼 수 있다.

(2) 간호와 의사소통

간호상황에서의 의사소통은 치료적인 인간관계 형성을 통하여 대상자의 건강문제 해결이라는 목적을 달성하기 위한 치료적 의사소통을 주된 활동으로 볼 수 있다. 대상자에게 간호제공을 하는 데 필요한 치료적인 인간관계란 신뢰를 바탕으로 하는 친밀한 상호관계를 형성하는 것을 의미한다. 간호사뿐 아니라 대상자 모두의 성장배경, 종교, 성격 등이 치료적인 인간관계에 영향을 미치며, 핵심 요소로는 신뢰, 전문성, 상호존중, 돌봄 및 협력관계를 들 수 있다.

첫째, 신뢰는 배려 있는 상호작용을 통하여 형성하게 되며, 예측가능성과 일관성, 명확한 목표 등의 요소들을 포함한다. 간호사는 진실한 태도로 대상자를 대하면서 대상자가 자신의 건강문제를 탐색할 수 있도록 도와주어야 하며, 공감적 이해를 통해 대상자의 성장을 촉진시킬 수 있는 능력이 요구된다.

둘째, 간호사는 대상자의 요구와 문제를 도울 수 있는 전문적인 지식과 기술을 가지고 있어야 한다. 현재의 상태, 필요한 약물, 치료과정을 파악하여 대상자에게 정확한 정보를 제공하여야 하며, 대상자가 올바른 병식을 가질 수 있도록 도와야 한다. 이를 통하여 대상자에게 실질적인 도움을 제공할 수 있는 능력을 갖추어야 한다.

셋째, 간호사와 대상자 간의 치료적인 관계는 상호존중에서 출발한다. 간호사가 대상자의 건강문제를 회복하도록 돕는 가장 좋은 방법은 대상자를 있는 그대로 수용하며 존중하는 태도에서부터 출발한다. 상호존중을 위해서는 문화적인 차이를 좀 더 포괄적으로 이해해야 하며, 종교적 신념을 수용해야 한다. 간호사의 경청과 즉각적인 응대가 대상자로 하여금 흥분하지 않고 침착하게 간호사와 의사소통하는 데 도움을 줄 수 있다. 동시에 간호사에 대한 대상자의 존중과 신뢰도 반드시 필요하다. 무례한 대상자에 대해서는 일정한 경계를 유지하면서 명확하고 간결하며 침착하면서도 단호하게 규정을 설명하거나, 잠시 동안 의사소통을 중단하는 방법 등을 사용한다.

넷째, 돌봄은 간호의 본질로서 대상자를 독특한 한 개인으로 인식하며 그의 감정을 이해하고 배려하는 것으로, 관심과 사랑, 지지, 나눔, 정성, 온정 등의 속성을 가지고 있다. 간호사는 자기 자신을 치료적인 자기로 이용하여 대상자의 요구를 확인하고 반응하는 간호행위를 실천해야 한다.

다섯째, 협력관계는 간호사와 대상자 간의 관계가 불평등하고 수동적인 관계가 아닌 함께 참여하여 상호 교류·발전하는 관계를 말한다. 즉, 대상자의 존엄성을 인정하고 성장 가능성을 믿으며, 대상자의 성장을 촉진하는 관계이다.

① 치료적 의사소통기법

치료적인 인간관계는 대상자의 성숙, 발달, 질병증상의 감소 및 스트레스 대처 등을 목적으로 하는 특별한 인간관계이다. 이러한 관계 속에서 주로 활용되는 치료적인 의사소통은 대상자의 교육, 예방, 지지 및 교정 등의 목표를 위하여 일상적인 상징체계 또는 언어적·비언어적 기호의 교환을 통해 이루어지는 상호 지향적인 작용이다. 이를 위해 적용할 수 있는 구체적인 치료적 의사소통기법은 다음과 같다.

- **경청:** 대상자에게 객관적으로 공감하면서 주의를 기울이는 적극적인 과정이다. 적절한 자세와 시선을 유지하면서 대상자의 메시지에 나타난 감정과 내용을 충분히 파악하는 것이 필요하다.
- **수용:** 비판단적이고 지지하는 태도로 대상자의 정보를 받아들이는 것이다. 온화한 표정으로 '아… 네, 그렇군요….' 등으로 반응하면서 대상자가 말한 내용을 알아들었다는 표시를 언어적·비언어적으로 나타낼 수 있다.
- **정보제공:** 대상자에게 필요한 전문적인 정보나 지식을 알려주는 것으로 대상자의 이해와 판단을 도울 수 있는 의사소통 기법이다. 교육내용이나 전달사항이 있을 때 활용할 수 있는 유용한 방법이다.
- **침묵:** 대상자가 이야기를 하지 않고 있을 때에도 비언어적인 표현으로 지지하면서 대상자의 생각을 정리할 시간을 허용하는 것이다. 침묵은 대상자에게 사고, 느낌 및 결정을 심사숙고할 수 있는 시간을 제공한다.
- **개방적 질문:** 주로 대상자와의 의사소통 초기에 사용하게 되는 의사소통기법으로, 대상자의 문제를 확인하고 의미 있는 인간관계를 형성하는 데 도움이 된다. 광범위한 질문을 통하여 대상자로 하여금 편안하게 이야기할 수 있는 기회를 제공하면서 다양한 반응을 기대할 수 있다.
- **느낌/경험/내용 반영:** 대상자의 느낌이나 경험, 내용을 간호사의 견해를 섞지 않고 다시 표현하는 기법이다. 느낌 반영은 대상자의 느낌에 초점을 두는 것으로 막연한 느낌을 보다 분명하게 하는 데 목적이 있으며 공감을 전달한다. 경험 반영은 간호사가 관찰한 것을 반영하는 것이다. 내용 반영은 대상자가 표현한 메시지에 대한 의미를 간호사가 다른 표현으로 사용하는 것이다.
- **명료화:** 대상자가 모호하게 사용한 언어나 무의미한 언어를 명확하게 설명할 언어를 요구하는 것이다. 대상자가 말한 내용이나 의미를 충분히 이해하지 못하였을 때 사용할 수 있다.

- **초점 맞추기:** 대상자가 주제에서 벗어나지 않도록 대화를 이끌어가면서 하나의 주제에 집중할 수 있도록 하는 기법이다. 한꺼번에 여러 가지 이야기를 하거나 혼등이 있는 대상자에게 사용할 수 있다.
- **직면:** 비판단적인 태도로 대상자의 말과 행동의 불일치에 대하여 겁내지 않고 직면할 수 있도록 지지하는 것이다.
- **재진술:** 대상자가 이야기한 것을 다시 반복함으로써 간호사가 이해한 것이 맞는지를 확인하는 기법이다.
- **현실감 제공:** 대상자가 비현실적인 이야기를 할 경우 위협적이지 않은 방법으로 사실적인 정보를 제공하는 것이다.
- **해석:** 대상자가 피하고 있거나 부분적으로 깨닫지 못하는 내용과 감정을 표현해 주는 것으로, 대상자의 생각과 감정을 구체화하고 표면적으로 드러난 것 외에 이면의 것을 파악하도록 돕는다.
- **요약:** 대화가 끝난 다음 그 동안 나눈 대화의 느낌, 사고 등을 정리해 주는 기법이다. 또는 중요한 초점을 정리하거나 대화를 다른 주제로 옮겨갈 때 유용하게 사용할 수 있다.

간호상황에서는 언어적 의사소통뿐 아니라 비언어적 의사소통도 중요한 역할을 한다. 비언어적 의사소통은 일반적으로 음성언어를 통하지 않은 모든 형태의 의사소통(몸짓, 얼굴 표정, 시선, 목소리 등)을 말한다. 비언어적 의사소통은 언어적 의사소통의 수단인 음성언어가 전달하는 메시지를 보완하고, 화자 자신의 감정과 태도 등을 표현하므로 대화자 간의 관계 형성에 중요한 역할을 하게 된다. 또한 대화자 간의 정서나 감정을 직·간접적으로 표현할 수 있는 적절한 수단으로서, 보다 효율적인 의사소통을 가능하게 한다.

② 준언어적 의사소통 행위

일반적으로 사람의 목소리에는 차갑거나 따뜻한 느낌을 주는 음색이 있다. 차가운 목소리에서는 냉담함과 무관심을 느끼고 따뜻한 목소리에서는 관심과 애정을 느끼게 된다. 이렇듯 목소리로 공감, 격려, 고무 등과 같은 감정적 메시지가 전달되므로, 간호사는 자신의 감정이 적절하게 반영된 목소리, 즉 관심과 애정이 담긴 따뜻한 목소리의 준언어적 의사소통을 사용하여 대상자와 의사소통을 하도록 하여야 한다.

- **목소리의 속도:** 호흡이나 대상자의 감정상태에 맞게 늦추거나 빠르게 조절한다.
- **목소리의 크기:** 높거나 낮지 않게 하되 대상자의 상황에 맞게 조절한다.

- **억양:** 강압적인 말투는 삼가하고, 부드럽게 조율된 억양을 유지한다. 질문이 아닌 경우는 말끝을 내려야 한다.

③ 비음성적 의사소통 행위

간호사는 음성언어를 보완하는 기능을 하는 비음성적 의사소통 행위로 자신의 감정과 생각 그리고 태도를 표현할 수 있다. 특히, 비음성적 의사소통 행위는 간호사가 대상자와 친밀하고 우호적인 관계를 형성하고 그 관계를 강화하는 데 도움을 준다.

- **공간적 행위:** 일반적으로 효과적인 의사소통을 위해서는 대화 참여자들이 같은 눈높이에서 의사소통을 수행해야 하지만, 간호활동을 수반하는 간호대화는 특성상 이러한 공간에 대한 기준을 제시하기에는 문제점이 있다. 하지만 대상자가 중요한 문제에 대하여 의논하고자 할 경우에 접촉할 수 있는 눈높이를 유지하고 다른 환경적 요인들로부터 방해를 받지 않도록 유의해야 한다.
- **거리:** 대상자의 표정이나 모습을 시각적으로 포착할 수 있고 대상자를 직접적으로 접촉할 수 있는 개인적 거리(약 46~120cm)를 유지하도록 한다. 특히 간호사정을 할 때는 이 거리를 벗어나서 대화를 하지 말아야 대상자가 친밀감을 느낄 수 있다.
- **시선:** 처치라든가 활력징후 측정 등과 같은 간호업무 행동이 동반되는 실제 간호대화에서는 대상자와 눈 마주치기를 하기 힘든 경우가 대부분이다. 하지만 대상자들은 음성언어로 자신의 건강상태나 감정상태를 전달하면서 눈으로 더 많은 메시지를 보낸다. 그러므로 간호중재에 방해가 되지 않을 정도로 대상자와 시선을 교환하여 대상자가 눈으로 보내는 메시지를 포착하도록 한다. 또한 간호사는 대상자와 눈 마주치기를 하여 대상자에게 관심을 갖고 있음을 알려야 한다. 아래는 구체적으로 표현해야 할 시선과 관련된 비음성적 의사소통 행위요소들이다.
  - 걱정어린 따뜻한 눈빛을 띤다.
  - 시선은 편안하게 유지하면서 흔들리지 않게 한다.
  - 관심을 표현하는 정도의 눈 맞추기를 한다.
  - 산란한 눈맞춤은 부정적 감정표현으로 해석되므로 주의하며, 눈맞춤은 서서히 늘려간다.
- **얼굴표정:** 간호사는 대상자의 얼굴표정을 민감하게 관찰해야 한다. 이는 얼굴표정에서 대상자의 감정상태를 읽을 수 있고, 대상자의 관심도를 알 수 있기 때문이다. 간호사는 먼저 의사소통을 할 때 자신이 짓는 얼굴표정에 대해 파악하는 것이 중요하다. 일

상적으로 짓는 습관적 표정이 무의식적으로 나타날 수도 있기 때문이다. 그리고 나서 대상자와 의사소통을 진행할 때 다음과 같은 얼굴 표정에 유의하도록 한다.

- 간호사 자신의 언어적 표현과 일치하도록 한다.
- 부드러운 미소를 짓는다.
- 억지웃음을 짓지 않는다.
- 걱정스럽거나 초조해하거나 괴로워하는 표정을 짓지 않는다.
- 미간을 찌푸리지 않는다.

• **접촉:** 호감, 애정과 같은 감정은 손을 통한 신체접촉으로 전달된다. 간호사는 질병과 그로 인한 정신적 고통이 있는 대상자에게 손이나 팔을 잡는 신체적 접촉으로 감성적 메시지를 전달하는 것이 필요하다. 이러한 신체접촉으로 대상자와 유대감이 형성되고 대상자에게 공감을 표현할 수 있다.

- 손 혹은 팔을 잡는다.
- 따스한 손의 온도를 유지하도록 한다.
- 손에 힘이 들어가지 않게 한다.

• **자세:** 대상자가 전달하는 메시지를 제대로 전달받을 수 있고 대상자가 보내는 비언어적 메시지를 포착할 수 있는 대화 방향인 얼굴을 마주보는 자세가 좋다. 업무를 수행하며 진행하는 간호대화의 특성상 대상자의 얼굴을 보지 못하는 방향에 서서 의사소통이 이루어질 수 있는데, 이 경우 대상자는 대화에 집중하지 않을 수 있으므로 유의해야 한다. 그리고 한정된 시간적 여유로 인하여 등을 돌려 다른 업무를 수행하며 의사소통의 종결을 진행하는 경우가 있다. 이때 대상자는 자신의 이야기를 끝까지 경청하지 않았다는 느낌을 받을 수 있다.

- 대상자의 얼굴을 바라보는 쪽으로 선다.
- 가끔씩 고개를 끄덕인다.
- 차분한 자세를 유지한다.
- 어깨를 올린 자세로 대화하지 말아야 한다.
- 주먹을 꽉 쥐거나 차트를 만지작거리지 않는다.
- 가슴을 지나치게 앞으로 내밀지 않는다.

• **제스처:** 제스처를 통해서 메시지에 담겨 있는 내용을 보다 구체화할 수 있다. 간호대화에서는 메시지를 시각화하는 제스처가 의사소통을 원활하게 진행하는 데 도움을 주고 대상자에 대한 관심을 표현하는 한 방법이 될 것이다. 예를 들면, 약을 두 알 먹어

야 할 경우 손가락으로 둘을 나타내거나, 대상자가 아픔을 호소하는 부위가 있을 경우 자신의 신체 부위를 손으로 접촉하는 동작지시를 하는 것 등이다.

2) 문화와 의사소통

(1) 문화차이와 의사소통

급속한 세계화로 인해 세상은 보다 작은 공간이 되어가고 있다. 유동적인 이민형태는 한 지역의 인구를 보다 다양하게 만들어가고 있다. 이러한 시대에는 상이한 문화들 사이에 의사소통 방법의 차이가 있음을 이해하는 것이 매우 중요하다. 의사소통은 인간 상호 간에 상징적 복합작용을 통하여 의미를 주고받는 복합적인 과정으로서 직접적으로 내용을 전달하는 언어적 의사소통 방법과 표정, 말투, 감정, 제스처 등 비언어적 의사소통 방법이 있는데, 문화적 차이는 이러한 의사소통 방법들에 직접적인 영향을 준다. 사람들은 자신이 속한 문화에 의하여 언어, 몸짓, 표정과 같은 언어적·비언어적 상징을 통하여 의사소통하는 방법을 익히게 된다. 이것은 동일한 메시지를 전달하지만 수용되는 결과의 차이를 통해서도 쉽게 확인할 수 있다. 예를 들면, 멕시코계 미국인이 유방 검진에 대해 극도로 불안해한다는 것을 간호사가 안다고 가정해보자. 절차 후 간호사는 동정심을 보내고 '모든 것이 끝났다'라고 메시지를 전달할 것이다. 대상자는 울음을 터뜨릴 것이다. 왜냐하면 그녀는 자신에게 말기 유방암 진단이 내려졌다고 믿고 있기 때문이다. 또한 문화가 다른 사람들과의 의사소통 행동은 사고와 감정의 표현, 의사소통 전략에 영향을 주게 되는데, 개인의 의사소통은 문화를 반영하고 결정하며, 문화를 형성하게 된다. 반면 문화는 의사소통 행동에 의해 제한되고 형성되는 것으로, 한 개인은 자신의 세계에 대한 개념을 갖고 해석하는 언어적 습관에 따라 경험하게 된다.

문화 간 의사소통은 제2차 세계대전 이후 주로 미국과 유럽을 중심으로 이루어진 새로운 연구 분야이다. 당시 인류학자 에드워드 홀(Edward T. Hall)은 1959년 인류학적 의미에서의 문화 개념에 의사소통을 포함시키고 언어학적·문화적 분석에까지 확대 적용하여, 자신의 저서 "The Silent Language"에서 'intercultural communication'이라는 용어를 처음 사용하였다. 미국의 경우 세계대전을 여러 차례 겪으면서 다문화사회를 일찍 접하게 되었으므로 자연스럽게 다문화와 관련된 주제에 관한 연구가 활발히 진행되었고 또 발전하였다. 이미 1950년대부터 다문화 간 의사소통 연구가 시작되었고 1980년대에 이르러서는 미국 200여 개의 대학 학부과정에 문화 간 의사소통 관련 학과가 개설되었다. 이렇듯 대학에서 학문적으로 관심을 갖는다는 것은 그 사회에서 사람들이 살아가는 데 매우 중요한 문제점으로 인식되고 있다는 의미이다. 문화 간 의사소통을 학문 분야로 끌어들여서 연구하는 목적은 다문화의 다양한 사람들 간의 의사소통에서의 문제점을 인식하고 효과적인 의사소통을 함으로써 문화 간 의사소통의 증진을 꾀하는 데 있다.

에드워드 홀(Edward T. Hall)은 일반적인 문화를 낮은 수준의 맥락을 가진 문화와 높은 수준의 맥락을 가진 문화로 구분하였다. 미국, 캐나다, 유럽, 이스라엘, 호주와 같은 나라들은 낮은 수준의 맥락을 지닌 문화에 속한다. 이들은 직접적이고 보통의 문제를 좋아하며, 상대방이 의도하는 내용을 정확하게 말해줄 것을 기대한다. 또한 명쾌함, 유창성, 간결성과 같은 자기표현능력을 가치 있다고 여기며, 말을 하는 사람들은 듣는 사람을 확신시키며 설득하려고 노력한다.

반면에 동양, 아랍권, 아프리카의 여러 나라들은 높은 수준의 맥락을 지닌 문화권에 속한다. 이들은 간접적인 의사소통 방법을 사용하며, 문자 그대로의 의미가 직접 전달되는 경우가 거의 드물고 말하는 사람과의 관계, 상황, 장소, 시간 등에 따라 의미가 다르게 전달된다. 또한 명쾌함보다는 조화, 미묘함, 감수성, 재치를 높이 평가하며 말을 하는 사람은 대개 듣는 사람과 관련을 맺으려 한다.

이와 같은 문화의 차이는 말의 의미, 속도, 크기, 몸짓, 공간, 신체적 접촉, 침묵, 눈 마주치기 등에서 오해를 야기할 수 있으며 이러한 요인들에 대하여 알아보고자 한다.

① 말의 의미

일본인들에게 극진한 사과는 선의의 표현이다. 그러나 미국인들에게 사과는 말하는 사람의 위치를 낮춤으로써 잘못을 스스로 인정하는 것이다. 따라서 일본인은 미국인을 재치 없는 사람으로 생각하기 쉽고, 반면 미국인은 일본인을 소극적이고 불확실한 사람으로 생각하기 쉽다.

한국인은 매우 의례적이다. 의미의 정확성보다는 정해진 계층 및 계급 구분에 더 가치를 부여함으로써 상대가 윗사람인가 아랫사람인가에 따라 말이 달라진다. 서양 사람들은 한국인을 고지식하고 친근감 없는 사람으로 생각하고, 한국인은 서양 사람들을 버릇없고 뻔뻔스럽고 민감성이 부족한 사람들로 생각하기도 한다.

만약 차로 사무실까지 데려다주겠다는 제안에 아랍 사람이 "아니에요, 괜찮습니다."라고 말한다면 그 말에는 '그래요. 다시 물어보세요.'라는 의미가 담겨 있다. 아랍인은 다소 정교한 방식으로 말을 하는 경향이 있기 때문이다. 예컨대 차를 태워다주겠다거나 식사를 더 할 것인가와 같은 제안에 승낙을 하기 위해서는 몇 번이고 말이 오고가야 한다. 오직 그들이 "오, 아니에요. 절대 아닙니다. 난 정말 할 수 없어요. 난 받아들일 수 없습니다."라고 말할 때는 '정말 아니다'라는 의미라고 확신할 수 있다.

② 말의 속도

모든 문화는 말을 얼마나 빨리 해야 하고 어느 정도의 양만큼 말을 해야 하는지, 즉, 말을 얼마나 간격을 두고 해야 하는지, 상대방의 말이 끝난 후 자신이 말하기 전까지 얼마나 기다려야 하는지에 대하여 각각 다른 기준을 가지고 있다.

영어를 사용하는 사람들 중에서 지식층에 속하는 미국에 거주하는 유대인들은 매우 빠르게 말하는 스타일이다. 말이 빠르고, 좀처럼 쉬지 않으며, 상대방의 말이 끝나지 않아도 겹쳐서 말할 뿐 아니라 말을 가로막거나 끊고, 빠른 영어를 구사하기 때문에 유대인 특유의 성격을 가진 미국 사람들은 대개 시끄럽고 뻔뻔하며 무례한 이미지로 정형화되어 있다. 반면에 같은 영어를 사용하면서도 토착 미국인과 스웨덴계 미국인은 느리게 말하고, 가급적 단어를 적게 사용하며, 말 사이의 간격이 길고, 상대방의 말을 좀처럼 가로막지 않는 것이 특징이다. 또한 느린 영어를 구사하기 때문에 토착 미국인과 스웨덴계 미국인은 대개 고집이 세고 무뚝뚝한 것으로 정형화되어 있다.

③ 공간과 거리

공간과 거리의 개념은 문화 간 의사소통에서 중요하다. 적절한 거리 영역에 대한 인식은 문화 집단 사이에서 매우 다양하다. 비슷한 문화의 사람들은 유사한 방식으로 행동하는 경향이 있다.

모든 문화에는 그 문화에 속하는 대부분의 사람들이 편안하게 느끼는 구역과 적절한 신체적 접촉에 대한 암묵적인 규칙이 있다. '편안한 구역(comfort zone)'은 '너무 가까운'과 '너무 먼'의 사이에 있는 범위로서, 상대방과 이야기할 때 편안함을 느끼게 한다. 사업상의 동료는 2m 정도, 친구는 1m 정도의 간격에서 편안함을 느끼며, 매우 절친한 사이인 경우는 몇 cm에 불과한 거리에도 편안함을 느낀다.

개인은 보통 그들의 사적인 공간의 요구사항을 인식하지 않기 때문에, 자주 다른 문화적 패턴을 이해하는 데 어려움을 가지고 있다. 예를 들어, 다른 사람에게 가까이에 앉는 것은 따뜻함과 친절의 표현이지만, 개인적인 영역을 침범하는 경우는 위협으로 인식할 수도 있다.

라틴계 미국인, 일본인, 그리고 아랍인들은 가장 적은 공간을 필요로 하지만 미국인, 캐나다인, 영국인은 최대한 개인적인 공간을 필요로 한다. 예를 들어, 멕시코계 어머니는 응급실의 앵글로색슨계 간호사에게 아들의 팔이 부러진 것에 대해 이야기할 때 좀 더 편안한 범위 안에 들어가기 위해 간호사 쪽으로 점점 다가간다. 그러나 간호사는 너무 가깝다고 느끼고 한 걸음 뒤로 물러서게 된다. 이런 경우 그 어머니는 '간호사가 나를 피하고 있다'고 생각하고, 간호사는 '아주머니가 너무 들이댄다'고 생각한다. 하지만 문화의 차이로 인하여 양쪽 다 상대가 왜 그렇게 행동하는지 이해하지 못한다.

④ 접촉

우리는 접촉을 통해 대상자와 라포(rapport)를 형성하는 것이 유익하다는 것을 알고 있지만, 치료적 접촉을 통한 치유의 증진을 포함한 대상자와의 신체적인 접촉은 다문화적으로 여러 가지 의미를 전달한다.

어떤 문화에서는 자신의 주장을 역설하기 위해 상대의 신체에 접촉하는 것이 아무렇지도 않게 여겨지지만, 다른 문화에서는 이와 같은 행동이 무례한 것으로 간주되기도 한다. 또한 사람들이 볼 수 있는 자리에서 동성애자가 아닌 남자들끼리 키스를 하거나 손을 잡는 것이 일상적인 것으로 받아들여지는 문화가 있는 반면, 이러한 행동이 동성애자의 표시로 간주되는 문화도 있다.

많은 아랍인과 히스패닉 문화에서 남성 건강관리 제공자들은 여성의 신체 일부 또는 전체를 접촉하거나 검진하는 것을 제한받는다. 사춘기의 소녀들은 여성 건강관리 제공자들을 선호하며 남성에 의해서 검진 받는 것을 거절할 수 있다.

일부 문화에서는 어린이와의 접촉에 관련된 엄격한 규범이 있다. 많은 아시아인들은 머리는 힘의 원천이라고 생각하기 때문에 머리를 만지는 것은 무례한 것이라 믿고 있다. 동남아시아인의 유아의 머리를 가볍게 톡톡 치거나 혹은 천문을 검진하는 것은 피해야 하고 반드시 부모의 허락을 받고 행하여야 한다는 것을 알아야 한다.

⑤ 침묵

침묵에 대한 해석에는 광범위한 문화적 다양성이 있다. 일부 개인들은 침묵을 매우 불편하게 생각하고 대화가 지연되지 않도록 무슨 말이든 하려고 모든 노력을 한다. 반대로 많은 원주민 아메리카인들은 다른 사람을 이해하고 존경하기에 침묵을 중요하게 여긴다. 당신이 질문한 후에 망설인다면 질문 받았던 내용이 충분히 고려되어야 할 만큼 중요하다는 것을 의미한다.

전통적인 중국인과 일본인 문화에서 침묵은 말하는 사람이 듣는 사람에게 말했던 것에 대한 내용을 지속하기 전에 고려하길 바라는 의미일지도 모른다. 침묵에 대한 다른 문화적 의미가 발견되기도 한다. 영국 사람들과 아랍 사람들은 다른 사람의 사생활에 대한 존경으로서 침묵을 사용한다. 반면에 프랑스인이나 스페인 그리고 러시아 사람들은 동의의 신호로 해석할 수 있다. 아시아 문화는 윗사람들에 대한 존경을 보여주기 위해 자주 침묵을 사용한다. 몇몇 아프리카계 미국인 중에 침묵은 적절하지 않은 것으로 인식된 질문의 반응으로 사용된다. 많은 미국인들은 침묵을 불편하게 생각할 수 있기 때문에, 건강전문가로서의 간호사는 우리 자신의 문화적 가치를 이해하고 대상자와 함께 문화에 적절한 방법으로 반응하는 것을 배우는 것이 중요하다.

⑥ 눈 마주치기

눈 마주치기(eye contact)는 대상자가 간호사와 의사소통하기 위해 사용하는 문화적으로 다양한 비언어적인 행위이다. 비록 대부분의 간호사가 대상자와 이야기할 때 눈을 마주치도록 교육을 받아왔을지라도, 다양한 문화적 배경의 개인들은 이러한 행위에 다른 문화적인 의미가 있다고 생각할 수 있다. 아시아인, 원주민 북아메리카인, 인도네시아인, 아랍인 그리고 아팔라치아인 대상자들은 직접적인 눈 마주치기를 불손하고 공격적이라고 여길 수 있으며 그들은 간호사와 이야기할 때 자신의 눈을 피할지도 모른다. 듣는 사람이 말하는 사람에게 주의를 기울이는 것을 의미하는 문화적으로 적절한 행위로서 북아메리카 원주민들은 대화하는 동안 자주 바닥을 응시한다. 일부 아프리카계 미국인은 적절하지 않은 질문이라고 여기는 반응으로서 눈동자 돌리기(eye rolling)를 한다.

히스패닉인 대상자들 중에 존경은 나이, 성별, 사회적인 위치, 경제적 상태와 권위에 근거하여 다른 사람들을 향하여 눈을 내리뜨는 형태로 적절한 차이 있는 행위를 강요한다. 윗사람은 젊은이로부터, 성인은 아이들로부터, 남자는 여자로부터, 선생님은 학생으로부터, 고용주는 피고용자들로부터의 존경을 기대한다. 히스패닉인 대상자와 간호사의 관계에서 눈 마주치기는 간호사에 의해서 기대되는 것이지만, 반드시 대상자에 의해서 주고받게 되지는 않는다.

아랍인, 라틴인, 그리고 아프리카계 미국인 그룹을 포함하여 일부 문화에서 여성과 남성 모두에 대해 겸손은 눈 마주치기와 상관관계가 있다. 무슬림-아랍인 여성은 남성(그 여성의 남편은 제외하고)과의 눈 마주치기를 피하거나, 대중 앞에서 반대 성별의 구성원을 우연히 만났을 때 눈을 아래로 내리뜸으로써 겸손을 나타낸다. 많은 문화에서는 남자에게 웃고 대중 앞에서 눈 마주치기를 하는 유일한 여성은 매춘부뿐이다. 하시딕(Hasidic) 유대인 남성은 또한 문화적으로 여성들과의 눈 마주치기에 관한 기본 규범을 가지고 있다. 하시딕 유대인 남성이 여성을 스쳐 지나면서 이야기를 할 때는 눈 마주치기를 피하거나 반대 방향으로 머리를 돌리는 것을 관찰할 수 있다. 이것은 실례로서, 전체가 그렇다는 것은 아니다.

(2) 문화사정과 의사소통

① 문화적 간호사정

간호실무에서 간호사와 대상자가 문화적으로 차이가 있는 경우 대상자의 욕구를 충족시키기 위해서는 간호사가 문화적 차이에 대한 문화적 민감성을 갖추어야 하며, 이러한 문화적 차이에 적응하는 능력이 필요하다. 또한 문화적 가치구조는 간호를 계획하는 데 중요한 역할을 담당하므로 대상자의 반응을 이해하기 위해서는 그 사람의 문화를 이해해야 한다. 문화는 한 개인에게 친숙한 부분이기 때문에 문화적 신념의 유사성과 차이점에 대해 이야기하는 것은 문화적으로 각양각색인 대상자와 치료적인 관계 형성을 원활하게 하는 데 많은 도움을 준다.

건강문제는 질병이나 질병과정에서 대상자의 생리적인 반응에 영향을 미칠 수 있는 행동적·문화적 반응이 수반되며, 다양한 형태의 질병 행위로 표현된다. 이때 대상자의 문화는 건강문제로 인한 신체적·정신적 변화에 주관적인 의미를 부여하게 된다. 따라서 간호사정에서의 문화적 사정은 여러 가지 방법을 통해서 건강관리에 도움을 주므로, 간호사정을 할 때는 문화적 배경의 함축된 의미 파악 등에 유의할 필요가 있다.

첫째, 문화적 배경의 함축된 의미에 대한 사정은 현재의 건강상태와 관계가 있다. 문화적 규범이 건강상태에 대한 개인적 인식, 건강상태의 의미, 치료에 얼마나 영향을 주는가, 회복을 위한 활동 중에서 대상자가 자신의 역할을 어느 정도로 규정하는가 등 이런 문제들은 문화의 영향을 받는 의미 있는 요인들이다. 예를 들면, 치료적 관계가 효과적이기 위해서는 가족구성원이나 친구를 포함하는 것이 필요한 경우가 있다. 어떤 문화에서는 가족이 건강관리에서 중요한 역할을 담당하는 반면에 다른 문화에서는 가족이 중요하지 않은 경우도 있다. 유럽문화에서는 건강관리에 대한 중요한 결정을 대상자가 주로 하지만, 다른 문화에서는 가족구성원이 중요한 결정을 하는 경우가 있다.

또한 질병 자체가 문화적으로 함축된 의미를 가질 수 있다. 어떤 질병은 특정 문화에서 강한 부정적인 의미를 가지는 경우가 있다. 예를 들면, 중국 문화권에서는 결핵과 정신질환을 부끄러운 질병으로 인식하며 가족 외에는 정신질환에 대해 이해하기를 거부한다. 일부 문화에서는 정신질환을 잘못된 행동에 대한 신의 벌로 간주한다. 일부 남아메리카 문화에서는 신이나 성자가 눈앞이나 꿈에 나타나서 이야기하는 것을 상당히 인정하고 있지만, 유럽문화는 이것을 환각으로 설명하며 정신과적 치료를 추천한다. 인도에서 천연두는 신이 내리는 것으로 간주하기 때문에 천연두에 대한 면역은 일부 지역에서만 행해지고 있다. 이러한 문화적 사고의 차이가 질병과 건강관리에 대한 생각에 많은 영향을 미친다. 따라서 문화가 다른 다양한 대상자와 치료적 관계를 형성하기 위해서 질병에 대한 문화적 의미와 반응에서의 차이를 이해하는 것이 필요하다.

둘째, 문화적 차이로 인한 치료계획의 수정이 필요한지를 결정하는 것이다. 대상자 개개인을 위한 간호계획에서 고려해야 할 점은 대상자의 문화적 배경이 미치는 영향이다. 문화적으로 다양한 대상자와 치료적 관계를 형성하고 대상자의 문화적 신념을 통합한 간호중재를 제공하기 위해서 간호사의 민감성이 매우 중요한 요소가 된다. 예를 들면, 산모에게 그들의 모국어를 사용한 모유수유에 대한 책자를 제공하는 것은 의미 있는 방법이다. 이러한 간호중재는 간호사가 문화적 차이를 인식하고 있음을 보여주는 증거가 된다.

② 문화적 이해를 통한 의사소통

간호사는 각 대상자별로 의사소통 양상이 독특하기 때문에 서로 다른 문화집단의 모든 사람들에게 일반화된 의사소통 방법을 적용하는 것에서 벗어나야 한다. 또한 대상자를 사정할 때도 공통의 문화적 양상을 인식하고 대상자를 한 개인으로 인정하여 간호사정을 실시해야 한다. 따라서 문화가 다른 대상자를 사정할 때 적용할 수 있는 효과적인 의사소통을 위한 기본 지침을 소개하고자 한다.

가. 문화적 요구에 맞는 의사소통 방법으로 접근한다.

- 대상자의 공포, 불안, 혼동 상황에 대해 경청한다.
- 대상자의 문화적 지향에 따라 안심할 수 있는 태도로 반응한다.
- 다른 문화 집단에서는 대상자에 대하여 타인과 논의하는 것에 대해 불쾌하게 반응할 수 있다는 것을 인식한다.

나. 위협적이지 않은 태도로 의사소통한다.

- 서두르지 않고 차분한 태도로 면담한다.
- 정보 수집 동안에는 일반적인 질문을 한다.

- 접근 가능한 사회문화적 편의시설을 이용한다.
- 신중하게 듣고 대상자에게 관심이 있음을 전달한다.
- 약속을 잘 지키며 신뢰관계를 형성한다.

다. 의사소통에서 비준된 기술을 사용한다.

- 대상자가 이해하지 못한 경우 피드백을 실시한다.
- 의미가 왜곡되지 않고 해석될 것이라고 추정하지 않는다.

라. 의사소통 증진을 위하여 통역사를 활용한다.

- 단어의 의미 전달보다는 메시지 전달을 위하여 노력한다.
- 문화적으로 민감한 통역사를 활용한다.
- 이해의 정도를 확인하기 위해 피드백을 실시한다.

마. 대상자 요구파악과 존중이 치료적 관계의 핵심이다.

- 친절한 태도를 통해 존중감을 전달한다.
- 대상자의 문화권에서 활용하는 듣기 방식을 파악한다.
- 문화에 의해 발생되는 장벽에 대하여 융통성 있는 태도를 취한다.

바. 다른 언어로 말하는 대상자에게 특별한 접근방법을 선택한다.

- 대상자의 안정을 위하여 편안한 목소리와 표정을 한다.
- 천천히 말하되 크지 않은 목소리로 편안하게 의사소통을 한다.
- 대상자의 이해를 돕기 위해 제스처, 그림, 역할극을 활용한다.
- 필요시 다양한 방법으로 메시지를 전달한다.
- 대상자에게 간결하고 반복적으로 메시지를 전달한다.
- 적절한 언어 사전을 사용한다.
- 자주 사용하는 용어에 관심을 가지고 이해할 수 있는 용어를 사용한다.

사. 문화권에 따라 금기시되는 주제(예: 성)는 간호사가 리드한다.

- 소수 문화권에서 성적인 문제는 반대 성의 구성원들과 자유롭게 논의하지 않는다는 것을 인식한다.

③ 기타 문화차이에 대한 이해

가. 친밀함에 대한 문화적 시각

간호사와 대상자 사이의 상호작용은 바람직한 친밀도에 의해서 영향을 받으며, 그 범위는 매우 형식적인 관계부터 개인적인 친밀한 상호관계까지 다양할 수 있다. 예를 들면, 아시아 출신의 일부 대상자는 간호사와 다른 건강관리 제공자가 권위주의적이며 지시적이고 편견이 없기를 기대한다. 건강관리를 접하면서, 중국계의 일부 대상자는 무엇이 잘못되었는지 직관적으로 알고자 하는데, 간호사는 대상자에게 '당신은 무슨 일로 여기에 왔는가?'와 같은 매우 표준적인 인터뷰 질문을 한다면 실제로 신뢰성을 잃을지도 모른다. 아시아계 미국인의 부모는 '왜 내가 이곳에 있는지 당신은 모릅니까?'와 같이 생각할지 모른다. 간호사는 모든 답은 하나라고 생각할 것이다. 수많은 아시아계 미국인의 수줍어하는 대인관계 행위 특성은 간호사의 설명에 대해 대상자가 동의하거나 혹은 이해한다는 인상을 남겨 줄 것이다. 아시아인에게서 고개를 끄덕이거나 미소 짓는 것은 대인적인 조화(harmony)에 대한 문화적 가치를 단순하게 반영하는 것이고, 간호사가 말한 것에 동의한다는 것은 아니다. 아시아계 미국인 대상자들 사이에 사회적 조화를 강조하는 것은 관심이나 느낌에 대한 그들의 충분한 표현을 방해할 수 있다.

태국문화에서 높은 가치는 친절에 의한 다른 사람들의 느낌과 사람들 사이에 갈등을 회피하는 것에 대한 인식과 예상이다. 가정을 증명하려면 간호사는 조화를 유지하는 것을 목표로 사회적으로 순응하며 응답한 대상자의 반응과 순순한 찬동의 반응을 구별해야 한다. 이것은 대상자가 동의하지 않는 것에 대해 솔직하게 제안에 응답하거나 혹은 '승인'함으로써 이루어질 수 있다.

반대로 아팔라치안 대상자들은 건강관리 제공자와 가까운 인간관계를 기대하도록 하는 가까운 가족 상호작용 패턴을 가진다. 아팔라치안 대상자들은 전문적인 능력보다는 대인관계 기술에 근거하여 당신의 효율성을 평가할지도 모른다. 일부 아팔라치안들은 대부분의 건강관리 제도의 비인격적인 지도에 불편해할지도 모른다.

라틴아메리카 사람 혹은 지중해 출신은 자주 높은 친밀도를 기대하고, 간호사가 개인적 행위와 사회적인 기능에 참여할 것으로 기대하면서 그들의 가족 체계에 당신을 참여시킬 수도 있다.

이들 개인들은 간호사가 전문적인 실무라고 믿고 있는 것의 범위를 넘어서 확대된 사람사이의 호의를 기대하게 되며, 간호나 충고를 위하여 밤낮으로 간호사가 집에서 접촉할 수 있는 특권이 있다고 느낄 수도 있다. 만일 대상자의 문화적 가치 체계가 사생활을 매우 강조한다면, 간호사는 자신의 개인적인 거주지 정보를 공개하기보다는 기관의 전화번호와 주소를 줄 수 있다.

왜냐하면 모든 인간관계에서 첫 인상은 너무 중요하기 때문에, 어떤 사람을 소개하는 것과 관련한 문화 간의 고려사항은 몇 가지의 짧은 소견을 정당화한다. 상호적으로 존경하는 관계가 형성된 것을 확신하려면 간호사는 자신을 소개해야 하며 어떻게 불리는 것이 좋은지(즉 이름, 성, 혹은 타이틀로) 대상자에게 말해야 한다. 간호사는 대상자에게서도 똑같은 정보를 이끌어내야 하는데, 이것은 간호사가 문화적으로 적절한 태도로 자신을 알려줄 수 있기 때문이다.

나. 성과 성별

비언어 행위는 문화적으로 중요하며, 여러 문화 중에 적절한 남성-여성관계와 관련된 규범을 어기면 대상자와 그들 가족과의 치료적 관계가 위태롭게 될지도 모른다. 아랍계 미국인 중에 성인 남성이 반대 성별의 구성원(부인은 제외하고)과 함께 단 둘이 있는 것을 회피하며, 여성과 함께 일을 할 때는 일반적으로 한 명 이상의 남성들을 동반하는 것을 발견하게 된다. 동료(들)의 존재는 상호작용의 목적이 명예롭다는 것과 성적으로 부적절한 행위가 일어나지 않는다는 것을 의미한다. 중동 출신의 몇몇 여성은 남성과 악수를 하지 않으며, 남자와 여자는 부부관계 이외에 각각 다른 사람들과 접촉하지 않는다. 최근에 이민 온 대상자들이 문화동화의 다양한 단계에 있다면, 이러한 것과 같은 전통적인 관습이 관행으로 될 수도, 되지 않을 수도 있다. 만일 의심스러우면 입원할 때 대상자에게 물어보거나 대상자의 행위를 관찰해야 한다.

동일한 성별 관계에 관해서도 중요한 점이 있다. 일부 문화에서는 행위와 관련된 어떤 성별에 대한 의미가 없이, 공개적 그리고 대중적으로 동성 간에 손을 잡거나 포옹하는 것은 우정이나 애정의 표현으로 받아들여지고 있다.

예를 들면, 나이지리아계 미국인 여성이 그녀와 남편 혹은 다른 남성 가족구성원에게 명백한 애정을 표현하지 않을지라도, 그녀는 여자 친족들이나 친구들과 걸으면서 이야기하는 동안 손을 잡는 것을 알 수 있다. 대상자가 간호사에게 유사한 행위를 하는 것을 발견하면, 간호사는 공개적으로 대상자와 함께 문화적인 차이와 유사성을 자유롭게 토의할 수 있음을 느끼게 된다. 토의는 각 사람이 문화적인 관행과 서로 받아들일 수 있거나 받아들일 수 없는 의사소통 방법의 모색에 대해 어떻게 느끼는지를 포함하여 토의한다.

④ 가족구성원들과 주요한 다른 사람들과의 의사소통

대상자 가족과 혈연관계 구조에 대한 지식은 가치, 의사결정, 패턴 그리고 가족구성원들과의 전반적인 의사소통을 도와준다. 대상자의 건강관리에 영향을 주는 의사결정에 대해 책임을 질 수 있는, 그리고 대상자가 그들의 간호에서 중요하다고 여기는 중요한 다른 사람들을 확인할 필요가 있다. 예를 들면, 수많은 대상자들의 경우, 독립보다는 상호의존을, 대결보다는 제휴를, 경쟁보다는 협동을 강조하는 가족주의는 대상자에게 영향을 주는 주요한 의사결정이 개인 혼자서가 아니라 가족에 의해서 이루어지도록 강요할 수도 있다. 당신이 결속, 상호의존, 집단주의를 가치 있게 여기는 문화 집단의 대상자와 함께 작업을 할 때, 가족을 너무 지나치게 연루되거나 대상자의 자율권을 빼앗는 존재로 인식할지도 모른다. 그러나 대상자들은 가족과의 연루를 상호지지, 안전, 편안함 및 충만함의 근원으로 여기고 있을 수 있다.

가족은 아이들이 자라나고, 건강과 질병에 대해 문화적으로 형성된 가치, 신념 및 관행을 배우는 기본적인 사회 단위이다. 가족의 본질은 하나의 단위로서 함께 사는 사람들로 이루어진다. 간호사가 문화적으로 다양한 배경의 대상자와 상호작용할 때 때때로 명백한 것처럼 보이는 관계가 더 많은 조사를 정당화하기도 한다. 예를 들면, 대부분의 유럽계 미국인은 각각 동일한 어머니, 동일한 아버지, 동일한 부모가 있는 두 사람으로서 형제를 정의한다. 일부 아시아 문화에서 형제 관계는 동일한 여성에 의해서 모유를 먹은 유아로 정의한다. 다른 문화에서 어머니의 첫째 사촌과 같은 친척 관계 패턴은 형제 관계로 정의된다. 일부 아프리카 문화에서는 같은 마을에서 온 모든 사람을 형제 혹은 자매로 부르기도 한다.

일부 민족 신앙 집단의 구성원들(이탈리안, 폴란드, 스페인 혹은 멕시코 가계의 로마 가톨릭)은 대모 혹은 대부와 같은 관계를 인정하며, 대부와 대모는 생물학적인 부모는 아니지만 영아의 도덕적 영적인 발달을 돕고 부모의 죽음의 순간에 아이를 돌볼 것을 동의하고 서약한 개인이다. 대부모는 종교적인 세례식 때 이러한 서약을 하며, 이러한 관계는 대부모와 아이들 일생에 걸쳐 강력한 지지를 한다. 유아와 아이들의 부모 혹은 부모 대리와 의사소통을 할 때는 아이를 대신하여 행동할 수 있는 일차적인 돌봄 제공자의 주요한 의사결정자를 확인하는 것이 중요하다. 몇 사례에서는 이러한 사람들이 생물학적인 부모가 아니다. 예를 들면, 몇몇 히스패닉 그룹에서 자매 혹은 아주머니와 같은 핵가족 또는 확대된 가족의 여자 구성원들은 영아와 아이들 돌봄의 일차적인 제공자이다. 일부 아프리카계 미국인 가족에서 할머니는 의사결정자이며 아이들의 일차적인 보호자이다. 문화적으로 적합한 간호를 제공하기 위해 간호사는 적절한 결정자들과 효과적으로 의사소통하고 있음을 확인해야 한다.

⑤ 통역사 사용

문화 간 의사소통에서 가장 큰 장애 중의 하나는 간호사와 대상자가 서로 다른 언어로 이야기할 때 일어난다. 비영어로 이야기하는 대상자의 언어기술을 평가한 후에 간호사는 2가지 상황 중의 하나에 자신감이 있음을 알게 된다(통역사를 통해 효과적으로 대화할 것인지 또는 통역사가 없이 효과적으로 의사소통할 것인지).

비영어로 대화하는 사람을 면접할 때 충분한 의사소통을 위해 이중 언어를 구사하는 통역사를 필요로 한다. 다른 문화 혹은 나라에서 온 사람(영어가 제2외국어인 사람)이 영어를 기본적인 언어로 사용하더라도, 병원을 방문했을 때 낯선 상황이나 낯선 징후와 접했을 때 혹은 가족계획 혹은 부인과나 비뇨기과의 관심사와 같은 민감한 토픽을 토의할 때 통역사가 필요할지도 모른다. 이상적으로는 훈련된 의학 통역사를 이용하여야 한다. 이 사람은 통역하는 기술을 알고 있으며 건강관리 배경을 가지고 있고 대상자의 권리를 이해하고 있어야 한다. 또한 훈련된 통역사는 문화적인 신념과 건강 실천에 관해 지식이 있어야 한다. 통역사는 문화적인 격차를 연결시키도록 도와줄 것이며 간호사가 추천하는 문화적인 적절성에 관해 조언을 줄 것이다.

비록 간호사가 인터뷰의 중심과 흐름에 책임자일지라도 통역사는 건강관리팀의 중요한 구성원으로서 간주되어야 한다. 친척, 친구, 혹은 다른 대상자에게 통역하도록 부탁할 수 있는데, 왜냐하면 이러한 사람들은 당연히 도와주길 원하기 때문이다. 그러나 이것은 대상자가 사적인 정보를 공유하기를 원하던 원하지 않던 간에 대상자를 위한 비밀유지를 위협하게 된다. 그리고 비록 친구 혹은 친척들이 일반적인 언어 사용은 유창하다 할지라도, 의학용어, 병원, 임상 절차 그리고 건강관리 윤리에 관해서는 모를 수 있다.

가능할 땐 언제라도 건강관리팀의 이중 언어 사용 구성원과 함께 작업을 하는 것이 좋다. 이상적인 환경에서 친밀감을 형성하기 위해 미리 통역사에게 대상자를 만나도록 부탁하여, 나이, 직업, 교육 수준, 그리고 건강관리에 대한 태도와 같은 대상자에 관한 기본적이고 기술적인 정보를 얻도록 부탁해야만 한다. 이것은 통역사가 관계를 쉽게 하도록 하며, 대상자가 상대적으로 위협받지 않는 그들의 삶에 관한 이야기를 하도록 한다.

간호사와 통역사 모두는 한 문장 혹은 두 문장으로 이야기하며, 그 다음에는 통역사가 통역할 수 있는 시간을 주어야 한다. 간호사는 간단한 언어를 사용해야 하고, 통역되기 전에 통역사가 단순화해야만 하는 의학 전문용어를 사용하지 말아야 한다. 사람이 그들의 모국어로 이야기하도록 허용하고 이후 통역사가 요약하도록 하는 요약 통역은 좀 더 빠르며, 통역사가 이미 친숙하고 상대적으로 간단한 건강 기술을 가르치는 것이 유용하다. 대상자가 말할 때 비언어적인 신호에 대해 방심하지 말아야 한다. 그렇다면 그들은 가치있는 데이터를 줄 것이다. 유능한 통역사는 또한 비언어적 메시지를 알아채고 그것들을 간호사에게 알려줄 것이다.

3) 다문화가정의 의사소통

(1) 다문화가정 의사소통의 중요성

인간에게 있어서 최초의 사회화가 이루어지는 곳이 가정이며, 사회화 과정에서 필수적인 것이 의사소통이다. 다문화가정 자녀들도 가정에서 부모와의 의사소통을 통하여 최초의 사회화 과정을 겪을 것이다.

다문화가정은 가족 간의 의사소통 수단인 공통된 언어가 부족하여 대화하는 데 많은 어려움이 있다. 의사소통의 효율성은 서로 간의 말에 대한 의미를 전달하는 것 이상의 서로 다른 문화적 이해까지 포함하는 것을 의미한다. 그래서 다문화가정의 가족 간 의사소통 시에도 단순한 말의 전달이 아니라 서로의 관계적 성격을 띠는 의사소통이어야 한다.

그러나 결혼이주여성의 다문화가정 내의 의사소통 형식을 살펴보면, 한국사회에 적응하지 못하여 정서적 위기를 겪고 있거나 언어 및 문화에 적응력이 떨어져 자녀 및 남편과의 의사소통에서 상당한 문제점을 드러냄으로써 자녀의 교육적 측면에 매우 부정적인 영향을 미치는 경우가 많다. 의사소통 유형은 다문화가정 어머니와 자녀의 건강한 자아개념 형성에 중요한 영향을 미치므로 중요하다. 특히 다문화가정은 가족 간 의사소통을 하기 위한 수단인 공통된 언어가 통하지 않으므로 상호 간의 의견, 생각, 감정 등을 표현하기에 어려움이 있다.

예를 들어, 결혼이주여성이 다문화가정의 어머니인 경우, 우리나라의 언어 및 문화가 매우 생소하므로 일단 남편과 시어머니 등의 가족들에게 전적으로 의존하게 된다. 이렇게 자신의 삶을 타인에게 의존하는 형태를 취하게 될 때는 우리나라에서의 거주 기간이 길다고 하더라도 우리 사회에 적응하지 못하는 경우가 많다. 결혼이주여성이 한국사회에 적응하지 못하거나 적응하는 기간이 길어지는 경우에 정서적 갈등 및 위기를 겪는 것은 너무나 당연하다. 한 가정의 어머니가 이러한 문화적 충격과 갈등에서 벗어나지 못한 상태로 자녀를 낳고 기르며 교육해야 하는 상황에서는 안정적으로 자녀교육에 전념하지 못할 것이며, 자녀와의 의사소통장애로 이어져 자녀의 올바른 자아개념 형성에도 부정적인 영향을 미치게 될 것이다. 대부분의 다문화가정에서는 외국인 어머니의 모국어 사용이 금기시되는 분위기에서 자녀가 자라는 경우가 많아 자녀들은 한국어와 어머니의 모국어 모두 미숙한 경우가 많았다. 즉, 다문화가정에서는 외국인 어머니의 모국어와 서투른 한국어를 혼용하여 사용함에 따라 부모와 자녀 간의 상호 이해가 잘 되지 않고 서로의 생각과 감정을 언어로써 전달하는 데 많은 어려움이 있다. 다문화가정의 부모와 자녀 간의 의사소통은 가족기능 및 부모-자녀 간 의사소통의 정도가 높고 잘 될수록 자녀의 자아존중감이 향상되고, 개방형 의사소통을 많이 할수록 아동의 자아정체성은 높아지며 역기능적 의사소통이 많을수록 자아정체성은 낮아졌다.

다문화가정에서의 중요한 문제는 의사소통의 방법 및 능력으로 단순히 한글을 읽고 쓰는 것을 넘어서 문화와 관련된 의사소통 능력이 우선되어야 한다는 것이다. 따라서 개방적인 의사소통이 다문화가정 자녀의 긍정적 자아개념형성 및 부모와의 의사소통, 학교적응에 긍정적인 영향을 주므로 다문화가정의 의사소통을 개방적인 의사소통 유형으로 유도하도록 힘써야겠으며, 언어뿐만 아니라 문화적으로 적응을 잘할 수 있도록 프로그램 개발 등에도 주력하여야겠다.

(2) 부부 의사소통

의사소통이란 둘 이상의 사람들 간에 사실, 생각, 감정의 교환을 통해 서로를 이해하고 영향을 미치는 모든 과정이라고 할 수 있다. 부부 의사소통이란 자기 자신을 배우자에게 서로 노출시켜 생각을 주고받는 상호작용으로, 이를 통해 자신과 상대방의 역할과 목표를 알게 되며 사랑과 존경을 나타내는 과정이다. 부부관계를 더 증진시키고 행복한 가정을 만들기 위해서는 무엇보다 의사소통이 중요하다.

행복한 부부일수록 서로에 대해 좀 더 많은 것을 이야기하고, 광범위한 화제를 가지며 쌍방적인 대화를 한다. 이를 위해서는 언어적이든 비언어적이든 서로의 일치를 위해 효과적인 의사소통 방식을 모색하고, 그들 사이에 있는 장애를 제거하여야 한다. 다문화가정인 경우 의사소통을 하기 위한 수단인 공통된 언어가 부족하며, 서로 간의 생각이나 느낌을 주고받는 데 많은 어려움이 있다. 다문화가정에서는 남편과 아내, 어머니와 아동 간에도 언어의 소통이 자유롭지 못하기 때문에 가족 내에서도 의사소통에 어려움을 겪고 있다.

또한 권위적인 남편의 태도로 아내가 한국어가 서툴다는 이유로 말을 잘 들어주지 않거나 말을 해줘도 모른다고 무시하고, 일부에서는 다문화가정 여성에 대한 신뢰를 갖지 못하고 외부와의 접촉을 꺼려하며 폐쇄적인 태도를 가지며, 다문화가정 여성에게 한국사회에 대한 경험과 교육의 기회를 차단하는 경우도 있다.

부부 의사소통의 장애물로는 문화적 차이와 성역할에 대한 학습 차이, 간접적 의사소통과 선험적 인지주장, 의사소통 시간, 일방적 의사소통, 방어적 의사소통을 들 수 있다. 의사소통이 잘 이루어지지 않는 부부들은 근본적으로 많은 문제들을 가지고 있다. 자존감이 너무 낮아 의사소통을 제대로 못한다거나, 자신의 의견을 표현할 가치가 없기 때문에 말을 하더라도 별로 도움이 되지 않을 것이라고 생각하는 사람들도 있다. 때론 주위 사람들에 의해 의견이 제지당하기도 한다. 이런 일이 반복되면 스스로 움츠러들게 되고, 자기방어벽을 쌓게 된다. 이런 마음의 상처를 방치하면 여러 형태의 정서적·심리적 문제가 생기게 된다. 부부 중 한 사람이 상대방의 가치를 인정하지 않는다면 무관심해지고, 무관심은 결국 서로를 멀어지게 해 이혼으로 가게 된다. 의사소통의 부조화는 시간이 지남에 따라 부부갈등 문제로 이어진다.

다문화가정에서 가장 중요한 역할을 하는 사람은 바로 다문화가정 안에서 주도적 영향을 행사하는 한국인 남편이다. 한국인 남편과 외국인 아내 사이에서 언어는 통하지 않더라도 한국인 남편이 외국인 아내에게 긍정적 의사소통과 표현을 한다면 부부의 결혼생활 만족도는 높아지게 되고, 부부가 부정적 의사소통과 표현을 한다면 불행한 결혼생활을 하게 되며 결혼 만족도는 낮아질 것이다. 또한 요구회피적 의사소통과 표현을 한다면 부부가 같이 살면서도 팽팽한 긴장 속에 영원히 타인과 같이 사는 느낌으로 살게 될 것이다.

따라서 부부 간에 감정을 교류하며 서로를 이해하고, 칭찬과 격려를 해주고, 상대방의 감정을 고려하면서 대화할 때 진정한 가정의 화합을 이룰 수 있을 것이다.

(3) 부모-자녀 간 의사소통

가정은 아동에게 최초의 사회화가 이루어지는 환경으로, 아동이 사회구성원으로 성장할 수 있는 기본 터전을 제공한다. 이러한 가정 내에서 부모-자녀 관계는 가장 기본적인 관계일 뿐만 아니라 인간관계의 기초를 형성하는 중요한 관계이다. 원만한 부모-자녀 간 의사소통은 서로에 대한 공통적인 이해를 통해 요구의 충족을 지지하고 내적 긴장을 완화시킴으로써, 부모-자녀 관계를 긍정적으로 확장시키는 역할을 한다. 특히 자녀는 의사소통을 통한 부모와의 상호관계를 바탕으로 자신감과 안정감을 갖게 되며, 자아정체감 형성과 도덕성 발달, 인성 및 행동발달에 결정적인 영향을 받게 된다.

언어는 타인과의 상호작용을 가능하게 하며 주변 사람들과 관계를 맺기 위한 필수적인 수단이다. 언어는 유아기 생활의 매우 중요한 부분으로 유아가 유능한 존재로 성장하게 하는 촉매제이자 문화전승의 도구이다. 유아기의 적응과 발달을 이해하기 위해서는 유아를 인지적·사회적으로 성장시키는 도구인 언어에 대한 이해가 반드시 필요하다. 그러나 일부 다문화가정 유아는 일상적인 대화에서 어려움을 겪기도 하는데, 이는 언어습득의 결정적 시기인 영유아기에 한국말이 서툰 외국인 어머니 밑에서 자람으로 인해 언어발달이 늦어지고 의사소통이 제한되기 때문이다. 특히 다문화가정 유아의 나이가 어릴수록 언어능력 지체비율이 높았으며, 유아기 후기가 되면서 점차 일반적인 수준을 획득하는 것으로 나타났다.

일부 결혼이주여성의 자녀는 언어발달에서 결정적인 시기인 유아기에 원활한 언어적 상호작용의 충분한 기회를 경험하지 못함으로 인해 언어발달이 원만하게 이루어지지 못하고 있다. 국제결혼가정의 많은 아버지와 조부모는 아이의 언어발달에 문제가 있는 것은 구조건 외국인 어머니의 탓으로 생각하고, 자신들이 아이에게 언어적 자극을 제공해야 함을 인식하고 있으나 바쁜 농사일 등으로 인해 아이와 놀아줄 수 없다고 생각한다. 결과적으로 한국말을 할 줄 아는 아버지와 조부모는 바빠서 아이와의 상호작용을 못하는 반면, 외국인 어머니는 육아를 위해 모국어를 사용하면 필요 없는 외국말을 가르친다고 질책을 받기 때문에 아이와 상호작용을 하지 못하는 상황이다. 이처럼 국제결혼가정의 유아기 자녀가 경험하는 언어발달 문제는 소극적인 언어활동뿐 아니라 언어영역을 기피하거나 질문에 단답형으로만 대답하는 상황을 초래하게 된다.

다문화가정 아동이 지각한 부모-자녀 간 의사소통 유형에서는 다문화가정 아동과 어머니의 한국어 수준이 높고 가정 분위기가 화목할수록 부모와의 개방적인 의사소통이 많이 이루어지고 아동의 자아정체성이 높은 것으로 나타났다. 또한 개방형 의사소통을 많이 할수록 아동의 자아정체성이 높아지고, 문제형 의사소통이 많아질수록 아동의 자아정체성이 낮아지는 것으로 나타났다. 뿐만 아니라 부모와 개방형 의사소통을 많이 할수록 다문화가정 아동의 사회적응력도 높아지는 것으로 보고되었다. 부모-자녀 간 개방적 의사소통이 원활할수록 다문화가정 아동의 정서지능 또한 증가하는 것으로 나타났다. 즉, 부모가 개방, 공감, 지지, 긍정, 동등성의 자세를 가지고 적극적으로 경청하는 의사소통을 통해 자녀는 자신이 속한 사회에 적응하는 법을 알게 되고 사회 구성원으로 참여할 수 있으며, 구성원으로서의 기능 발휘를 통해 타인과 긍정적인 상호관계를 맺게 된다.

부모와의 의사소통은 다문화가정 아동에게 문화적 배경이 다른 부모에 대한 고민 해소, 사회화 교육, 안정감 획득 및 대인관계와 학교적응에까지 영향을 미치게 된다. 따라서 다문화가정 아동과 부모와의 개방적·적극적인 의사소통을 통해 부모-자녀 상호 간의 정보

교환 및 감정이입을 통한 공통적 이해를 도모하고 지지적인 부모-자녀 관계를 형성하도록 해야 할 것이다.

다문화가족 어머니는 한국어 미숙과 자녀양육에의 자신감 결여로 인해 부모-자녀 간 상호작용이 원만하게 이루어지지 않고 있는 상황이다. 일반가정 자녀가 가정 내에서 한 가지 언어와 문화만을 접하며 성장하는 것과는 달리 다문화가정 자녀는 2가지 언어와 문화를 동시에 접하고 사용하는 언어 환경을 가지고 성장한다는 사실에 비추어볼 때, 이들의 언어 배경이 다른 만큼 그 언어교육 방향 또한 달라져야할 것이다. 한국문화와 한국어로의 동화를 무조건적으로 강요할 것이 아니라 그들의 언어와 문화를 계승해 가면서 조화롭게 상생할 수 있는 정당한 교육제도를 마련해 주는 것은 건강한 미래 사회를 위해서도 바람직한 일이 될 수 있기 때문이다.

가족 내 의사소통은 말하기와 듣기 두 측면에서 아동에게 영향을 줄 수 있다. 말하기는 부모에게 자녀가 말하는 언어의 양과 풍부함의 차원, 자녀가 부모의 격려를 받고 대화하는 양의 차원을 포함한다. 듣기는 단순한 맞장구나 기계적인 대답을 의미하는 것이 아니라, 아동이 말하는 것이 정말 경청할 만한 내용이며 가족의 의사결정에서 아동의 생각이 고려되어야 할 만큼 중요함을 자녀에게 충분히 전달해야 하는 것을 의미한다. 개방적으로 의사소통을 하는 가정의 자녀는 정서적으로나 사회적으로 보다 성숙하며 스트레스나 변화에 잘 적응하고 자신에게 만족한다. 그러나 학령전기를 지나면 아동은 타인의 관점이 자신과 다를 수 있다는 사실을 깨닫게 된다.

다문화가정의 부모는 부모-자녀 간 의사소통 향상을 위하여 자신의 모국에서 가져온 문화적·사회적 자본을 자녀들에게 선택적으로 강조함으로써, 자녀들의 발달과업 성취에 긍정적으로 전념하게 하는 전략으로 활용할 수 있다. 현재 다문화가정은 자녀가 학령기이거나 청소년기인 경우가 대부분이므로 부부관계를 건강하게 하는 것을 기본으로 자녀의 사회적·정서적 발달을 위한 학습지도, 자녀에 대한 이해 및 강점 중심 지원자로서의 부모역할을 수행하도록 격려하고, 이를 지원하기 위해 전문적인 교육기회 등을 제공해야 할 것이다. 또한 학교 등의 지역사회가 능동적 사회통합에 기여할 수 있도록 다양성에 대한 인식과 존중 및 관용적 수용을 지지하며, 다문화에 대한 역량강화 노력을 지속적으로 전개할 필요가 있다. 한 예로 지자체 및 지역사회와 해당 교육기관과의 협력을 통해 다문화가정 자녀를 대상으로 한 이중 언어 교육의 사회적 공감대를 형성할 수도 있다.

3 다문화와 건강

1) 이주민 여성의 문화적응 및 건강관리

결혼이주여성은 한국 생활에 적응하기도 전에 결혼생활에 적응하게 되고, 결혼생활의 적응은 남편뿐만 아니라 남편의 가족인 시부모 및 형제자매와의 관계형성을 전제로 한다. 또한 결혼과 함께 출산이 동시에 이루어지게 되면서 한국문화에 대한 적응과 자녀양육에 대한 준비 없이 부모로서의 역할, 엄마로서의 역할이 주어지게 된다. 결혼이주여성에게 한국사회와 문화, 생활습관, 자녀 양육에 대한 가치관까지 다양한 역할과 요구는 한국생활에 대한 정착과 적응하는 과정에서의 문화적 스트레스로 나타난다. 이러한 스트레스가 높을 때는 절망과 우울을 느끼므로 신체 건강뿐만 아니라 정신적 건강도 위협을 받을 수 있다.

(1) 다문화가정의 부부관계

결혼이주여성은 한국 입국 후 바로 결혼생활을 접하게 된다. 이들이 한국에 들어와 가장 힘든 시기는 초기 6개월로 나타났는데, 음식이나 기후 등 물리적 여건보다 사고방식이나 가족의 태도 등 정신적인 부분이 더 적응하기 힘든 것으로 나타났다. 특히 이런 갈등은 부부간 의사소통이 원활하지 않아 더 많은 어려움이 있다. 의사소통의 방법인 한국어 능력은 삶을 영위하는 데 필수적이고, 대다수의 국제결혼 부부가 한국어로 대화하기 때문에 부부관계의 의사소통은 한국생활의 적응 및 부부관계에 큰 역할을 하게 된다. 또한 한국의 가족체계에서 대부분의 남편들은 유교적 생활방식인 가부장적 가치구조를 가지고 있고, 아내의 사회생활을 제한하고 경제권을 주지 않으면서 여성의 가정역할이라는 고정관념이 유지되기 때문에 여성의 지위와 역할에 따른 스트레스 정도가 크다고 할 수 있다. 따라서 남편과 시댁 식구들의 타인에 대한 문화적 인식부족이 가족과 부부 간 갈등을 만들어 내는 주요원인이 될 수 있다.

한국사회에서 아내의 모국에 대한 남편의 이해노력 정도가 결혼 만족에 긍정적인 영향을 미치는 것으로 나타나 국제결혼에서 한국 남성들이 아내 나라 문화와 생활습관에 관심과 의사소통을 위해 함께 노력해 나갈 때 결혼이주여성은 한국 적응뿐만 아니라 부부 갈등을 해소해 나갈 수 있을 것이다.

(2) 다문화가정의 조부모관계

결혼이주여성은 한 가정의 주부, 아이의 엄마로서의 역할을 하면서 음식과 주거 양식의 차이, 시부모, 남편과의 불평등한 관계, 일방적인 생활습관으로 인해 여러 가지 복합적인 어려움에 노출되어 있다. 또한 한국어에 미숙한 결혼이주여성은 남편 및 그 가족들에게 전적으로 의존해야 하는 상황에서 임신과 출산을 겪게 되어 문화적응 스트레스가 높게 나타난다.

결혼이주여성들이 가장 힘들어하는 것은 시댁 식구, 특히 시어머니와의 갈등이다. 가족관계에서 고부관계는 혈연 관계가 없는 타인끼리 한 남성을 매개로 하여 법적, 인위적 관계를 가지게 되는 것으로 가장 복잡하고 갈등이 많은 관계가 이루어질 수 있다. 한국의 고부관계는 여성을 남성의 부계혈통집단에 편입시키는 부계친족체계의 핵심으로 남편가족에서의 연장자로서 여성의 권위가 결정되는 관계이기도 하다.

한국사회는 가부장적 가족구조가 핵가족 구조로 변하는 과도기적 단계에 있지만 전통적인 시부모를 봉양하는 사고방식이 남아 있어 고부관계에 갈등이 표출되는 것이다. 부모와의 관계에서 40대가 되도록 결혼을 못했거나 부모가 보기에 '모자란 아들'이 가정을 이룬 경우에는 외국인 며느리가 아들과 잘 살기를 바라게 되고 이는 며느리를 잘 보살피는 것으로 나타나기도 한다. 이들은 시어머니로서 며느리의 봉양을 받기보다는 며느리를 잘 보살펴 아들과 잘 살게 하기 위해 며느리의 눈치를 보며 잘 돌보아주는 경우가 있다. 반면, 전통적 가정의 시부모는 결혼이주여성인 며느리에 대한 자율성 박탈과 억압으로 인하여 고부갈등을 초래하는 것으로 나타났다.

고부갈등이 상호의사소통을 통해 시어머니와 며느리의 생활환경의 차이, 세대차이, 성격차이 등 서로 살아온 환경에 대한 이해와 더불어 상호이해나 타협이 이루어질 수 있지만 결혼이주여성의 한국어 능력이 부족하면 의사소통의 문제로 인해 감정적 대응이나 갈등이 심화될 수 있다.

따라서 결혼이주여성의 모국과는 다른 한국문화와 가정생활에 대한 적응, 시부모와의 관계를 높이기 위한 노력이 필요하다. 이를 위해서 며느리의 모국 문화에 대한 이해와 더불어 새롭게 적응하는 한국사회의 문화적 구조와 환경으로 인해 삶의 기반이 전반적으로 달라진다는 것에 대한 이해와 배려가 필요하다. 이를 통해 한국사회의 적응뿐만 아니라 가족의 문화와 생활습관에 적응할 수 있도록 도와야 할 것이다.

(3) 다문화가정의 부모와 자녀관계

결혼이주여성의 부모역할은 주류 사회 문화에 대한 적응이 제대로 이루어지지 않은 상태에서 이루어지기 때문에 심리적·신체적 고통을 심각하게 경험할 수 있다. 자녀 출산과정에서 제도적인 문제와 경제적인 어려움으로 모국의 가족들에게 도움을 청하기도 어렵고 자신의 모국 문화에서 중요한 부모로서의 가치와 한국문화에서 중시되는 자녀양육에 대한 가치에는 차이가 있을 수 있다.

그러나 대부분 결혼이주여성은 한국에서의 부모양육의 가치나 부모역할에 대해 깊이 있게 생각하기 전에 자녀를 출산하고 양육을 하기 때문에 많은 어려움을 겪을 수 있다. 또한 한국사회에서 자녀양육에는 아버지보다 어머니가 더 많은 역할을 하기 때문에 어려움이 더 클 수 있다.

다문화가정에서 남편과 아내가 자녀양육에 대해 의견을 나누고 협력하여 가치관이 정립되는 경우도 부족한 실정이다. 이로 인해 다문화가정의 자녀들은 아버지와 어머니가 각기 다른 생활태도와 가치관을 가지고 있는 이중문화 속에서 성장하며 갈등과 정체감 형성, 가치관의 혼돈을 겪게 된다.

자녀들의 문화정체성에 있어서 한국문화를 동일시하며 어머니 나라의 문화에 대해서는 피상적이고 상식적으로 이해하는 수준에 머무는 경우가 많다. 또한 결혼이주여성의 한국어 능력 부족은 자녀들의 결정적인 시기에 언어적 자극이 결핍되어 언어지연을 경험하는 비율이 높고, 자녀와의 대화의 어려움이 나타난다. 자녀의 취학 후에는 자녀의 학교숙제, 학교의 가정통신문 같은 공문서에 대한 이해의 부족 등으로 교육지원에 대한 불안감, 교육관련 정보의 부족, 교육에 대한 사회적 기준의 압박감과 경제적 어려움으로 사교육을 시키지 못하는 상황에서 좌절감을 경험한다.

결혼이주여성은 자녀가 성장하면서 한국사회에 성공적으로 정착하는 데 필요한 사회성이나 또래집단에서 필요한 성격발달에 관심을 가지고 있으며, 자녀의 긍정적인 정체감 형성을 위해 노력하려고 한다. 따라서 부모역할의 스트레스에서 벗어나고 자녀양육에서 부모역할을 수행할 수 있도록 어머니 나라에 대한 자긍심 고취를 위한 프로그램, 자녀들과 함께 하는 다양한 교육과 문화 적응을 위한 프로그램 등에 대한 국가의 정책적 노력과 한국사회에서 결혼이주여성에 대한 관심과 배려가 필요할 것이다.

(4) 이주민 여성의 건강관리

① 결혼이주여성을 위한 건강관련지원사업

국내 체류외국인 중 결혼이민자는 2017년 말에 15만 명으로, 이들을 위한 사업들은 현재 여성가족부를 중심으로 이루어진다. 결혼이주여성을 위한 다문화가족지원센터는 2006년 21개소가 문을 열고, 2008년에는 다문화가족지원법이 제정되어 전국 거의 모든 각 시·

군·구에 다문화가족지원센터가 개소되었다. 또한 전국의 다문화가족지원센터를 후원하는 전국 다문화가족사업지원단은 2011년 8월에 전국의 건강가정지원센터(138개소)와 다문화가족지원센터(200개소)를 총괄하는 조직으로 개편하여 재단법인인 한국건강가족진흥원으로 개원하여 결혼이주여성을 위한 국내 정착과 한글교육을 중심으로 한 사업을 하고 있다.

결혼이주여성과 다문화가족의 건강관리는 일차적으로 보건복지부가 담당하고 있었던 2008년 '다문화가족 생애주기별 맞춤형 지원강화대책'이라는 중장기 대책을 수립하였는데, 이는 여성가족부로 옮겨간 후에도 여전히 지향하고 있는 정책기조로 주요 내용은 다음과 같다.

- **결혼준비기:** 결혼중개 탈법 방지 및 결혼예정자 사전준비 지원
- **가족형성기:** 결혼이민자 조기적응 및 다문화가족의 안정적 생활 지원
  - 결혼이민자의 의사소통 지원을 위해 번역 요원 파견시스템 구축과 보건복지콜센터에 외국어 가능 인력을 채용해 다국어 상담 및 연계서비스 실시
- **자녀양육기:** 다문화가족 자녀 임신·출산·양육 지원
  - 다문화가족 산모·신생아도우미 서비스 지원대상 확대 추진
  - 임산부, 영유아를 위한 영양지원·교육 프로그램을 전국 보건소로 확대
- **자녀교육기:** 다문화 아동·청소년 학습발달 및 역량 개발 지원
  - 취학 전 영유아 언어발달을 위해 다문화 아동 대상 한국어교육
- **가족역량강화기:** 결혼이민자 경제·자립역량강화
  - 결혼이민자 취업·창업지원을 위해 적합한 직종 개발, 직업훈련강화
  - 산전·후 건강관리, 자녀양육지원 등 단계별로 필요한 서비스를 전화, E-mail, 자원봉사인력을 활용하는 안내 시스템 마련 등

이와 함께 제3차 건강증진사업에서는 맞춤형 방문건강관리사업과 건강교육자료개발 및 운영을 사업내용으로 한 다문화가족건강 중점과제를 채택하여 2011~2020년까지 추진해 가고 있으며, 보육 및 복지확대와 함께 결혼이주여성과 그 가족을 위한 건강관련지원이 더 확대되어 가고 있다.

② 결혼이주여성의 임신관리

결혼이주여성은 임신 이후 출산까지 많은 문제점을 가지고 있는 것으로 보고된다. 결혼이주여성은 결혼 후 평균 6.6개월 내에 첫 임신을 하게 되며 낮은 연령과 결혼 전 성에 관한 지식이 없는 이유로 부적절한 건강관리를 하고 있다. 또한 결혼이주여성 임산부의 13.2%

와 14.8%가 자연유산과 인공유산 경험을 가졌음에도 불구하고 21.4%가 산전관리를 받지 않음으로써 임신건강상태가 위험한 상황에 노출되었다. 이러한 산전관리가 소홀한 이유로는 조력자의 부재, 아이 양육에 대한 지식 부족 때문인 것으로 나타났다. 또한 결혼이주여성은 결혼 전 양육경험이 거의 없이 한국의 전통양육 방식을 강요하는 상황에 놓이게 되며, 한국어 능력의 부족으로 보건의료이용과 서적, 매체 등을 통한 정보습득과 지식습득의 한계로 인해 신생아 관리 및 양육에서 가족과의 문화적 갈등을 경험하게 된다. 따라서 임신과 출산의 과정을 병행하고 있는 결혼이주여성의 교육은 문화적 맥락 내에서의 차이를 고려하여 제공되어야 한다.

임산부의 출산결과를 조사한 결과 미숙아, 저체중 출생아, 자궁 내 성장지연 및 선천성 기형 등의 빈도가 높아서 주산기 관리의 필요성이 높았는데, 이는 한국여성에 비해 임신 시 체질량 지수가 낮고 철분부족 등 영양관리의 부족으로 인한 것으로 나타났다. 이는 결혼이주여성의 임신 중 체중증가 부족의 개선 및 적절한 임신 중 체중증가 범위에 대한 가이드라인을 마련할 필요성을 나타낸다. 또한 결혼이주 임산부의 국적, 교육수준, 언어 습득 능력과 사회문화적인 적응 정도에 따라 영양교육과 식생활 관리에 대한 체계적인 교육을 제공해야 하며 한국 식생활에 적응하기 위해서는 배우자와 가족구성원 모두의 이해와 협조가 필요하다.

결혼이주 임산부의 과반수 정도에서 임신성 합병증이 나타났으며, 주요 합병증으로는 유산과 조기양막파열 등이 많았다. 이는 임신성 합병증을 가진 고위험 산모가 자궁 내 성장지연, 조산, 가사의 위험성을 높이고, 조기진통, 임신성 당뇨, 양수나 태반이상 등의 유병률을 높일 수 있다. 따라서 결혼이주임산부에 대한 임신성 합병증에 대한 철저한 조사와 그에 따른 합병증 예방을 위한 적절한 관리 대책이 필요하다.

우리나라는 결혼이주여성의 한국생활 적응 및 임산부 건강관리의 일환으로 2008년 다문화가족 생애주기별 맞춤형 지원강화대책과 가족주기에 따른 모자건강서비스 지원방안을 수립하고 다문화가족지원센터를 통한 교육자료 배포 및 배우자 교육 프로그램 등의 사업을 진행하고 있다.

그러나 결혼이주여성의 모국에 대한 문화적 배경의 이해 없이 한국 내 일방적 동화만을 요구하는 임산부 교육의 제공은 결혼이주여성의 언어적 취약성으로 인해 이주 초 임신과 출산 등에 관한 정보접근에 제한점을 가지게 된다.

결혼이주여성의 임신과 출산을 돕기 위해 단순히 국내 임산부 여성에게 제공되는 교육내용을 해당 국가의 언어로 번역하여 제공하는 수준을 넘어 다양한 결혼이주여성의 출신국가에 대한 이해 및 언어로 된 책자의 개발이 필요하다. 또한 정보의 접근이 보건소 및 다문화가족지원센터 등에 책자의 배치를 통한 활용의 범위를 넓히는 것도 필요할 것이다. 더 나아가 결혼이주임산부의 대다수가 경제적 이유, 의료기관까지의 이동문제, 의사소통 문제 때문에 의료기관 접근성이 낮아 결혼이주여성의 모국어로 동영상 교육 자료를 제작하여 온라인으로 제공을 고려할 필요가 있다. 또한 정상분만의 경험이 있는 결혼이주여성을 듀라로 교육시켜 같은 모국 출신 임산부에게 분만 지지를 제공하도록 하는 방안도 요청된다.

2) 다문화가정 자녀의 문화적응 및 건강관리

한국사회는 다인종, 다문화사회로 변화하고 있으며, 특히 국제결혼이 보편화되고 있는 현실에서 다문화가족 아동은 한국사회의 적응에 어려움을 겪고 있는 것으로 나타났다.

이주여성들은 자녀양육 시 겪는 어려운 점으로 교육, 보육, 적응, 부적응, 정체성 등을 말했는데 그 중에서도 '아동의 건강관리에 대한 어려움'을 가장 높게 호소하고 있다. 결혼이주여성의 자녀양육에 대한 건강정보 요구도가 높게 나타났는데, 자녀의 성장발달, 자녀의 언어발달, 자녀의 전염병 예방관리, 예방접종, 자녀의 사고 예방과 응급처치, 자녀의 이유식에 대한 건강정보 요구도가 높았다. 따라서 다문화가정 자녀의 양육건강정보요구에 필요한 다양한 교육 프로그램 개발이 필요할 것으로 사료된다.

다문화가정 아동들의 사회적 적응을 위한 조사연구를 살펴보면 사회 적응은 심리적 조정, 가족 적응, 학교 조정, 문화 적응의 4가지 영역으로 나누는데, 심리적 조정 측면에서 다문화가정 아동의 자존감과 가족 지원 수준은 한국인보다 낮다. 사회적 지지가 자존감에 미치는 영향은 중요했으며, 다문화가정의 자녀에 대한 가족 지원은 아버지의 교육과 어머니의 출신 국가에 따라 변동되고, 아버지의 교육 수준이 낮을수록 가족의 지원이 줄어들었다.

가족 적응 측면에서 볼 때 다원적 배경을 가진 가정에서 어머니의 노동시장 참여율이 72%의 높은 수준이어서 육아에 어려움을 겪고 있다. 부모 간의 교육에는 큰 격차가 있으며 가족 갈등을 유발할 수 있다. 비록 어머니와 자식 간의 친밀감이 중간보다 약간 높지만 가족 간의 여가 활동을 위해 친밀감과 상호 이해를 증진시키기 위해 훨씬 더 많은 시간을 소비해야 한다. 다문화가정의 가족 응집력 수준은 중간에 약간 모자라며 어머니의 자녀 응집도는 자녀의 가족 응집도보다 높다. 학교에서 다문화가정 자녀의 조정 수준은 한국인 학교 동료보다 약간 낮다. 특히, 수업 조정 점수는 한국 아이들보다 낮다. 그들은 학교생활에 만족할 가능성이 적고 공부하는 데 어려움이 있다고 본다.

지역 사회에서는 모국의 문화보다 한국문화에 더 잘 적응하며 두 문화의 조정 점수는 커팅 포인트보다 훨씬 높다. 한편 한국의 어린이들은 다른 문화에 대한 개방성이 높고 다른 문화를 받아들이는 데 있어 낮은 마음가짐을 드러낸다. 이러한 관점에서 향후 증가할 다문화가족 아동 및 외국 근로자 자녀, 통일 후 북한 아동청소년에 대한 견실한 복지지원체계가 구축되어야 된다고 본다.

(1) 영유아기

영유아기는 발달의 결정적 시기(critical period)로 이 시기의 건강은 일생에 걸쳐 중대한 영향을 미치게 된다. 영유아는 자신이 건강 문제를 확인하고 이에 대하여 적절한 행동을 취하는 데 능동적이지 못하며 면역계의 불완전한 발달로 감염에 민감하다. 또한 자신의 신체를 자유롭게 조절할 수 있는 능력이나 기술이 미숙한 반면, 환경을 탐색하려는 자연적인 호기심으로 위험상황이나 사건에 도전하려는 발달특성을 가지고 있어 상해와 감염의 위험에 노출되는 기회가 증가된다.

영유아 건강관리를 위해서는 질병의 예방을 위한 건강관리와 예방접종, 적절한 영양공급을 위한 식단 작성, 안전사고를 대비한 시설 운영과 점검 및 건강교육을 제공하는 프로그램이 마련되어야 한다. 따라서 건강관리에 가장 취약한 시기에 건강위험 요소에 노출될 기회가 많은 다문화가정의 영유아건강은 무엇보다도 세심한 주의와 노력이 필요하다.

이에 우리나라 보건복지부는 자국 및 다문화가정 영유아의 건강관리를 위하여 대표적으로 월령별 영유아 건강검진 제도를 실시하고 있으며 그 내용은 다음과 같다. 또한 영유아 건강검진 시기는 생후 4개월부터 71개월까지 대상이며, 총 7차에 걸쳐서 건강검진을 받으면 된다(표 4-1, 4-2, 그림 4-2).

영유아 아동을 가진 다문화가정의 모유수유와 이유식관련 상담사례 살펴보기 (조별발표 학습)

모유수유 중인 다문화가정 여성 흥티○○의 아들 이○○(13개월)이 밥을 잘 먹지 않는다고 해서 상담을 요청하였다. 흥티○○은 아이가 밥을 잘 먹지 않아 새벽까지 모유수유를 하고 있다고 하며 지금 개월수의 영아는 밤에 모유 수유 없이 하루 3끼의 이유식과 간식단으로 해결할 수 있는지 물어 보았다.

표 4-1. 검진시기별 검진 항목

검진시기			항목
1차	건강검진	생후 4~6개월	문진 및 진찰, 신체계측, 건강교육
2차	건강검진	생후 9~12개월	문진 및 진찰, 신체계측, 발달선별검사 및 상담, 건강교육
3차	건강검진	생후 18~24개월	문진 및 진찰, 신체계측, 발달선별검사 및 상담, 건강교육
	구강검진	생후 18~29개월	구강문진 및 진찰, 구강보건교육
4차	건강검진	생후 30~36개월	문진 및 진찰, 신체계측, 발달선별검사 및 상담, 건강교육
5차	건강검진	생후 42~48개월	문진 및 진찰, 신체계측, 발달선별검사 및 상담, 건강교육
	구강검진	생후 42~53개월	구강문진 및 진찰, 구강보건교육
6차	건강검진	생후 54~60개월	문진 및 진찰, 신체계측, 발달선별검사 및 상담, 건강교육
	구강검진	생후 54~65개월	구강문진 및 진찰, 구강보건교육
7차	건강검진	생후 66~71개월	문진 및 진찰, 신체계측, 발달선별검사 및 상담, 건강교육

표 4-2. 건강검진 항목별 검진방법 등

검진항목	검진방법
문진 및 진찰	문진표, 진찰, 청각 및 시각문진, 시력검사
신체계측	키, 몸무게(체질량지수), 머리둘레
건강교육	영양, 수면, 안전, 구강, 대소변가리기, 정서 및 사회성, 개인위생, 취학준비, 간접흡연교육
발달평가	한국영유아발달선별검사(K-DST)를 통한 평가 및 상담
검진항목	**항목**
구강문진 및 진찰	구강문진표 및 진찰
구강보건교육	매뉴얼을 이용한 보호자 및 유아 구강보건교육

영유아 건강검진 결과통보서(4~6개월)

수검자 성명		주민등록번호	

	키(cm)	몸무게(kg)	머리둘레(cm)
신체계측	□□.□cm(백분위)	□□.□kg(백분위)	□□.□cm(백분위)
	□ 양호 □ 정밀평가필요	□ 양호 □ 정밀평가필요	□ 양호 □ 정밀평가필요
	*백분위수란 같은 성별과 같은 나이의 영유아 100명 중에서 작은 쪽에서부터의 순서를 말합니다. 위의 그래프의 성장곡선은 제일 아래에서부터 위로 올라가며 차례대로 5, 10, 25, 50, 75, 90, 95 백분위수를 나타내는 곡선입니다.		

신체 진찰 소견					
전신상태	□ 양호	□ 이상	흉부	□ 양호	□ 이상
피부	□ 양호	□ 이상	폐	□ 양호	□ 이상
머리/안면	□ 양호	□ 이상	심장	□ 양호	□ 이상
눈	□ 양호	□ 이상	복부	□ 양호	□ 이상
코	□ 양호	□ 이상	생식기	□ 양호	□ 이상
귀	□ 양호	□ 이상	사지	□ 양호	□ 이상
구강	□ 양호	□ 이상	척추	□ 양호	□ 이상
경부	□ 양호	□ 이상	신경학적 검사	□ 양호	□ 이상

시각 문진	□ 양호 □ 정밀평가필요 (관련 문진 문항: □1 □2 □3 □4)
청각 문진	□ 양호 □ 정밀평가필요 (관련 문진 문항: □1 □2 □3 □4 □5 □6)
건강교육 실시	□ 안전사고 예방교육 □ 영양교육 □ 영아돌연사증후군 예방교육
종합 판정	□ 양호 □ 주의 □ 정밀평가필요
소견 및 조치 사항	

요양기관기호		검진기관명			
검진일		면허번호		의사명	(서명)

* 유병률이 낮은 특정 질환의 경우 검진을 통해 발견되지 않을 수도 있습니다.
* 검진 결과가 양호로 판정되었더라도 지속적인 건강관리를 통해 현재의 건강을 계속 유지해 주시고, 판정결과가 '주의'나 '정밀평가필요'인 경우는 의사와 상담하시기 바랍니다.
* 건강검진 결과통보서상 요양급여가 필요하다는 의사의 소견이 기재된 경우, 이 결과통보서를 요양급여의뢰서(진료의뢰서)로 갈음하여 상급종합병원에서 진료를 받을 수 있습니다.
* 다음 검진 시에 결과통보서를 지참하시면 검진 결과 판정에 많은 도움이 됩니다.

그림 4-2. 4~6개월 영유아 건강검진 결과통보서(출처: 보건복지부, 2016년).

(2) 학령기

다문화가족 학령기 아동의 학교적응력과 정서조절력을 설명하는 데 있어서 3가지를 살펴볼 수 있다. 첫째, 가족은 학교나 방과후기관과 비교하여 가장 컸다. 학령기 아동의 생활환경이 학교나 방과후기관으로 확대되고 있으나 아직도 가족은 이들에게 매우 중요한 환경임을 알 수 있었다. 둘째, 다문화가족 학령기 아동의 사회적응력에는 학교친구의 역할이 매우 중요하다. 아동이 학령후기에 들어서면 사회적 관계망은 점차 확장되어 친구와의 관계가 활발해진다. 학교친구의 지지는 상호 간의 즐거움과 친밀감, 사회성 발달, 자기 나이에 맞게 지능과 흥미를 발달시키는 등 학교적응력과 사회적응력에 중요한 역할을 하는 것으로 밝혀졌다. 셋째, 학교교사는 다문화가족 학령기 아동의 학교적응력에 가장 중요한 역할을 담당하는 사회적 지지원이며, 정서조절력에 영향을 미침을 알 수 있다. 학교교사는 다문화가족 학령기 아동에게는 신뢰할 수 있는 긍정적인 역할모델이며, 아동의 학교생활적응에 큰 영향을 미침을 알 수 있다. 넷째, 방과후기관의 방과후교사의 지지는 다문화가족 학령기 아동의 학교적응력과 정서조절력에 영향을 미치는 변인이었다. 방과후교사는 환경의 특수성을 지닌 다문화가족 아동에게 학습지도와 학교생활에 도움을 제공하며, 학교교사보다 강한 정서적 지지를 제공하여 가족원의 지지 다음으로 영향을 미치는 중요한 지지원임을 시사해 주고 있다.

가족은 사회적 지지 경험이 시작되는 일차적인 사회적 배경이며, 아동은 부모를 중심으로 자아존중감과 대처전략을 증진시키며 성장·발달해 간다. 이에 다문화가족 자녀들이 학교에서 경험하는 문제들에 대해 부모가 관심을 갖고 효과적으로 문제를 해결할 수 있는 능력이 필요하다. 따라서 부모-자녀관계 증진 프로그램과 명확한 의사를 전달할 수 있는 의사소통 프로그램 및 가족상담 등으로 가족의 기능을 강화해야 한다. 또한, 다문화가족 어머니가 부모로서 자신을 자랑스럽게 여기고 부모역할을 잘할 수 있도록 돕는 부모교육이 필요하다. 학교사회복지사업의 프로그램에 다문화가족 아동과 일반가족 아동이 함께 하는 또래관계 강화 프로그램을 실시하여 아동의 역량을 강화해야 한다. 또한 아동은 부모 다음으로 신뢰하는 교사를 통해서 많은 영향을 받게 됨으로써 학교교사와 다문화가족 아동과의 유대관계 강화를 위하여 프로그램의 개발이 필요하다.

최근 다문화가정에서 양육을 받고 자라나는 아동들에 대한 사회적응과 정신건강에 대한 문제가 새로운 사회적 관심사로 대두되고 있다. 대부분의 다문화가정 아동은 부모의 낮은 사회경제적 지위, 언어, 문화 등의 차이로 인해 그들이 생활하는 가정과 학교에서 다양한 어려움을 경험한다고 보고되고 있으며, 한국문화와는 다른 부모의 문화를 접하면서 이중

문화에 대한 충돌을 경험함으로써 다양한 스트레스 상황에 노출되기도 한다. 또한 다문화가정 아동 중 상당수는 언어 발달지체 및 문화 부적응으로 인해 학교수업에 대한 이해도가 낮을 뿐만 아니라 다문화가정에 대한 차별과 편견으로 인해 소극적 태도나 과잉행동 등의 부적응적 행동을 보이는 것으로 나타나고 있다.

더 나아가 학령기 아동의 행동문제는 학업수행의 어려움, 대인관계의 문제, 범죄와 약물남용 등의 문제로 이어질 수 있으므로 다문화가정의 아동이 건강하고 적응적인 성인으로 성장하기 위해서는 다양한 국가적 지원과 서비스가 요구된다.

학령기 아동을 가진 다문화가정의 생활관련 상담사례 살펴보기
(조별발표 학습)

다문화가정 남편인 김○○은 U광역시 소재 복지관 반찬 서비스 수령차 내방하였다가 상담을 하게 되었다. 현재 배우자가 2월에 이란성 쌍둥이 출산 후 아들 김○○(8세)가 엄마와 동생들 사이에서 소외되는 듯한 느낌을 받아서 힘들어 한다고 하였다. 특히 어머니는 두 신생아를 보는 것도 힘든데 아들까지 보채자 첫째에게 짜증을 많이 낸다고 하였다.
이에 김○○은 아들이 학교를 마치고 나서 아이를 돌봐주는 놀이방이나 복지시설이 있으면 알아봐 달라고 하였다. 아울러 베트남 출신 부인 딩○○은 양육으르 힘들어 하므로 베트남 친정부모를 초청하고 싶은데 다문화 관련 기관에서 친정부모 초청행사가 있으면 소개를 해 달라고도 하였다.

(3) 학령기 이후

우리나라의 다문화사회로의 전환이 가속화되고 있음에도 불구하고 이주민들과 그들의 자녀들은 여전히 이방인으로 취급받으며 다양한 불평등과 어려움을 겪고 있는 것으로 나타난다.

다문화가정 청소년들은 언어습득과 구사능력의 문제 학습에 대한 어려움이나 또래관계 형성에서의 문제 외모의 차이, 외국인에 대한 사회적 편견과 차별로 인한 우울, 위축 등의 정서적 어려움 등을 경험하고 있으며, 낮은 사회경제적 지위 또는 부모의 서로 다른 가치관과 생활 풍습으로 인한 문제 등 심리사회적 부적응을 다양하게 경험하고 있다.

이러한 차별 경험과 낮은 사회경제적 지위, 심리사회적 부적응은 스트레스를 유발하고, 부정적인 대처 행동을 증가시키며 흡연, 알코올 또는 약물 사용 등 건강위험행위들을 증가시키는 것으로 알려져 있다. 특히 청소년기는 음주나 흡연 등 건강위험 행위들이 시작되는 시기로 청소년기 건강행태는 성인기로 이어져 만성질환 발생에 영향을 주기 때문에 청소년기의 건강위험행위 관리는 매우 중요하다.

학령기 이후 청소년을 가진 다문화가정의 생활 상담사례 살펴보기 (조별발표 학습)

중국에서 시집 온 ○○○은 슬하에 18살, 7살 남자 아이를 키우고 있다. 현재 울산다문화교육지원센터에서 다문화전담코디네이터로 근무하고 있다.
이날 ○○○은 본인이 ○○초등학교에서 이중 언어 교사로 일할 때 느낀 이야기를 하며 다문화 어머니들이 중심이 된 학부모회(가칭)를 만들고 싶다고 했다. 이유인즉, ○○초등학교에서 근무할 때 다문화 아이들이 많이 다니고 있었는데 대부분 한국 아이들에게 이유 없이 놀림을 당하거나 소외시키는 일들을 자주 봤다고 한다. 그리고 집단따돌림이나 폭행을 당해 학교폭력방지위원회를 열어도 다문화 아이를 위해 대변하거나 도움을 주는 한국 분들은 아무도 없었다고 한다.
이런 경우를 보고 나니 7살 난 본인의 둘째 자녀가 내년에 학교에 입학하게 될 경우 어떻게 될 것인가가 불안하다고 한다. 다른 친구 엄마도 초등학교에 보냈는데 한국어를 잘 못하는 아들이 친구들로부터 놀림을 받아 속상해 한다라는 이야기를 들었다고 하면서 본인은 다문화 엄마들이 학교에서 아이들이 편견과 차별 없이 바르게 교육 받을 수 있고 혹 그런 부당한 일을 당했을 때 혼자가 아닌 단체가 나서서 중재할 수 있는 학부모회를 만들고 싶다고 의견을 냈다.

3) 외국인 근로자

건강 취약 집단인 국내 거주 외국인 근로자의 건강증진행위에 영향을 미치는 요인을 파악한 결과 외국인 근로자의 건강증진행위는 평균 이하이며, 종합적 건강증진행위과 하부영역(건강 책임, 신체적 활동, 영양, 영적 성장, 대인관계, 스트레스 관리)은 문화적응도와 사회적 지지와 유의하게 상관관계가 있었다. 또한 외국인 근로자의 문화적응을 위하여 한국외국인력지원센터에서는 다양한 교육 프로그램을 운영하고 있다. 그 내용을 살펴보면 한국어교육, 정보화, 산업안전, 법률교육, 귀국의식 교육 프로그램 등이 있으며, 수료기준은 출석률과 시험 성적으로 정한다. 또한 문화사업은 한국문화를 비롯한 다양한 문화체험으로 외국인 근로자의 근로의욕 고취와 사기진작으로 기업의 생산성 향상에 기여, 외국인 근로자의 한국생활 적응력 향상 도모, 외국인 근로자들의 향수 및 근로 스트레스를 해소하고 재충전의 시간을 갖도록 하기 위한 목적을 가지고 시행하고 있다. 그 추진방향으로는 국가별 전통명절 및 기념행사 등 외국인 근로자 행사 지원, 한국문화 이해와 공감대 형성으로 사내 화합과 소통, 조화로운 다문화사회를 위한 기반 조성과 갈등 해소, 내국인의 외국인 근로자에 대한 이해와 포용으로 따뜻한 고용체류환경 조성이다.

외국인 근로자의 건강관리 및 질병예방, 의료혜택을 제공하기 위하여 각종 무료진료를 시행하고 있으며 진료는 월 2회 일요일, 진료내용으로는 내과, 가정의학과, 한방과, 정형외과 등이며, 의료진은 평화사랑나눔(의사, 간호사, 물리치료사, 한의사 등으로 구성된 무료진료 봉사팀) 전문의료팀과 연대하여 치료 지원을 펼치고 있다. 현재는 국내에 체류한 지 90일 이상 지난 외국인 근로자 가운데 건강보험, 의료보험, 산재보험 등에 가입돼 있지 않은 경우, 한국에서 생긴 질병 등에 대해 보험이 적용되는 급여항목은 모두 정부·지자체가 지원했다. 선택진료비, 상급 입원실 등 보험이 적용되지 않는 항목만 환자가 부담한다. 외국인 근로자 외에도 외국인 근로자의 자녀, 여성 결혼이민자, 노숙자 등도 이 제도의 혜택을 받을 수 있다. 1회 한도는 500만 원이지만, 횟수 제한은 없다. 의료기관이 필요를 인정하면 지원한도가 최대 1천만 원까지로 늘어난다. 내년부터는 이 제도의 혜택을 받아도 치료비가 500만 원이면 본인부담금 100만 원(20%)을 환자가 내야 한다.

기존에는 외국인 근로자들이 공공병원에서 의료서비스를 이용하면 최대 1천만 원까지 치료비 전액을 지원받았다. 보건복지부의 '외국인 근로자 등 의료지원사업 안내'를 보면 외국인 근로자가 국내에서 질병이 발병해 국립중앙의료원, 지방의료원, 적십자병원 등 공공병원에서 치료를 받으면 500만 원까지 입원·치료비의 80%는 정부·지자체가 지원하고 나머지 20%는 환자 본인이 내도록 했다. 다만 의료기관의 자체 심의에 따라 필요가 인정되면 500만 원을 넘는 치료비도 지원을 받을 수 있다. 이 제도는 2017년부터 시행된다.

현재 외국인 근로자는 한국에서 생긴 질병에 대해 공공병원에서 무상으로 치료를 받을 수 있다. 1회 한도는 500만 원이지만, 횟수 제한은 없다. 공공의료기관이 필요를 인정하면 지원한도가 최대 1천만 원까지로 늘어난다. 환자가 낼 돈은 전혀 없다. 총 치료비가 1천만 원을 넘으면 1천만 원을 넘은 초과금액에 대해서만 본인부담금 20%가 적용된다.

이 사업은 외국인 근로자들이 국민건강보험이나 의료급여 등의 혜택을 받을 수 없는 소외계층이라는 취지로 2005년 시작됐다. 그러나 건강보험료를 성실하게 내는 우리 국민도 의료서비스를 이용하고 본인부담금을 30% 정도 내고 있다는 점과 비교하면 형평성에 문제가 있다는 지적이 있었다. 또 일부 외국인이 이 제도를 악용, 한국에서 무료로 치료를 받고 고국으로 돌아가 버리는 사례도 있던 것으로 알려졌다. 복지부는 이 사업으로 연간 30억 원 정도의 예산이 소요된 것으로 보고 있다. 이에 지난해 국회예산정책처는 외국인 근로자 등에게 본인부담금 없이 500만 원 범위에서 진료비를 모두 지원하는 것은 과다한 의료혜택이라고 지적하고, 이들에게 의료이용에 따른 본인부담금을 부과하는 방안을 검토할 필요가 있다고 권고했다.

외국인 근로자의 건강관련 상담사례 살펴보기(조별발표 학습)

모○○○(여, 일본) 씨 남편 ○○○씨(남, 일본)가 선풍기 수령차 복지기관 방문을 하였다. 요즘 근황을 묻자 집 인근에서 퀵서비스 일을 그대로 하고 있으며 핸드폰 수리 기술도 짬짬이 배우고 있다고 하였다. 모○○○씨는 건강이 좋지 않아 일용직 일(식당 등)을 간헐적으로 하고 있고, 아직 치아 치료를 받지 못해 아래쪽 이는 거의 다 빠진 상태로 식사를 하는 상황이라고 하여 치아진료 등 의료 관련하여 지원이 되는 정보가 있으면 연결해 달라고 하였다.

4) 북한이탈주민

북한이탈주민의 사회적응교육을 살펴보면 아래와 같다.

- 사회적응교육을 보호대상자는 보호기간 중 대한민국에 정착하는 데 필요한 기본교육을 받아야 한다('북한이탈주민의 보호 및 정착지원에 관한 법률' 제15조제1항 및 '북한이탈주민의 보호 및 정착지원에 관한 법률 시행령' 제30조제1항).
- 기본교육은 보호대상자가 대한민국 국민으로서 기본소양을 기를 수 있는 정치·경제·사회·문화 등 각 분야의 교과과정으로 이루어진다('북한이탈주민의 보호 및 정착지원에 관한 법률 시행령' 제30조제2항).
- 거주지 보호기간 중 보호대상자가 희망하거나 보호대상자의 사회적응을 위하여 필요하다고 인정되는 경우에는 추가로 사회적응교육을 받을 수 있다('북한이탈주민의 보호 및 정착지원에 관한 법률 시행령' 제30조제6항).
- 지역적응교육으로 보호대상자는 사회적응교육과 별도로 거주지에서 별도의 적응교육을 추가로 받게 될 수 있다('북한이탈주민의 보호 및 정착지원에 관한 법률' 제15조제2항). 지역적응교육은 거주지 보호기간 중 최초 1년 이내에 받게 된다('북한이탈주민의 보호 및 정착지원에 관한 법률 시행령' 제30조제3항).
- 지역적응교육은 거주지의 특성을 고려한 교육 프로그램, 각종 상담 및 보호대상자 지원 관련 기관·단체와의 서비스 연계 등을 포함한 교육과정으로 이루어진다('북한이탈

주민의 보호 및 정착지원에 관한 법률 시행령' 제30조제4항).

※ 지역적응센터: 지역적응센터는 4주간의 초기집중교육과 취업, 상담 등 지원을 담당하고 있는 곳으로서, 2009년부터 통일부에서 북한이탈주민의 정착지원을 위해 전국에 31개의 지역적응센터를 운영하고 있다(남북하나재단 사이트 참조).

• 북한이탈주민에 대한 의료급여를 살펴보면, 보호대상자와 그 가족은 '의료급여법'에서 정하는 바에 따라 의료급여를 받을 수 있다('북한이탈주민의 보호 및 정착지원에 관한 법률' 제25조제1항 및 '의료급여법' 제3조제1항제7호).

※ 의료급여: 의료급여는 생활유지 능력이 없거나 생활이 어려운 저소득 국민의 의료문제를 국가가 보장하는 공공부조제도로서 건강보험과 함께 국민의 의료보장의 중요한 수단이 되는 사회보장 제도이다(보건복지부, '2017년 의료급여사업안내' 3쪽 참조).

※ 가족의 범위: 의료급여를 받을 수 있는 보호대상자 가족의 범위는 다음과 같다('2017년 의료급여사업안내' 66쪽 참조).

- 동일 주민등록인 경우 국민기초생활 보장가구와 동일: 세대별 주민등록표에 기재된 사람(동거인은 제외)으로서 생계나 주거를 같이 하는 사람

※ 2촌 이내의 혈족은 주민등록표에 동거인으로 기재되더라도 동일보장가구로 본다.

※ 동거인의 기준은 '민법' 제779조에 따른다.

- 주민등록을 달리해도 국민기초생활 보장 가구원의 범위에 포함되는 경우
- 다른 법률에 따른 의료급여 수급 자격 당사자의 배우자(사실상 혼인관계에 있는 사람을 포함)
- 다른 법률에 따른 수급 자격 당사자의 30세 미만 미혼자녀

※ 30세 미만 미혼자녀가 주거를 달리하면서 취업을 하고 있는 경우에는 생계를 달리하는 것으로 판단하여 가구에서 분리된다.

※ 보장가구에서 제외되는 사람의 범위: 국민기초생활보장과 동일

의료급여 대상자 선정은 의료급여 대상자를 선정하는 기준은 다음과 같다('2017년 의료급여사업안내' 64쪽 참조).

- 인적 기준: 수급권자 및 그 가족
- 소득재산기준: 중위소득의 50%

※ 근로무능력가구의 경우에는 1명을 추가한 가구원수의 중위소득 50%를 기준으로 한다.

※ 취업특례의 경우에는 160%를 기준으로 한다.

– 일반·금융·자동차 등 재산의 소득환산액: 국민기초생활보장과 동일

의료급여 대상자로 선정되는 방법은 다음과 같다('2017년 의료급여사업안내' 65쪽 참조).

〈북한이탈주민정착지원사무소(이하 '하나원'이라 함) 입소 중 기초생활보장 자격 결정 및 관리〉

- 하나원에 재원 중인 북한이탈주민이 주민등록번호를 부여받는 즉시 하나원 관계자가 하나원이 소재한 보장기관에 기초생활수급자를 신청한다. 하나원으로부터 신청된 명단에 따라 보장기관은 기초생활보장 수급자로 보장 여부 결정하며, 하나원 재원 중에는 의료급여만 지급된다.
- 북한이탈주민이 하나원 퇴소 시, 하나원은 거주지 배정 명단을 첨부하여 보장기관과 전입지 보장기관에 통보하고 보장기관은 수급자 전출처리 절차에 따라 전입지 보장기관에 전출 통보하게 된다.

  ※ 하나원을 퇴원하는 북한이탈주민은 '주민등록법'에 따라 배정된 거주지로 14일 이내에 전입신고를 해야 한다. 전입지에서는 전입 즉시 구비서류 징구 및 동거가족이 있는 경우 소득인정액을 확인하는 등 확인 조사 실시 후 계속 보호 여부 결정하게 된다.

  – 하나원 퇴소 후 의료급여 신청 및 자격취득방법: 하나원을 퇴소한 후에는 읍·면·동 또는 시·군·구에 사회보장급여 제공(변경) 신청서('2017년 의료급여사업안내' 서식 1 참조)를 제출하여 다른 법률에 의한 의료급여를 신청한다.

  ※ 관할 행정기관, 거주지보호담당관 또는 북한이탈주민 등록확인서 및 임시 신분증을 통해 자격확인을 한다.
- 의료급여 대상자 선정 시 소득인정액 적용 기준으로는 보호대상자가 의료급여 대상자에 해당하는지의 여부는 기초생활보장 수급자를 선정할 때와 같은 기준에 따르며, 부양 의무자의 기준은 적용하지 않다('2017년 의료급여사업안내' 66쪽 참조).

  ※ 사적이전소득, 보장기관 확인소득, 무료임차소득은 적용하지 않는다. 근로능력이 없는 사람으로만 구성된 가구는 가구원 수에 1명을 추가한 가구원 수에 해당하는 중위소득 50% 이하의 소득인정액 기준이 적용된다('2017년 의료급여사업안내' 66쪽 참조).
- 근로능력이 있는 사람이 포함된 가구는 중위소득 50% 이하의 소득인정액 기준이 적

용됩니다('2017년 의료급여사업안내' 66쪽 참조). 거주지보호기간(5년) 중인 북한이탈주민이 근로·사업소득이 증가하여 소득인정액이 중위소득 기준 초과로 급여가 중지되는 가구는 중위소득 160% 이하의 취업특례가구 소득인정액 기준이 적용된다('2017년 의료급여사업안내' 66쪽 참조).

- 의료급여의 신청은 의료급여를 받으려는 보호대상자는 사회복지서비스 제공 신청서에 소득·재산상태 및 건강상태를 확인할 수 있는 서류 및 소득·재산 신고서를 첨부하여 시·군·자치구에 제출하면 된다('사회복지사업법' 제33조의1제1항 및 '사회복지사업법 시행규칙' 제19조의2제1항 본문).
- 의료급여가 제한되거나 중지되는 경우를 살펴보면 보호대상자가 다음의 어느 하나에 해당하면 의료급여를 받을 수 없다. 다만, 보건복지부장관이 의료급여를 할 필요가 있다고 인정하는 경우에는 의료급여를 받을 수 있다(규제 '의료급여법' 제15조제1항).
  - 수급권자가 자신의 고의 또는 중대한 과실로 인한 범죄행위에 그 원인이 있거나 고의로 사고를 일으켜 의료급여가 필요하게 된 경우
  - 수급권자가 정당한 이유 없이 이 법의 규정이나 의료급여기관의 진료에 관한 지시에 따르지 아니한 경우
- 의료급여의 변경을 살펴보면 보호대상자의 소득·재산상황·근로능력 등이 변동되었을 때에는 시장·군수·구청장(자치구의 구청장을 말함, 이하 같음)은 직권으로 또는 수급권자나 그 친족 그 밖의 관계인의 신청에 따라 의료급여의 내용 등을 변경할 수 있다(규제 '의료급여법' 제16조제1항). 의료급여의 내용 등이 변경된 때에는 그 이유를 서면으로 받아볼 수 있다(규제 '의료급여법' 제16조제2항).
- 의료급여의 중지는 보호대상자가 다음의 어느 하나에 해당하는 경우에는 의료급여가 중지된다('의료급여법' 제17조제1항).
  - 수급권자에 대한 의료급여가 필요 없게 된 경우
  - 수급권자가 의료급여를 거부한 경우

  ※ 수급권자가 의료급여를 거부한 경우에는 의료급여를 거부한 수급권자가 속한 가구원 전부에 대해 의료급여가 중지된다('의료급여법' 제17조제2항). 의료급여가 중지된 때에는 그 이유를 서면으로 받아볼 수 있다('의료급여법' 제17조제3항).
- 건강보험료의 지원을 살펴보면 국민건강보험료의 지원은 거주지에서 보호하는 기간 내에 있는 보호대상자로서 건강보험의 가입자는 보험료(보험료가 경감되는 경우에는 경감된 보험료를 말함)의 50%를 지원받을 수 있다('북한이탈주민의 보호 및 정착지원에

관한 법률 시행령' 제47조의5). 다만, 해당 연도의 가계 월평균 소득이 전년도 도시근로자 가구당 월평균 소득액 이상인 사람은 제외된다.

북한이탈주민 건강관련 상담사례 살펴보기(조별발표 학습)

북한이탈주민 김○○은 탈북 과정 중에 신체부상(다리골절 등), 정신적 충격으로 인하여 우리나라 생활적응이 매우 어렵고 신체불편감과 함께 주위 사람을 경계하며 거의 교류를 하지 않고 있어 그 부인이 상담을 신청하였다.

5) 불법체류 외국인

한국 헌법의 건강에 대한 신체적, 정신적 권리는 기본적 인권이다. 그러나 경제적 어려움이 있고 의료 혜택이 거의 없으며 치유와 치료의 사회적 수요를 충족시키지 못하는 외국인 근로자와 같은 소외된 사람들이 여전히 있다. 국제법은 각국에 자국 영역 내에 거주하는 외국인 근로자의 건강을 돌보도록 요청한다. 한국의 의료법에 따르면 병원이나 진료소와 같은 의료기관과 출산 및 치과진료소의 의사는 가능한 원인 없이 치료를 거부하지 않아야 한다. 그들은 기관과 의사가 응급 환자를 위한 최선의 조치를 취해야한다고 규정하고 있다.

현재 우리나라 불법체류 외국인들은 이들의 고용 및 직업과 관련된 차별뿐만 아니라 단속과 보호시설 입소와 관련된 기본권 측면에서도 심각한 인권침해를 받고 있다. 특히 신체의 자유는 인간의 권리 중 가장 본질적인 것이라 할 수 있으며 따라서 이를 제한하기 위해서는 적법성의 통제를 받아야 하고 자의적이거나 인간의 존엄성을 훼손하는 방법에 의한 구금이 일어나서는 안 된다. 그렇지만 현재 우리나라에 체류하고 있는 외국인 근로자, 좀 더 자세히 말하자면 불법체류 외국인들에 대한 인권보호는 미흡한 것이 사실이다.

외국인 근로자의 건강증진 및 의료 지원사업을 위한 의료전략을 제안하였는데 첫째, 장기적이고 통합된 입장에서 외국인 근로자 또는 이주노동자에 대한 다양한 건강 및 의료 전략을 수립 할 필요가 있다. 둘째, 보험이 없는 사람들을 위한 조치를 준비하고 의료보험 가입자의 보험료 또는 수수료를 합리화해야 한다. 셋째, 신체검사는 집단연습이 아니라 예방조치로서 의료서비스의 질을 향상시켜야 한다. 넷째, 의료기관과 민간단체 간의 긴밀한 관계와 지속적인 지지가 요구된다. 다섯째, 외국인 근로자의 산업재해를 예방하기 위해서는 한국의 근로자와는 다른, 다양한 노동과 환경에 제도적 장치와 안전 보건 관리 실천을 설정해야한다. 여섯째, 전염병에 감염된 근로자는 한국의 의료법의 혜택보다 오히려 모든 권리를 박탈당하기 때문에 인권침해와 건강권 박탈을 방지하기 위해 필요한 조치를 취할 필요가 있다. 일곱째, 장기적인 관점에서 우리는 특정 지역의 외국인 근로자를 위한 병원을 찾아 다양한 언어의 번역자를 제공해야 합니다.

불법체류 외국인의 건강관련 상담사례 살펴 보기(조별발표 학습)

K시에 거주하며 인근 산업체에서 불법으로 근무하는 쓰리랑카 부부가 산부인과에 출산과 관련 하여 진료하였다. 이 부부는 불법체류라 건강보험 적용이 안 되었는데 부인이 9개월째 접어들었고 아이도 상당히 커 자연분만이 어려운 상태라고 한다. 이에 제왕절개 수술을 해야 하는 상황이고, 비행기를 탈 수 있는 상황도 아니라고 하였다.
병원비는 340만 원 정도 나올 예정인데 부부에게 그만큼의 돈이 없다고 하였다. 남편은 월 150만 원 정도 월급을 받는다고 하였고, 인도적 차원에서 지원 받을 수 있는 곳이 있는지 상담을 문의해 왔다.

Chapter 5

글로벌 보건의료

학습목표

1. 의료관광의 개념과 구성요소를 설명할 수 있다.
2. 의료관광의 현황과 교육과정을 설명할 수 있다.
3. 글로벌 헬스케어를 설명할 수 있다.
4. 외국인 환자 유치 현황을 설명할 수 있다.

1 의료관광

1) 개념

지속적인 경제성장과 세계화 추세로 각국을 넘나드는 여행 인구는 급속히 증가하고 있다. 또한 웰빙과 건강을 추구하는 여행과 관광의 영역 및 유형도 다양화되고 있다. 여행과 의료를 통합한 목적형 관광이 새로운 패턴으로 자리 잡으며 보건의료 부분의 세계적인 시장개방 가능성은 나날이 높아지고 있다. 불치병을 고치기 위하여 많은 돈을 지불하고 선진국으로 치료를 받으러 떠나는 종래의 개념에서 벗어나, 아는 사람이 없는 새로운 곳에서 자신의 건강문제를 해소하고 휴식을 취하고 관광을 즐기는 것까지 한 번에 해결하는 신개념 여행이 생겨난 것이다. 보건의료영역은 WTO(World Trade Organization), DDT(Doha Development Agenda) 협상과 FTA(Free Trade Agreement) 등을 통해 보건의료비가 급증되었으며 더불어 의료시장 개방을 요구하고 있다. 이는 국가의료체계에서 시장 기능을 활성화시키고, 의료서비스를 받기 위하여 국경을 넘나드는 의료관광산업이라는 새 영역을 만들었다. 특히 의료관광은 한 사람이 일반 관광객에 비해 두 배 가까이 긴 체류기간을 가지며 많은 비용을 지불하는 새로운 고 부가가치 사업으로 주목받고 있다. 또한 의료관광은 아시아 국가의 관광산업에서 가장 빠르게 고 부가가치의 신 성장시장을 창출한다고 인식되는 분야이다. 2012년 우리나라가 의료관광객 15만 명 이상을 유치했을 때 6,000여 명의 신규 고용창출과 9,000억 원의 경제적 파급효과를 이루었으며, 2012년 세계 의료관광 시장규모는 1천억 달러 이상으로 예상되었다. 이러한 의료관광은 국내 의료관광과 관련된 산업분야 발전에 따른 고용창출과 외국인 환자 유치를 통한 외화획득, 지역경제 및 국가경제 발전에 기여할 수 있는 새로운 틈새 관광시장(niche tourism market)으로 각광받고 있다.

일반적으로 의료산업은 고도의 의료기술을 사용하여 질병으로 고통 받는 환자의 증세를 호전시켜 삶의 질을 향상시키는 일에 관여하는 모든 제반 산업을 이르는 것이다. 또한 현대사회에서 의료산업은 환자뿐 아니라 그들의 보호자와 관련된 인적 서비스를 제공하는 산업까지 아울러 지칭하고 있으며, 의료시설, 보험, 의료기기, 인적자원 등의 결합을 통하여 고객에게 최상의 의료서비스를 제공하는 산업이기도 하다. 관광산업은 관광객을 위한 운송, 숙박, 음식, 운동, 오락, 휴양, 용역 및 부대시설을 제공하는 동종 사업이다. 이러한 의료산업과 관광산업의 만남이 의료관광이다.

의료관광은 수명 연장, 소득, 복지의 측면에서 중요성이 더욱 증대되고 있으며 하나의 새로운 산업형태로 발전되고 있는 분야이다. 2013년에는 우리나라 해외 환자 유치규모를 20

만 명으로 전망했으며, 한국에서 치료받은 외국인 환자 수는 2007년 7,900명에서 2009년에는 60,201명으로 급속히 증가하였다. 의료관광객의 약 50%가 내과, 검진센터, 피부 및 성형외과 등 미용고객이거나 경증 환자이며 국가별로는 미국, 일본, 중국, 러시아 순으로 나타났다.

의료관광은 의료관광(medical tourism), 의료여행(medical travel), 헬스관광(health tourism), 글로벌 헬스케어(global healthcare) 등의 용어로 사용된다. 의료관광의 개념은 보건관광, 건강관리관광, 웰빙관광 등의 용어를 혼용하고 있는데, 광의로는 병 또는 미용을 위한 수술, 치료 같은 의료서비스를 받으면서 휴양과 레저활동을 같이 하는 관광의 유형이며, 협의로는 치료를 목적으로 의료행위를 위해 집을 떠나 여행하는 것을 뜻한다.

이렇게 의료관광은 건강진단이나 치료 등의 의료서비스를 받는 동시에 주변 관광지와 연계하여 여행, 휴양, 레저, 문화활동 등의 특별한 경험을 통하여 건강과 삶의 보람을 찾는 활동이라고 설명할 수 있다.

스미스(Smith)와 퍼츠코(Puczko)는 건강과 건강관광(health and wellness tourism)의 스펙트럼을 다음과 같이 설명하고 있다(표 5-1).

표 5-1. 건강관광의 스펙트럼

구분	내용
육체적 치유	• 의료적 스파/목욕 • 탄산온천 • 외과수술 여행, 재활치료
미용치료	• 성형외과 수술/시술 여행 • 호텔/단기휴가
기분전환·휴식	• 고품격 고가 스파/목욕 • 건강관리형 호텔 • 해수요법
여가/오락	• 워터파크, 리조트 • 스포츠/피트니스 휴가
삶/직무의 균형	• 전신관리센터 • 워크숍, 심리극 요법
심리적 치유	• 전신관리센터 • 워크숍, 심리극 요법
영적 치유	• 명상치유 • 요가 • 성지순례

(출처: Smith & Puczko, Health and wellness tourism, 2009)

의료관광 시장은 높은 수준의 의료서비스에 대한 수요의 지속적 증가, 고령화와 웰니스(wellness)에 대한 욕구 향상으로 인하여 의료비 지출이 증가된 양상을 보인다. 또한 보건의료 소비자(환자)의 정보 습득력 증가로 국경 간의 이동이 한층 더 활발하게 이루어지고 있다.

의료관광 시장을 3세대 단계로 구분해 보면 1세대(2000년 이전)는 'medical travel'로 중증·고난도 수술 위주의 소수 부유층의 치료 중심으로, 미국·독일·스웨덴 등이 해당되었다. 2세대(2001~2009년)는 'medical tourism'으로 제한적 치료와 휴양이 결합된 것으로 중산층으로 확대되면서 태국·싱가포르·인도 등의 의료관광 전문병원이 생겨나고 의료관광 시장이 급성장하는 시기였다. 3세대(2010년 이후)는 'global healthcare high quality'로 예방과 건강증진적 측면이 강화되고 수요층이 확대되었다. 의료국경이 파괴되고 글로벌화를 위한 로컬병원(JCI 인증) 투자가 급증하였으며 미국·일본 등의 선진국도 정부 차원에서 관심을 두는 유망산업이 되고 있다(표 5-2).

표 5-2. 의료관광 시장의 변화 과정

1세대 (2000년 이전)	2세대 (2001~2009년)	3세대 (2010년 이후)
Medical travel 중증, 고난도 수술	Medical tourism 제한적 치료 + 휴양 결합	Global health care high quality 예방
소수의 부유층 중증 치료 중심 자발적 방문	중산층도 이용 가능 치료와 휴양 연계 (의료관광산업의 확산)	수요층 확대 의료국경 파괴 (러시아, 중국 등 신흥시장 중심)
미국, 독일, 스위스 등 세계 top 병원	태국, 싱가포르, 인도 등 의료관광 전문병원	글로벌화를 위한 로컬 병원의 투자 급증 (JCI 인증 등)
치과치료 위주 헝가리, 쿠바 등 (산업으로는 미성숙)	공격적 마케팅 의료관광시장 급성장	아시아의 성공에 자극받은 미국, 일본 등 선진국 정부차원 가세

(출처: 한국보건산업진흥원, 외국인 환자 유치사업의 현황 및 정책방향, 2013)

2) 구성요소

의료관광은 특수한 치료와 수술을 필요로 하는 환자를 위하여 의료산업과 관광산업을 조합시킨 형태로 보건관광과 같은 맥락의 관광 형태라고 볼 수 있다. 즉, 환자가 치료를 위하여 자국의 의료시스템을 선택하지 않고 해외로 가서 의료서비스를 받는 모든 행위를 의미한다.

얍(Yab)은 의료관광 소비자를 목적과 서비스 유형에 따라 다섯 가지 유형으로 나누었다.

첫째, 휴양을 겸한 의료서비스를 원하는 계층(rest seeker)

둘째, 기본적인 의료서비스를 원하는 계층(essential seeker)

셋째, 본국의 고액의료비로 해외 의료서비스를 원하는 계층(affordable healthcare seeker)

넷째, 본국의 의료서비스 질이 낮아 해외 의료서비스를 원하는 계층(quality health-care seeker)

다섯째, 해외의 고급 의료서비스를 원하는 계층(premium healthcare seeker)

의료관광을 위한 외국인 환자 유치를 위한 친화적 환경조성 차원에서 보건의료소비자(환자)의 만족을 높이는 데 고려해야 할 요소로는 첫째, 접근성(accessibility)과 편리성(con-venience), 둘째, 안전성(safety)과 신뢰성(credibility), 셋째, 적정한 가격(affordability), 넷째, 질 확보(quality) 등을 들 수 있다. 또한 외국인 의료소비자(환자)의 치료효과를 증진시키기 위하여 대상자의 문화이해를 기반으로 우리나라 문화에 적응할 수 있도록 자세한 설명과 시범이 필수적이다. 오해나 오인으로 인하여 원하지 않는 방향으로 상황이 전개되지 않도록 의사소통이 정확하게 이루어지는 것이 매우 중요하다. 보건의료 환경에서의 의사소통은 건강과 직결되며 되돌릴 수 없는 상황도 초래하므로 이는 매우 중요하다. 그리고 환자식단에 대한 배려도 중요하다. 먹는 것은 즐거움과 행복감의 원천이 되기도 하며 약보다 중요한 치료의 가장 기본적인 요소이므로, 문화 차이, 식재료, 맛의 차이에 따른 부작용이 발생하지 않도록 주의를 기울여야 한다. 환자 가족에 대한 배려 또한 같은 수준에서 고려되어야 할 요소이다. 의료관광의 수익적 측면에서 중요요소는 대상 환자의 가족이 동반한다는 것이다. 이러한 측면이 고려된다면 외국인 환자도 기관과 서비스 제공자에 대한 신뢰감을 형성할 수 있고, 전체적으로 정서적으로 안정된 상황에서 웰니스의 원하는 목표를 달성할 수 있을 것이다.

의료관광은 의료클러스터(바이오클러스터, 신약 및 의료기기개발클러스터, 메디클러스터 혁신형 연구병원, 의료관광복합단지, 건강문화클러스터 허브형 의료복합단지 등), 의료관광상품(질병치료, 미용성형, 휴양, 전통의료 등), 의료관광산업(교육연구 개발 유형, 중증, 치료형, 선택 치료형, 복합형 등) 세 가지로 분류된다(표 5-3).

표 5-3. 의료관광의 분류

구분	분류	내용
의료클러스터	바이오클러스터	치료목적의 기초연구 수행
	신약 및 의료기기개발클러스터	응용기술과 제품개발
	메디클러스터 혁신형 연구병원	병원 중심의 클러스터
	의료관광복합단지	연관 산업의 융·복합과 지역경제 활성화
	건강문화클러스터	치료보다는 시설과 쾌적한 환경제공
	허브형 의료복합단지	다양한 유형의 클러스터를 단계적 가치사슬 전체로 통합
의료관광 상품	질병치료	특정 질병 환자들이 치료를 받고 치료 후 관광을 할 수 있도록 프로그램 구성
	미용성형	여성이 주 고객으로 미용관련 서비스나 성형미용 후 관광을 하는 상품
	휴양	의료서비스 인프라가 갖추어진 곳으로 관광하면서 체류
	전통의료	전통의학으로 치료와 관광을 목적으로 하는 상품
의료관광산업	교육연구 개발유형	신치료, 신약 등 연구개발
	중증 치료형	난치병 또는 프리미엄급 치료를 원하는 대상에게 의료서비스 제공
	선택 치료형	저렴한 의료비용과 휴양이 연계된 프로그램
	복합형	의료관련 시설, 상업 및 주거시설까지 개발

(출처: 신재기, 유명희, 의료관광마케팅, 한올출판사, 2009)

3) 우리나라 의료관광

우리나라는 의료관광을 차세대 신성장동력 산업으로 선정하고 2013년까지 해외 환자 20만 명 유치가 목표였으며, 5년간 16,000여 명의 고용창출 및 4조 원의 생산효과 달성을 통한 경제적 파급효과를 기대하였다. 외국인 환자 유치실적을 살펴보면 2012년도 실제환자 155,672명으로 정책목표 15만 명을 초과하였으며 전년대비 27.2%의 증가를 보였다. 2012년 외국인 환자 1인당 평균진료비는 162만 원(2011년 149만 원), 총 진료수입은 2,391억 원으로 연평균 63.5%의 증가를 나타냈다.

의료관광 경쟁력으로서, 우리나라는 인천공항을 기준으로 비행시간이 3시간 이내이며 인구 100만 명 이상인 도시가 61개나 되므로 지리적으로 큰 이점이 있다. 또한 각 지방자치단체별로 의료서비스와 관광을 연결하여 고부가가치를 창출하고자 하는 정책방향이 상당히 비중 있게 다루어지고 있어 더욱 그렇다. 의료관광을 구성하고 있는 병원, 숙박업체, 관광업체, 지방정부, 대학 등이 산·학·관의 협력체를 구성하여 추진되고 있으며, 언어·품질·공신력·가격 등의 접근성을 향상시키고자 지속적인 노력을 하고 있다(표 5-4).

표 5-4. 우리나라의 의료 강점 및 주변 환경

경쟁력/수준	주요 내용
의료기술	• 선진국의 80~90%인 세계 최고 수준 • 선진국보다 높은 일부 암(위암, 자궁암, 간암 등) 생존율 • 심혈관계 질환의 시술 및 치료 세계 최고 수준 • 미용, 성형, 피부, 치과 등 진료분야 세계 최고 수준
의료가격	• 진료 가격 수준(한국 100 기준): 미국 338, 일본 149, 싱가포르 105 / 태국 66, 인도 53
지리적 접근성	• 극동 러시아, 중국, 일본, 몽고 등 비행 3시간 이내이면서 인구 100만 명 이상 도시 61개 위치
자국 출신 해외 시민권자	• 미국, 러시아 등의 재외동포 의료 방문 활성화(북미 223만 명, 오세아니아 8만 명, 러시아 20만 명)

(출처: 강홍림, 김용연, 정진수, 홍승욱, 의료관광 코디네이터 실무론, 소화, 2010)

또한 우리나라는 중앙정부의 관심으로 지방자치단체가 효과적인 의료관광 유치전략 활성화를 위하여 의료관광 인프라 구축에 힘을 더하고 있다. 제주도는 제주웰빙테마타운을 조성하여 치료, 스파 및 숙박시설을 갖추고 의료관광모델을 추진 중이다. 대전은 첨단의료단지를 추진하고 있으며 대구는 한방과 양방의 의료서비스 인프라를 활용하여 의료관광산업 육성을 지원하고 있다. 부산은 서면과 해운대에 위치한 호텔을 중심으로 의료관광이 활성화되고 있으며 성형외과·피부과·안과·치과 등 100여 개가 넘는 병원이 밀집하여 의료테마거리가 조성되고 있다. 이외에도 각 도별 교육관을 지칭하여 국비로 의료관광 코디네이터 육성을 지원하고 있다.

강원도를 중심으로 지역 의료관광산업 활성화 방향에 대한 연구에서 각 영역 조사결과를 근거로 치유관광과 이미지가 밀접한 지역으로 강원도 56.2%, 제주 22.8% 등으로 응답하였다고 하였으며, 치유관광 프로그램 참여 목적에 대하여 산림산책과 레저 38.4%, 스트레스 해소·재충전 31.2%, 비만·성인병 치유 14.8% 등으로 여가와 스트레스 해소 관련 프로그램이 약 70%로 나타났다. 또한 치유관광 중 이용하고 싶은 시설에 대해서는 스파 25.5%, 황토·나무집·맨발지압로 등이 23.1%, 치유산책로 22.3%, 치유단지 내 숙박시설 12.1%, 펜션 등 치유단지주변 숙박시설 8.2% 등이었다.

참여하고 싶은 치유관광 프로그램에 대해서는 온천요법 34.2%, 산림요법 31.5%, 요가명상요법 10.0%, 유기농 음식요법 9.0%, 해양심층수 음용요법 8.4%, 운동걷기요법 6.9% 등이었다고 하였다. 치유관광을 원하는 방문자 특성으로는 방문 계절 선호도가 가을 48.6%, 봄 21.4%, 여름 19.8%, 겨울 10.2% 등으로 절반 가까이가 가을을 선호하고 있었다. 치유관광 방문 시 동행자는 가족동반 77.8%, 친구·연인 15.8% 등이었으며, 치유관광 프로그램 참여 체류기간은 2~3일 56.6%, 4~7일 21.8%, 7~10일 8.2% 등으로 3일 내외가 가장 많았다고 보고하였다.

이와 같은 연구결과를 토대로 하여, 의료관광산업 활성화 방안을 살펴보면 첫째, 치유관광 지향 의료관광 상품을 개발해야 한다. 지역적·지형적·지리적 특성을 우선적으로 고려하여 치료와 치유에 효과적인 프로그램 개발이 필요하다.

둘째, 치유관광 프로그램이 건강의 신체적·심리적·사회적·영적 측면에서 어느 정도 만족을 줄 것인가에 대하여 프로그램을 질적으로 구성해야 한다.

셋째, 공급자의 수익적 측면을 고려해야 한다. 수요자에게 무조건 고가의 상품을 추천할 수는 없을 것이다. 공급자와 수요자의 상호만족을 위하여 적절한 프로그램을 개발해야 한다.

넷째, 의료관광 전문인력 양성이 중요하다. 의료서비스와 관광이라는 특성을 이해하고 서비스를 수행할 수 있는 전문인력이 있어야 한다. 국내만이 아니라 국외 고객을 유치하기 위하여 의료인, 운영인력, 유치인력 등 인적자원에게 어학능력은 필수이다. '머리가 지끈지끈 거린다, 배가 싸르르 아프다' 등 고객이 호소하는 다양한 증상에 대하여, 의료지식뿐 아니라 언어이해능력, 언어구사능력을 갖추고 있어야 이러한 고객의 요구들을 충족시킬 수 있을 것이다. 예를 들면, 아시아 중 인도의 선진 의료관광 성공사례는 '영어가 가능한 수월한 언어소통'을 장점으로 설명하고 있다. 그리고 우리나라 서울 및 지방 성형외과와 피부과의 의료관광 활성화 요소는 우수한 인력과 의료기술이라고 보고되고 있다. 실제로 일본인들과 중국인들이 서울과 부산의 성형외과와 피부과를 중심으로 의료관광을 하고 있음이 많은 매체를 통하여 보도되고 있다.

다섯째, 의료기관의 경쟁력이 확보된 특화 프로그램을 개발해야 한다. 이러한 프로그램은 각 지역과 의료기관의 특성이 고려되어 있으며 공신력이 있어야 한다. 태국은 국제병원

인증원(International Hospital Accreditation Institution) 인증을 획득한 의료기관에서 의료서비스를 시행하게 함으로써 국제적 공신력을 확보하고 있다. 여섯째, 의료관광객을 유치하는 네트워크를 구축하여 홍보를 강화하는 것이 필요하다. 의료관광객 유치를 위하여 의료관광객을 모집하고 여행일정을 관리할 수 있는 해외의료관광 에이전시를 확보하고 상호연계 체제를 갖추어야 한다. 그러면서 의료관광상품의 가격, 품질, 지리, 의료기관, 관광 등의 정보를 제공함으로써 프로그램 선택의 사전·사후 만족도 증진에 기여하는 것이 절대적으로 필요하다.

또한 점점 증가하고 있는 방한 외래 관광객 중 중국인을 관심 있게 분석해 볼 필요가 있다. 중국인은 1인당 평균 1,558달러로 일본 관광객 1,073달러보다 1.5배 더 많이 소비하는 것으로 나타났다. 30~39세 중국인 미혼여성을 대상으로 조사한 한 예를 보면, 한국 의료관광지를 선택할 때 쇼핑시설과 지리적 위치 등이 중요하다고 하였으며, 의료서비스 분야의 선호도로는 미용성형과 한방이 선정되었고 의료관광 프로그램으로는 음식보양과 쇼핑관광이 선정되었다고 보고하였다. 일본 관광객도 마찬가지이지만, 한국 의료관광 발전을 위하여 특히 중국 의료관광객 유치 전략이 활성화된다면 더욱 바람직할 것이라고 생각된다.

우리나라 의료관광의 주요 강점으로는 첫째, 한국 드라마·영화·K-pop의 영향으로 국가 이미지가 긍정적으로 매우 높아지고 있는 것과 둘째, 문화적 유사점 및 지리적 근접성, 셋째, 의료기술 수준에 비하여 의료수가가 다른 의료관광 선진국에 비하여 저렴한 것 등을 들 수 있다.

한 연구에서 우리나라 의료관광 선택 속성으로 총 20개 요소를 선정하였다. 내용으로는 의료신뢰성(우수한 의료기술, 의료시설의 현대화, 의료진의 명성과 신뢰성, 원활한 의사소통, 의료서비스 질, 익명성 및 사생활 보장 등) 6개 요소, 국가 이미지(의료관광국의 이미지, 의료관광지로서의 인지도, 한류의 영향 등) 3개 요소, 의료관광지(보양식, 지리적 위치, 의료관광상품의 다양성, 주변관광시설 및 쇼핑시설, 자연경관과 기후 등) 5개 요소, 의료관광 시스템(사전/사후 관리시스템, 의료사고 분쟁 대응, 원스톱 조직화된 서비스, 정보시스템 및 안내체계 등) 4개 요소, 의료관광비용(여행 및 의료비용, 보험적용여부 등) 2개 요소이다.

의료관광산업에 대한 관심은 우리나라뿐 아니라 태국, 요르단, 싱가포르, 인도를 포함한 아시아 국가 및 중남미, 일부 유럽 국가에서도 국가의 주요 성장동력으로 주목받고 있으므로, 의료관광 허브(medical tourism hub)가 되기 위한 국가 간 경쟁은 더욱 치열해질 것으로 전망된다. 우리나라는 2009년 5월 1일 외국인 환자 유치·알선 행위를 전면 허용하고 정부와 지자체 및 병원, 에이전시들이 앞다투어 한국의료관광 마케팅을 진행해 왔으며, 다양한 의료관광상품을 개발하며 경쟁 대열에 참여하고 있다. 그러나 의료계와 관광계가 생각하는 의료관광산업에 대한 개념은 차이가 있다.

4) 교육과정

우리나라 의료관광산업의 발전과제로 가장 많이 제시되고 있는 것은 의료관광 전문인력 양성과 정부 지원, 가격경쟁력 확보 등이라고 보고하고 있으며 의료관광 통역사 양성, 체계적 인력양성 프로그램의 구축, 타문화에 대한 이해, 서비스마인드 향상 등이 의료관광 인프라 구성에서의 기본요소라고 설명하고 있다. 그 중에서도 전문인력 양성의 문제점으로 체계적인 교육기관 및 교육 프로그램이 부족하며 교육의 표준화 틀이 만들어져야 한다는 의견이 지배적이다. 이에 우리나라 각 교육기관에 개설되어 있는 의료관광 관련 교육과정은 의료관광(서비스) 코디네이터 과정, 의료관광 통역코디네이터 과정, 의료관광 전문마케터 과정, 의료관광 홍보전문가 과정, 병원 코디네이터 과정 등이 있다. 각 교육과정이 양성하는 전문가의 정의는 다음과 같다.

(1) 의료관광(서비스) 코디네이터

외국인 환자의 입국에서부터 출국까지 관련된 모든 업무, 즉 수속대행 및 각종 예약대행, 해외의료를 위한 병원원무, 의료상담, 의료통역, 진료지원, 관광 연계 등 의료진 소개 및 진료계획 수립, 진료 후 처방전(prescription) 제공, 입·퇴원 업무지원, 검사 안내, 검사결과지 작성 및 관리 등과 같은 서비스를 제공하며 비자발급, 보험회사 관리 및 예약자에 대한 보험 확인, 보험관련 내규 작성 및 보험서류 관리, 진료비 관리, 진단서 관리, 의료사고 및 불만고객 관리 등의 행정 업무를 지원하는 전문가이다.

(2) 의료관광 통역코디네이터

의료관광 전문통역사라고도 하며 외국인 환자에게 심리적 안정감을 채워주는 가장 큰 역할을 담당한다. 병원 진료상담 통역, 검사지 및 진단서, 국제 계산서(영수증) 번역 등과 같은 업무를 수행하고 환자가 자국으로 돌아간 이후 또는 사후 상담 및 경과확인 등의 서비스와 공항영접, 관광상품 소개, 관광통역 지원 등과 같은 다양한 관광서비스를 제공한다. 즉 해외의료관광객(치료+관광)을 위한 입국에서부터 출국까지 관련된 모든 과정에서 보다 이해하기 쉽도록 의사를 전달하여 편리하고 만족스러운 효과를 얻도록 통역해주는 전문가이다.

(3) 의료관광 전문마케터

해외의료관광객을 위한 의료관광 상품을 기획하고 개발하여 해외에 홍보 및 마케팅하며 의료기관, 에이전시, 여행사, 호텔(숙박), 리조트 등에 해외 의료관광객을 유치하는 활동을 하는 전문가이다.

(4) 의료관광 홍보전문가

글로벌 헬스케어분야에 대한 전문적인 지식을 가진 국내·외 공인 광고홍보전문가로서 국제광고협회(International Advertising Association) 공인 교육과정의 교육을 받은 의료관광 비즈니스전문가이다.

(5) 병원 코디네이터

의료기관에서 환자에게 수준 높고 적합한 의료서비스를 제공할 수 있도록 의료진뿐만 아니라 다양한 직종의 직원 상호간이 매개체 역할을 수행하며 의료기관 서비스의 질을 향상시키기 위한 홍보와 마케팅까지 다양한 실무를 수행하는 전문가이다.

우리나라의 의료관광에 대한 활성화 과정을 살펴보면, 발달과정을 3단계로 나누어 보면 2009~2010년을 의료관광 도입기(1단계), 2011~2012년을 의료관광 성장기(2단계), 2013년 이후를 의료관광 성숙기(3단계)로 구분할 수 있다. 이에 따른 의료관광 활성화 정책을 표 5-5에 제시하였다.

어떠한 정책이든 우수한 인적자원을 기반으로 수행해야 효율적인 성공률이 높다. 의료관광산업도 의료관광인력을 양성하는 것이 주요 과제이다. 의료관광 전문인력의 교육 프로그램에서는 의료관광의 학문적 정체성 확립과 분야별로 세분화된 교육 콘텐츠가 중요하다. 특히 통역과 관련된 인력이 배출되어야 한다는 점이 강조되고 있으며 우리나라 전통과 역사를 전달할 수 있는 스토리텔링, 문화적 체험 다양성, 선진 병원 경험 등이 중요하다. 무엇보다 먼저 의료인 중심의 교육이 필요하다는 의견이 지배적이었으며, 정확한 본토언어 구사능력이 있는 경우에는 보건의료 교육 프로그램을 이수하는 것이 필요할 것이다.

의료관광과 관련된 연계 전공은 의료관광 통역사, 의료관광 코디네이터, 의료관광 마케터의 순으로 교육수요가 조사되었으며 앞서 기술한 바와 같이 관련 지식도 중요하지만 일반적인 외국어 소통능력이 중요함을 알 수 있다. 각 과정별 교과목 개설에 대한 내용은 표 5-6과 같다. 또한 한국관광공사(2010)는 의료관광 관련 전문가의 질적 향상과 유지를 위해서 각 양성과정의 과목별 강사자격요건을 다음과 같이 제시하고 있다(표 5-7).

표 5-5. 문화체육관광부의 의료관광 활성화 정책

부문	1단계 (도입기: 2009~2010년)	2단계 (성장기: 2011~2012년)	3단계 (성숙기: 2013년 이후)
법·제도 개선	• 의료법 및 관광진흥법 개정 • 의료사고 및 분쟁대비책 마련 • 외국인 입국 편의제도 마련	• 의료관광산업 지원책 확대 • 의료기관 국가 인증제도 도입	• 불법 및 부실 의료관광 사업체 관리
수용 태세 및 상품 개발	• 전문 교육기관 설립 및 인력 양성 • 관련 기관간의 협력 네트워크 구축 • 국가 인증방안 마련 및 국제인증 획득	• 전문인력 국가 자격증 제도 도입 • 중증환자 치료여건 개선 • 의료기관 홍보안내 강화	• 휴양 의료관광 프로그램 개발
해외 홍보	• 주요 목표시장 대상 홍보 강화 • 의료관광 홍보안내센터 설치 • 웹사이트 운영 • 의료관광브랜드 및 슬로건 개발	• 잔재지역으로 시장 확대 • 의료신기술 및 난치수술 성공사례 홍보	• 목표시장의 확대(미개척 시장 홍보) • 실버층 등 건강관리 관광상품 개발

(출처: 임형택, 의료관광 정책의 협력적 거버넌스 구축과정 연구, 2011)

표 5-6. 의료관광 관련 과정 교과목

심화 교과목	의료관광 관련 과정명	공통 교과목
영어를 기본으로 일본어, 중국어 등 외국어 소통능력	의료관광 통역사	의료기초지식, 환자 대응·관리, 영어소통능력, 국제의료관습, 국제대너·어티켓, 인간관계 스킬, 서비스 정신 등 관련 교과목
의료기초지식, 환자 대응·관리, 관광지식, 여행계획·티켓팅법, 보건의료·관광진흥법규, 보험지식 등	의료관광 코디네이터	
의료관광 상품·서비스의 개발, 마케팅 전략 수립과 실천 능력 등	의료관광 마케터	

(출처: 한국관광공사, 의료관광 교육 프로그램 및 교재 표준안 보고서, 2010)

표 5-7. 의료관광 관련 전문가 양성과정의 과목별 강사자격요건

교과목	자격요건
의료관광산업의 이해	의료관련기관(정부부처, 병원, 에이전트) 경력자 통합적 업무(기획, 마케팅, 운영) 팀장 이상 경험자
의료관광 코디네이터 역할과 업무	의료기관 국제진료센터 팀장 이상 경험자 통합적 업무(기획, 마케팅, facilitating service) 경험자
의료관광 컨시어지	의료관광 에이전트, 의료기관 국제진료센터 경력자 항공, 호텔, 관광안내 팀장 이상 경험자
의료관광 상담 및 커뮤니케이션	국제진료센터 및 유치전문 에이전트 경력자 국제진료센터 팀장급 이상 또는 에이전트 case manager
의료관광 문제해결 및 리스크 관리	국제진료센터 리스크 관리 경력자 문제조정 및 리스크 관리 매뉴얼 작성 경험자
외국인 환자 출입국 관련법	출입국사무소 경력자 또는 출입국 관련 법규 전공자 관광비자, 의료비자, 외국인 출입국 담당업무 경험자
의료외국어 기초	국제진료센터 의료통역 경험자 또는 통역사
주요 국가별 의료관습 및 문화	외국 의료기관 경력자(3년 이상) 또는 관련분야 전공자 관련분야 전공자는 보건사회학, 문화인류학 석사 이상
의료관광 소비자 행동의 이해	국제진료센터 경력자 또는 의료경영학 석사 이상 의료경영학 소비자 행동 세부 전공자
외국인 의료보험 실무 Ⅰ 외국인 의료보험 실무 Ⅱ	국제진료센터 보험창구업무 경력자 외국보험회사 업무협약 및 보험청구업무 경험자
의료관광법과 제도	의료법(보건 관련 법규) 전공자 또는 변호사 의료사고 및 분쟁해결 업무 경험자
외국인 환자 진료/서비스 운영 프로세스 Ⅰ 외국인 환자 진료/서비스 운영 프로세스 Ⅱ	국제진료센터 진료서비스 운영 경험자 유치전문 에이전트 facilitating service 팀장 이상 경험자
의료관광상품기획	유치전문 에이전트 또는 국제진료센터 경험자 질환별 대표 의료시술상품 구상 경험자
의료관광 마케팅 사례연구 Ⅰ 의료관광 마케팅 사례연구 Ⅱ	국제진료센터 해외 환자 유치전문 마케팅 경력자(3년 이상) 전문에이전트 해외 환자 유치 경력자(2년 이상) 나라별·질환별·대상별·마케팅 경험자
의료관광 홍보/광고	글로벌 헬스케어 홍보/광고회사 경력자(5년 이상) 미디어 마케팅(언론, 방송) 경험자
의료관광 인터넷 마케팅 전략	인터넷마케팅 실행 전략 경력자(3년 이상) 온라인 채널 마케팅 경험자(B2B, P2P, B2C)

(출처: 한국관광공사, 의료관광 교육 프로그램 및 교재 표준안 보고서, 2010)

2 글로벌 헬스케어

1) 개념

글로벌 헬스케어는 미래 성장산업으로서 잠재력이 매우 크며, 의료기관에는 새로운 성장 기회로서 블루오션이 될 것이다.

중동 등 글로벌 시장으로 진출할 한국의료를 진두지휘할 범부처 총괄사령탑인 국제의료사업단이 신설되어, 이를 중심으로 한국의료 해외진출 방향을 모색하고 관계기관이 보유한 자원을 총결집시켜 진출 경쟁력을 극대화할 계획이다. 보건복지부(2013)는 '한국의료 해외진출 확대방안'을 마련하였는데, 이는 사우디아라비아로의 보건의료 진출성과를 전 세계로 확산하기 위해 필요한 비전, 진출전략, 추진과제 등을 담고 있다.

또한 중동–중앙아시아–러시아–중국–몽골–동남아시아에 이르는 '메디컬 코리아 벨트' 조성을 비전으로 제시하였다. 해외진출 시 가장 큰 어려움으로 호소되는 진출국 의료관련 규제 장벽 해소를 위해 정부 간 협의체 개설 확대 및 외교공관 내 보건의료 전문인력 확보를 주요과제로 해결해 나갈 계획이다. 그러므로 다수 기관에서 독자적으로 추진하던 해외의료홍보회·시장개척단 활동을 통하여 확대·개척하고자 하는 지역별로 우리나라 글로벌 보건의료마케팅을 강화하고, 해외의료 정보와의 네트워크를 구축하여 시너지 효과를 높여 나가는 것이 미래형 보건산업 활성화 목표이기도 하다. 해외의료시장 정보를 통합 분석·제공할 수 있는 종합정보포털을 보건산업진흥원 내에 두고, 외교공관·코트라 지사·의료기관 등에서 수집하는 정보를 종합 분석하고 추가적인 조사·연구를 거쳐 지역별 의료투자계획 등에 대한 심층적인 정보를 제공하고자 한다.

그리고 해외진출 역량 강화차원에서 진출국가별 맞춤형 의료시스템 해외 진출 비즈니스 모델 구축을 시도하고 있다. 관계기관 공동 R&D(research & development) 시도로 경쟁력은 갖추었지만 패키지화가 부족한 의료정보시스템, 병원경영, 환자케어 등을 표준화·모듈화하여 보건의료 상품으로 해외로 수출할 계획이다. 또한 의료 질 측정·평가시스템, 용어표준, 차세대 EHR, 원격진료시스템 등에 대한 의료기관별 해외진출 비즈니스모델을 구성할 수 있도록 컨설팅 등을 지원하고, 결과물을 매뉴얼 형식으로 작성하여 기본 지식을 공용할 수 있는 인프라를 갖추고자 한다. 2014년부터는 해외진출 의료기관에 대한 지원금을 확대하고 보건복지부·정책금융기관 등의 공동 출자로 '한국의료시스템 해외진출 전문 펀드'를 조성하여 운용하였다. 그리고 2013년 3월 설립한 의료 해외진출 전문기관(코리아 메디컬홀딩스)을 육성(자본금 확충)하고, 정부 간(G2G) 협력기반 진출프로젝트의 사업화에 적극 활용할 계획이다. 전문기관의 역량 축적 시 의료기관 등이 보유한 의료기술·시스템 경쟁력을 해외 비즈니스 역량으로 발전시킬 수 있을 것으로 기대된다. 2014년부터 중동·동남아 등의 지역별 의료진출 전문가 양성과정을 개설하여 언어별·지역별 의료제도·투자정책에 전문성을 갖춘 인력을 양성해 나가고 있다.

우리나라는 보건산업을 미래성장산업으로 선정하고 글로벌 헬스케어 시장을 선점하여 국가경쟁력을 높인다는 정책방향을 설정하였다(표 5-8).

표 5-8. 우리나라 보건산업의 국가 경쟁력

분야	내용
보건산업	제약산업 글로벌 10대 강국 도약, 특성화 대학원 설립 등
융합서비스	융·복합서비스(U-health, PHR) 시범사업 추진
보건의료 R&D	부가가치 높은 첨단의료기술 개발분야 집중투자
해외 환자 유치	중증·장기 환자 유치 채널 다양화, 복합 헬스케어 타운 지원
의료수출	의료법인 해외 투자기반 및 병원 수출 전문기관 설립
한의약 세계화	국제특허·지식재산권 확보를 위한 전통지식 체계화

(출처: 한국보건산업진흥원, 외국인 환자 유치사업 활성화 및 안전성 제고를 위한 설명회, 2013)

또한 보건복지부는 범국가적인 의료진출 컨트롤타워를 설치하여 일본 등 경쟁국과의 신흥부국 의료현대화 시장 선점 경쟁에 총력을 기울이고 있다. 정부·공공기관·의료계·연관산업체·민간전문가 등을 총망라하여 국제의료사업 민·관 합동 TFT를 설치하여 운영한다. 상호 연관성이 높은 해외 환자 유치와 의료진출을 연계하여 구성하므로 시너지 효과를 창출하고, 이를 통해 부처 간의 업무연계를 체계화하고 공공·민간 자원 및 역량을 총결집시켜 해외진출 성과를 창출해 나갈 계획이다. 특히, 보건의료 관련기관인 한국보건산업진흥원(Korea Health Industry Development Institute), 건강보험심사평가원(Health Insurance Review & Assessment Service), 한국건강증진재단(Korea Health Promotion Foundation), 대한적십자사 혈액관리본부(Korean Red Cross Blood Services), 보건복지인력개발원(Korea Human Resource Development Institute For Health & Welfare), 보건복지정보개발원(Korea Health and Welfare Information Service), 한국국제협력단(Korea International Cooperation Agency) 등과 해외 네트워크를 갖춘 각국 외교공관, 한국관광공사(Korea Tourism Organization), 대한무역투자진흥공사

(Korea Trade-Investment Promotion Agency) 등을 유기적으로 연결하여 대내·외 역량을 융합하여 상호보완적 시스템을 갖추고자 한다. 그러므로 각 관련 기관이 보유한 자원의 연계, 공동전략 수립·협업 과제 발굴·실행 등 실무적 인프라를 가동하고 보건복지부를 중심으로 관련 기관이 함께 '국제의료사업단'을 활성화한다.

글로벌헬스케어의 콘텐츠인 주요 국가별 의료관광 상품과 소비의 특성은 미국 의료소비자의 경우 건강보험체계의 한계(높은 수가, 긴 대기기간)를 대신하는 건강검진 상품, 일본 의료소비자의 경우 77%가 여성으로 한방·피부(미백, 동안) 분야와 한류스타를 연계한 상품에 관심을 보이고 있으며, 중국 의료소비자의 경우 70%가 여성이며 여성·노인의 해외관광 증가 추세를 보여 명품과 화장품 쇼핑, 한류스타와의 연계가 필요한 것 등에 수요가 많다. 러시아와 카자흐스탄 의료소비자의 경우 심혈관질환과 정형외과 등의 수요가 증가하고 있으며, 베트남 의료소비자의 경우 중증환자, 기형, 화상 등의 재건성형 등의 수요가 증가하고 있다.

즉, 보건의료의 해외진출과 외국인 환자 유치는 대표적인 융·복합 산업으로서 관련기관에서 보유한 자원과 역량을 연계·융합하여, 보건의료산업을 국가적인 경쟁력을 갖춘 차세대 성장동력 산업으로 만들 수 있다는 것이다.

예전에는 기초생활보장에서 복지국가 건설이 국가정책 패러다임이며 치료 중심의 소극적 패러다임이었다면, 현재는 삶의 질과 건강의 중요성이 점차적으로 강조되면서 의료가 복지의 가장 중요한 가치로 대두되고 예방 중심의 적극적 패러다임으로 변화하고 있다. 공급자 주체가 아닌 소비자가 원하는 서비스를 찾아서 이동하는 의료시장이 되고 있으며, 또한 의료가 공공성의 영역이 아닌 산업의 영역으로 이동하며 의료를 누리는 소비계층의 양극화도 보다 심해져서 메디컬 푸어(medical poor) 문제의 심각성이 커질 것이다. 다시 말하면 건강투자의 사회적 비용이 증가할 것이고, 따라서 의료산업이 더욱 다원화·다양화되어 지금까지 없었던 새로운 서비스와 직종이 창출될 전망이다. 동북아시아 의료관광 허브로 도약하기 위하여 2020년 외국인 환자 100만 명 유치를 목표로 국제적 경쟁력을 확보하는 방향으로 진행될 것이다(그림 5-1).

비전	글로벌 의료서비스 hub화		
목표	구분	2012년	2020년
	해외 환자 수	12만 명	100만 명
	(환자비중, 상급종합)	(0.6%)	(5%)
	고용창출*	0.3만 명	5만 명
	해외진출 수입 비중 (전체 진료수입 대비)	n/a	5%

*고용창출은 취업유발계수(16.4명, 10억 원당)이용, 산출.

↑

핵심 추진 과제		
	전략	• 상생적 해외 환자 유치–병원진출 전략 수립 • 현지 맞춤형 전략 수립
	시장	• 고부가가치 해외 환자 발굴·유치 • 보험회사 등 유치채널 다변화
	서비스	• 의료서비스 차별화·인지도 제고 • 전주기 해외 환자서비스 제공체계 구축
	인프라	• 글로벌 전문인력 양성 • 해외 환자 유치 복합의료타운 조성 • 해외 환자 유치시장의 투명성·책임성 제고
	투자	• 병원 해외진출 자금지원 • 해외진출 지원 전문기업 설립·지원
	제도	• 해외 병원진출을 위한 투자제약 해소 • 진출대상국의 의료기관 설립, 의료면허 규제 완화

그림 5-1. 글로벌 헬스케어 활성화 정책. (출처: 한국보건산업진흥원, 글로벌 헬스케어 활성화 정책, 2013)

2) 외국인 환자 유치

글로벌 헬스케어분야의 최일선에 보건의료산업이 있으며 해외 환자 유치 및 해외진출과 관련된 일자리가 창출되고 있다. 우리나라는 글로벌 의료시장에서 선도국가로 떠오를 수 있는 핵심과제를 추진하면서 경쟁력 강화에 주력하고 있다. 외국인 환자는 '의료법 시행규칙 제19조2'에 따라 국적이 외국인이며 한국 국민건강보험에 미가입된 자로 외국인등록 또는 국내 거소 신고를 하지 않는 자로 정의된다.

2009년부터 2011년까지 해외 환자 유치는 6만 명에서 12만 명(연 환자 기준 344,407명)으로 2010년 대비 49.5%가 증가한 실적이다. 성별로는 남성(42.0%)보다는 여성(58.0%)이 더 많이 치료받으러 왔으며, 특히 일본(78%)과 중국(71%)의 여성 환자 비율이 더 높았다.

국가별 평균 진료비는 카자흐스탄 352만 원, 러시아가 314만 원, 몽골이 239만 원으로 높게 나왔고, 외래환자 중심의 일본은 76만 원으로 낮았다. 진료수입은 565억 원에서 1,822억 원으로 3배 정도 증가함으로써 급격한 상승을 보이고 있다. 2011년 건강관련 여행 수지가 최초로 흑자 전환되었다. 또한 2013년 해외 환자 12만 명 유치를 계기로 글로벌 의료서비스를 한 단계 업그레이드하기 위한 차원에서 정부의 관계부처 통합으로서 '2020년 글로벌 의료서비스 허브화'라는 글로벌 헬스케어 도약 방안을 마련하였다. 우리나라 의료시장의 강점으로는 의료기술 측면에서 7대 암의 상대 생존율, 미국보다 우위인 간이식 성공률(96%), 다른 나라보다 특화된 성형·불임·한방·종합건강검진 등의 분야를 들 수 있다. 또한 종합건강검진 비용이 미국의 1/3, 일본의 2/3로 가격대비 품질과 서비스 면에서 우위를 점하고 있다(표 5-9).

표 5-9. 종합건강검진 가격 및 항목 비교(국가별)

국가	한국	태국	싱가포르	일본
가격(만 원)	153	262	188	222
검진 항목 수	38	28	16	35

(출처: 한국보건산업진흥원, 2011년도 외국인 환자 유치 실적 보고, 2012)

특히 우리나라는 CT·MRI 등의 첨단 의료장비를 일반적인 수준으로 보유하고 있으며 의료기관의 IT기반 운영시스템은 세계 최고 수준이라고 할 수 있다. 특히 세계에 29개밖에 없으며 아시아 유일인 양성자치료센터가 있고, 다빈치 로봇수술 장비(26대), 사이버 감마나이프, 트릴로지 등의 최첨단 의료장비 및 시설 보유국이다. PACS 등 의료정보시스템은 선진국 대상으로 해외수출을 지속적으로 추진하고 있다. 보건의료서비스 대기시간도 인공관절 수술 전 검사기간이 미국이나 영국에서는 3~6개월지만 우리나라에서는 단 이틀인 것이 하나의 예이다. 양성자 암치료의 경우 미국에서는 2~3억 원 수준이지만, 우리나라의 국립암센터는 5천만 원~1억 원 수준으로 매월 5~10명 이상의 외국인 환자가 이용하고 있다.

이렇게 해외 환자 유치를 위한 기본 인프라로 의료통역사가 등의 전문인력과 숙박시설의 확충은 필수적이다. 영어는 물론이고 러시아, 아랍어 등의 의료통역사가 필요하다. 러시아 환자는 2009년 1,758명에서 2011년 9,651명으로, 아랍권 환자는 2009년 614명에서 2011년 1,821명으로 증가하고 있다.

표 5-10은 국적과 진료유형별 외국인 환자 현황을 나타내고 있다. 입원환자는 미국, 중국, 러시아, 일본, 몽골 순이었으며 건강검진은 일본, 미국, 러시아, 중국, 캐나다 순이었다.

한편 해외 환자 유치에서, 성형 등의 분야에서는 과다경쟁 사례도 보고되고 있어 의료사고 대비방안으로서 배상보험 등의 상품 개발도 다양화되고 있다.

표 5-10. 외국인 환자 현황(국적·진료유형별) (단위: 명)

순위	국적	건강검진	외래	입원	계
1	미국	② 3,201	① 20,822	① 3,483	27,506
2	일본	① 4,187	② 17,042	1,262	22,491
3	중국	1,179	③ 16,083	② 1,960	19,222
4	러시아	③ 1,301	6,896	③ 1,454	9,651
5	몽골	356	2,334	576	3,266
6	캐나다	365	1,552	134	2,051
7	베트남	210	944	182	1,336
8	필리핀	40	1,022	116	1,178
9	영국	93	803	68	964
10	사우디아라비아	5	731	184	920
11	호주	77	700	71	848
12	독일	58	717	60	835
13	카자흐스탄	96	532	104	732
14	프랑스	24	580	70	674
15	인도	30	519	65	614
–	중동국가(합계)	149	1,417	255	1,821

(출처: 한국보건산업진흥원, 2011년도 외국인 환자 유치 실적 보고, 2012)

지금까지 살펴본 바와 같이 우리나라는 해외 환자 유치(in-band)로 고수가-중증 환자의 비중을 높이는 반면, 신규 상시 환자를 발굴하기 위한 전략을 세우고 있다. 이는 관광, 레저, 숙박의 연계를 극대화하는 방안으로 확대해 가고 있으며 아울러 병원의 해외진출(out-band)을 적극 권장하고 있다. 이는 해외 환자 유치의 허브화뿐만 아니라 신흥의료시장에 진출하고 신약과 의료기기의 수출기반을 조성하는 것으로, 지속적으로 해외 환자를 유치하며 병원의 해외진출 기반을 제공하는 상호 선순환 발전시스템을 갖추는 것이다.

우리나라 미국인 환자 유치 현황(한국보건산업진흥원, 2011)

1. 한국 의료서비스에 관한 미국인의 인식

- 미국인 1,537명을 조사한 결과 545명이 한국의 의료서비스를 이용하고 싶다고 응답함
- 평균연령 35.9세로 연평균 $137,441.38의 소득자이며 고등학교 이상의 학력 보유가 88%임
- 고소득자이면서 교육수준이 높은 미국인이 한국 의료서비스 이용에 호의적임
- 한국 의료서비스 이용에 부정적인 이유에 대한 조사 결과 14.1%가 미국과 한국 간의 먼 거리로 응답하였고, 11.4%가 한국 의료서비스가 익숙하지 않음으로 응답함
- 미국인에게 한국은 거리가 먼 나라로 인식되고 있으나 실제적인 비행거리 조사에서 미국과 한국 간의 거리는 10,531km로, 인도(13,545km), 태국(13,877km), 싱가포르(15,154km) 등 미국인이 많이 이용하는 해외 의료서비스 국가보다 오히려 비행거리는 가까운 것으로 나타남

2. 미국인 환자 유치 실적

- 2010년 집계된 미국인 환자 수는 21,338명으로 전체 외국인 환자 81,789명의 26.0%를 차지하며 그 뒤로 중국(12,789명), 일본(11,035명), 러시아(5,098명) 순으로 나타남
- 구체적으로 입원환자는 전체 외국인 환자 수(2010년 81,789명)의 26.8%를 차지하였음
- 미국인 환자의 주요 연령대는 20~40세 미만이 40.3%를 차지하고 1인당 평균 156만 원을 소비하는 것으로 나타남

부록

1. 출입국관리법 중 외국인의 체류자격
2. 다문화 관련 영상자료

1 출입국관리법 중 외국인의 체류자격(제12조 관련)

〈개정 2016. 7. 5〉

체류자격(기호)	체류자격에 해당하는 사람 또는 활동범위
1. 외교(A-1)	대한민국정부가 접수한 외국정부의 외교사절단이나 영사기관의 구성원, 조약 또는 국제관행에 따라 외교사절과 동등한 특권과 면제를 받는 사람과 그 가족
2. 공무(A-2)	대한민국정부가 승인한 외국정부 또는 국제기구의 공무를 수행하는 사람과 그 가족
3. 협정(A-3)	대한민국정부와의 협정에 따라 외국인등록이 면제되거나 면제할 필요가 있다고 인정되는 사람과 그 가족
4. 사증면제(B-1)	대한민국과 사증면제협정을 체결한 국가의 국민으로서 그 협정에 따른 활동을 하려는 사람
5. 관광·통과(B-2)	관광·통과 등의 목적으로 대한민국에 사증 없이 입국하려는 사람
6. 일시취재(C-1)	일시적인 취재 또는 보도활동을 하려는 사람
7. 삭제 〈2011. 11. 1〉	
8. 단기방문(C-3)	시장조사, 업무 연락, 상담, 계약 등의 상용활동과 관광, 통과, 요양, 친지 방문, 친선경기, 각종 행사나 회의 참가 또는 참관, 문화예술, 일반연수, 강습, 종교의식 참석, 학술자료 수집, 그 밖에 이와 유사한 목적으르 90일을 넘지 않는 기간 동안 체류하려는 사람(영리를 목적으로 하는 사람은 제외한다)
9. 단기취업(C-4)	일시 흥행, 광고·패션 모델, 강의·강연, 연구, 기술지드 등 수익을 목적으로 단기간 취업활동을 하려는 사람
10. 문화예술(D-1)	수익을 목적으로 하지 않는 학술 또는 예술 관련 활동을 하려는 사람(대한민국의 고유문화 또는 예술에 대하여 전문적인 연구를 하거나 전문가의 지도를 받으려는 사람을 포함한다)
11. 유학(D-2)	전문대학 이상의 교육기관 또는 학술연구기관에서 정규과정의 교육을 받거나 특정 연구를 하려는 사람
12. 기술연수(D-3)	법무부장관이 정하는 연수조건을 갖춘 사람으로서 국내의 산업체에서 연수를 받으려는 사람
13. 일반연수(D-4)	법무부장관이 정하는 요건을 갖춘 교육기관이나 기업체, 단체 등에서 교육 또는 연수를 받거나 연구활동에 종사하려는 사람[연수기관으로부터 체재비를 초과하는 보수(報酬)를 받거나 유학(D-2)·기술연수(D-3) 체류자격에 해당하는 사람은 제외한다]
14. 취재(D-5)	외국의 신문, 방송, 잡지, 그 밖의 보도기관으로부터 파견 또는 외국 보도기관과의 계약에 따라 국내에 주재하면서 취재 또는 보도활동을 하려는 사람
15. 종교(D-6)	외국의 종교단체 또는 사회복지단체로부터 파견되어 대한민국에 있는 지부 또는 유관 종교단체에서 종교활동을 하려는 사람과 대한민국 내의 종교단체 또는 사회복지단체의 초청을 받아 사회복지활동을 하려는 사람 및 그 밖에 법무부장관이 인정하는 특정 종교활동 또는 사회복지활동에 종사하려는 사람

체류자격(기호)	체류자격에 해당하는 사람 또는 활동범위
16. 주재(D-7)	가. 외국의 공공기관·단체 또는 회사의 본사, 지사, 그 밖의 사업소 등에서 1년 이상 근무한 사람으로서 대한민국에 있는 그 계열회사, 자회사, 지점 또는 사무소 등에 필수 전문인력으로 파견되어 근무하려는 사람[다만, 기업투자(D-8) 체류자격에 해당하는 사람은 제외하며, 국가기간산업 또는 국책사업에 종사하려는 경우나 그 밖에 법무부장관이 필요하다고 인정하는 경우에는 1년 이상의 근무요건을 적용하지 않는다] 나. '자본시장과 금융투자업에 관한 법률' 제9조제15항제1호에 따른 상장법인 또는 '공공기관의 운영에 관한 법률' 제4조에 따른 공공기관이 설립한 해외 현지법인이나 해외지점에서 1년 이상 근무한 사람으로서 대한민국에 있는 그 본사나 본점에 파견되어 전문적인 지식·기술 또는 기능을 제공하거나 전수받으려는 사람(다만, 상장법인의 해외 현지법인이나 해외지점 중 본사의 투자금액이 미화 50만 달러 미만인 경우는 제외한다)
17. 기업투자(D-8)	가. '외국인투자 촉진법'에 따른 외국인투자기업의 경영·관리 또는 생산·기술 분야에 종사하려는 필수 전문인력(국내에서 채용하는 사람은 제외한다) 나. 지식재산권을 보유하는 등 우수한 기술력으로 '벤처기업육성에 관한 특별조치법' 제2조의2제1항제2호다목에 따른 벤처기업을 설립한 사람 중 같은 법 제25조에 따라 벤처기업 확인을 받거나 이에 준하는 사람으로서 법무부장관이 인정하는 사람 다. 다음의 어느 하나에 해당하는 사람으로서 지식재산권을 보유하거나 이에 준하는 기술력 등을 가진 사람 중 법무부장관이 인정한 법인 창업자 1) 국내에서 전문학사 이상의 학위를 취득한 사람 2) 외국에서 학사 이상의 학위를 취득한 사람
18. 무역경영(D-9)	대한민국에 회사를 설립하여 경영하거나 무역, 그 밖의 영리사업을 위한 활동을 하려는 사람으로서 필수 전문인력에 해당하는 사람[수입기계 등의 설치, 보수, 조선 및 산업설비 제작·감독 등을 위하여 대한민국 내의 공·사 기관에 파견되어 근무하려는 사람을 포함하되, 국내에서 채용하는 사람과 기업투자(D-8) 체류자격에 해당하는 사람은 제외한다]
18의2. 구직(D-10)	가. 교수(E-1)부터 특정활동(E-7)까지의 체류자격[예술흥행(E-6) 체류자격 중 법무부장관이 정하는 공연업소의 종사자는 제외한다]에 해당하는 분야에 취업하기 위하여 연수나 구직활동 등을 하려는 사람으로서 법무부장관이 인정하는 사람 나. 기업투자(D-8) 다목에 해당하는 창업 준비 등을 하려는 사람으로서 법무부장관이 인정하는 사람
19. 교수(E-1)	'고등교육법'에 따른 자격요건을 갖춘 외국인으로서 전문대학 이상의 교육기관이나 이에 준하는 기관에서 전문 분야의 교육 또는 연구·지도 활동에 종사하려는 사람
20. 회화지도(E-2)	법무부장관이 정하는 자격요건을 갖춘 외국인으로서 외국어전문학원, 초등학교 이상의 교육기관 및 부설어학연구소, 방송사 및 기업체 부설 어학연수원, 그 밖에 이에 준하는 기관 또는 단체에서 외국어 회화지도에 종사하려는 사람

체류자격(기호)	체류자격에 해당하는 사람 또는 활동범위
21. 연구(E-3)	대한민국 내 공·사 기관으로부터 초청을 받아 각종 연구소에서 자연과학 분야의 연구 또는 산업상 고도기술의 연구·개발에 종사하려는 사람[교수(E-1) 체류자격에 해당하는 사람은 제외한다]
22. 기술지도(E-4)	자연과학 분야의 전문지식 또는 산업상 특수한 분야에 속하는 기술을 제공하기 위하여 대한민국 내 공·사 기관으로부터 초청을 받아 종사하려는 사람
23. 전문직업(E-5)	대한민국 법률에 따라 자격이 인정된 외국의 변호사, 공인회계사, 의사, 그 밖에 국가공인 자격이 있는 사람으로서 대한민국 법률에 따라 할 수 있도록 되어 있는 법률, 회계, 의료 등의 전문업무에 종사하려는 사람[교수(E-1) 체류자격에 해당하는 사람은 제외한다]
24. 예술흥행(E-6)	수익이 따르는 음악, 미술, 문학 등의 예술활동과 수익을 목적으로 하는 연예, 연주, 연극, 운동경기, 광고·패션 모델, 그 밖에 이에 준하는 활동을 하려는 사람
25. 특정활동(E-7)	대한민국 내의 공·사 기관 등과의 계약에 따라 법무부장관이 특별히 지정하는 활동에 종사하려는 사람
25의2. 삭제 〈2007. 6. 1〉	
25의3. 비전문취업(E-9)	'외국인 근로자의 고용 등에 관한 법률'에 따른 국내 취업요건을 갖춘 사람(일정 자격이나 경력 등이 필요한 전문직종에 종사하려는 사람은 제외한다)
25의4. 선원취업(E-10)	다음 각목에 해당하는 사람과 그 사업체에서 6개월 이상 노무를 제공할 것을 조건으로 선원근로계약을 체결한 외국인으로서 '선원법' 제2조제6호에 따른 부원(部員)에 해당하는 사람 가. '해운법' 제3조제1호·제2호·제5호 또는 제23조제1호에 따른 사업을 경영하는 사람 나. '수산업법' 제8조제1항제1호, 제41조제1항 또는 제57조제1항에 따른 사업을 경영하는 사람 다. '크루즈산업의 육성 및 지원에 관한 법률' 제2조제7호에 따른 국적 크루즈사업자로서 같은 조 제4호에 따른 국제순항 크루즈선을 이용하여 사업을 경영하는 사람
26. 방문동거(F-1)	가. 친척 방문, 가족 동거, 피부양(被扶養), 가사정리, 그 밖에 이와 유사한 목적으로 체류하려는 사람으로서 법무부장관이 인정하는 사람 나. 다음 어느 하나에 해당하는 사람의 가사보조인 1) 외교(A-1), 공무(A-2) 체류자격에 해당하는 사람 2) 미화 50만 달러 이상을 투자한 외국투자가(법인인 경우 그 임직원을 포함한다)로서 기업투자(D-8), 거주(F-2), 영주(F-5), 결혼이민(F-6) 체류자격에 해당하는 사람 3) 정보기술(IT), 전자상거래 등 기업정보화(e-business), 생물산업(BT), 나노기술(NT) 분야 등 법무부장관이 정하는 첨단·정보기술 업체에 투자한 외국투자가(법인인 경우 그 임직원을 포함한다)로서 기업투자(D-8), 거주(F-2), 영주(F-5), 결혼이민(F-6) 체류자격에 해당하는 사람

체류자격(기호)	체류자격에 해당하는 사람 또는 활동범위
	4) 취재(D-5), 주재(D-7), 무역경영(D-9), 교수(E-1)부터 특정활동(E-7)까지의 체류자격에 해당하거나 그 체류자격에서 거주(F-2) 바목 또는 영주(F-5) 가목의 체류자격으로 변경한 전문인력으로서 법무부장관이 인정하는 사람 다. 외교(A-1)부터 협정(A-3)까지의 체류자격에 해당하는 사람과 외국인등록을 마친 사람의 동거인으로서 그 세대에 속하지 않는 사람 라. 그 밖에 부득이한 사유로 직업활동에 종사하지 않고 대한민국에 장기간 체류하여야 할 사정이 있다고 인정되는 사람
27. 거주(F-2)	가. 국민의 미성년 외국인 자녀 또는 영주(F-5) 체류자격을 가지고 있는 사람의 배우자 및 그의 미성년 자녀 나. 국민과 혼인관계(사실상의 혼인관계를 포함한다)에서 출생한 사람으로서 법무부장관이 인정하는 사람 다. 난민의 인정을 받은 사람 라. '외국인투자 촉진법'에 따른 외국투자가 등으로 다음 어느 하나에 해당하는 사람 1) 미화 50만 달러 이상을 투자한 외국인으로서 기업투자(D-8) 체류자격으로 3년 이상 계속 체류하고 있는 사람 2) 미화 50만 달러 이상을 투자한 외국법인이 '외국인투자 촉진법'에 따른 국내 외국인투자기업에 파견한 임직원으로서 3년 이상 계속 체류하고 있는 사람 3) 미화 30만 달러 이상을 투자한 외국인으로서 2명 이상의 국민을 고용하고 있는 사람 마. 영주(F-5) 체류자격을 상실한 사람 중 국내 생활관계의 권익보호 등을 고려하여 법무부장관이 국내에서 계속 체류하여야 할 필요가 있다고 인정하는 사람(강제퇴거된 사람은 제외한다) 바. 외교(A-1)부터 협정(A-3)까지의 체류자격 외의 체류자격으로 대한민국에 7년 이상 계속 체류하여 생활 근거지가 국내에 있는 사람으로서 법무부장관이 인정하는 사람[다만, 교수(E-1)부터 전문직업(E-5)까지 또는 특정활동(E-7) 체류자격을 가진 사람에 대해서는 최소 체류기간을 5년으로 한다] 사. 비전문취업(E-9), 선원취업(E-10) 또는 방문취업(H-2) 체류자격으로 취업활동을 하고 있는 사람으로서 과거 10년 이내에 법무부장관이 정하는 체류자격으로 4년 이상의 기간 동안 취업활동을 한 사실이 있는 사람 중 다음 요건을 모두 갖춘 사람 1) 법무부장관이 정하는 기술·기능 자격증을 가지고 있거나 일정 금액 이상의 임금을 국내에서 받고 있을 것(기술·기능 자격증의 종류 및 임금의 기준에 관하여는 법무부장관이 관계 중앙행정기관의 장과 협의하여 고시한다) 2) 법무부장관이 정하는 금액 이상의 자산을 가지고 있을 것 3) 대한민국 '민법'에 따른 성년으로서 품행이 단정하고 대한민국에서 거주하는 데에 필요한 기본 소양을 갖추고 있을 것

체류자격(기호)	체류자격에 해당하는 사람 또는 활동범위
	아. '국가공무원법' 또는 '지방공무원법'에 따라 공무원으로 임용된 사람으로서 법무부장관이 인정하는 사람 자. 나이, 학력, 소득 등이 법무부장관이 정하여 고시하는 기준에 해당하는 사람 차. 투자지역, 투자대상, 투자금액 등 법무부장관이 정하여 고시하는 기준에 따라 부동산 등 자산에 투자한 사람 또는 법인의 임원, 주주 등으로서 법무부장관이 인정하는 외국인. 이 경우 법인에 대해서는 법무부장관이 투자금액 등을 고려하여 체류자격 부여인원을 정한다. 카. 자목이나 차목에 해당하는 사람의 배우자 및 자녀(법무부장관이 정하는 요건을 갖춘 자녀만 해당한다)
28. 동반(F-3)	문화예술(D-1)부터 특정활동(E-7)까지의 체류자격에 해당하는 사람의 배우자 및 미성년 자녀로서 배우자가 없는 사람[기술연수(D-3) 체류자격에 해당하는 사람은 제외한다]
28의2. 재외동포(F-4)	'재외동포의 출입국과 법적 지위에 관한 법률' 제2조제2호에 해당하는 사람(단순 노무행위 등 이 영 제23조제3항 각 호에서 규정한 취업활동에 종사하려는 사람은 제외한다)
28의3. 영주(F-5)	법 제46조제1항 각 호의 강제퇴거 대상이 아닌 사람으로서 다음 각 목의 어느 하나에 해당하는 사람 가. 대한민국 '민법'에 따른 성년이고, 본인 또는 동반가족이 생계를 유지할 능력이 있으며, 품행이 단정하고 대한민국에 계속 거주하는 데에 필요한 기본 소양을 갖추는 등 법무부장관이 정하는 조건을 갖춘 사람으로서, 주재(D-7)부터 특정활동(E-7)까지의 체류자격이나 거주(F-2) 체류자격으로 5년 이상 대한민국에 체류하고 있는 사람 나. 국민 또는 영주(F-5) 체류자격을 가진 사람의 배우자 또는 미성년 자녀로서 대한민국에 2년 이상 체류하고 있는 사람 및 대한민국에서 출생한 것을 이유로 법 제23조에 따라 체류자격 부여 신청을 한 사람으로서 출생 당시 그의 부 또는 모가 영주(F-5) 체류자격으로 대한민국에 체류하고 있는 사람 중 생계유지 능력, 품행, 기본적 소양 등을 고려한 결과 대한민국에 계속 거주할 필요가 있다고 법무부장관이 인정하는 사람 다. '외국인투자 촉진법'에 따라 미화 50만 달러 이상을 투자한 외국투자가로서 5명 이상의 국민을 고용하고 있는 사람 라. 재외동포(F-4) 체류자격으로 대한민국에 2년 이상 계속 체류하고 있는 사람으로서 생계유지 능력, 품행, 기본적 소양 등을 고려하여 대한민국에 계속 거주할 필요가 있다고 법무부장관이 인정하는 사람 마. '재외동포의 출입국과 법적 지위에 관한 법률' 제2조제2호의 외국국적 동포로서 '국적법'에 따른 국적 취득 요건을 갖춘 사람 바. 종전 '출입국관리법 시행령'(대통령령 제17579호로 일부개정되어 2002. 4. 18. 공포·시행되기 이전의 것을 말한다) 별표 1 제27호란의 거주(F-2) 체류자격(이에 해당되는 종전의 체류자격을 가진 적이 있는 사람을 포함한다)이 있었던 사람으로서 생계유지 능력, 품행, 기본적 소양 등을 고려하여 대한민국에 계속 거주할 필요가 있다고 법무부장관이 인정하는 사람

체류자격(기호)	체류자격에 해당하는 사람 또는 활동범위
	사. 다음 각 호의 어느 하나에 해당하는 사람으로서 법무부장관이 인정하는 사람 1) 국외에서 일정 분야의 박사 학위를 취득한 사람으로서 영주(F-5) 체류자격 신청 시 국내 기업 등에 고용된 사람 2) 국내 대학원에서 정규과정을 마치고 박사학위를 취득한 사람 아. 법무부장관이 정하는 분야의 학사 학위 이상의 학위증 또는 법무부장관이 정하는 기술자격증이 있는 사람으로서 국내 체류기간이 3년 이상이고, 영주(F-5) 체류자격 신청 시 국내기업에 고용되어 법무부장관이 정하는 금액 이상의 임금을 받는 사람 자. 과학·경영·교육·문화예술·체육 등 특정 분야에서 탁월한 능력이 있는 사람 중 법무부장관이 인정하는 사람 차. 대한민국에 특별한 공로가 있다고 법무부장관이 인정하는 사람 카. 60세 이상으로서 법무부장관이 정하는 금액 이상의 연금을 해외로부터 받고 있는 사람 타. 방문취업(H-2) 체류자격으로 취업활동을 하고 있는 사람으로서 이 표 제27호 거주(F-2)란의 사목 1)부터 3)까지의 요건을 모두 갖추고 있는 사람 중 근속기간이나 취업지역, 산업 분야의 특성, 인력 부족 상황 및 국민의 취업 선호도 등을 고려하여 법무부장관이 인정하는 사람 파. 거주(F-2) 자목에 해당하는 체류자격으로 대한민국에서 3년 이상 체류하고 있는 사람으로서 생계유지 능력, 품행, 기본적 소양 등을 고려하여 대한민국에 계속 거주할 필요가 있다고 법무부장관이 인정하는 사람 하. 거주(F-2) 차목의 체류자격을 받은 후 5년 이상 계속 투자상태를 유지한 사람으로서 생계유지 능력, 품행, 기본 소양 등을 고려하여 대한민국에 계속 거주할 필요가 있다고 법무부장관이 인정하는 사람과 그 배우자 및 자녀(법무부장관이 정하는 요건을 갖춘 자녀만 해당한다) 거. 기업투자(D-8) 다목에 해당하는 체류자격으로 대한민국에 3년 이상 계속 체류하고 있는 사람으로서 투자자로부터 3억 원 이상의 투자금을 유치하고 2명 이상의 국민을 고용하는 등 법무부장관이 정하는 요건을 갖춘 사람 너. 5년 이상 투자 상태를 유지할 것을 조건으로 법무부장관이 정하여 고시하는 금액 이상을 투자한 사람으로서 품행 등 법무부장관이 정하는 요건을 갖춘 사람 더. 기업투자(D-8) 가목에 해당하는 체류자격을 가지고 '외국인투자촉진법 시행령' 제25조제1항제4호에 따른 연구개발시설의 필수전문인력으로 대한민국에 3년 이상 계속 체류하고 있는 사람으로서 법무부장관이 인정하는 사람
28의4. 결혼이민(F-6)	가. 국민의 배우자 나. 국민과 혼인관계(사실상의 혼인관계를 포함한다)에서 출생한 자녀를 양육하고 있는 부 또는 모로서 법무부장관이 인정하는 사람 다. 국민인 배우자와 혼인한 상태로 국내에 체류하던 중 그 배우자의 사망이나 실종, 그 밖에 자신에게 책임이 없는 사유로 정상적인 혼인관계를 유지할 수 없는 사람으로서 법무부장관이 인정하는 사람

체류자격(기호)	체류자격에 해당하는 사람 또는 활동범위
29. 기타(G-1)	외교(A-1)부터 결혼이민(F-6)까지, 관광취업(H-1) 또는 방문취업(H-2) 체류자격에 해당하지 않는 사람으로서 법무부장관이 인정하는 사람
30. 관광취업(H-1)	대한민국과 "관광취업"에 관한 협정이나 양해각서 등을 체결한 국가의 국민으로서 협정 등의 내용에 따라 관광과 취업활동을 하려는 사람(협정 등의 취지에 반하는 업종이나 국내법에 따라 일정한 자격요건을 갖추어야 하는 직종에 취업하려는 사람은 제외한다)
31. 방문취업(H-2)	가. 체류자격에 해당하는 사람: '재외동포의 출입국과 법적 지위에 관한 법률' 제2조제2호에 따른 외국 국적 동포(이하 "외국 국적 동포"라 한다)에 해당하고, 다음의 어느 하나에 해당하는 만 25세 이상인 사람 중에서 나목의 활동범위 내에서 체류하려는 사람으로서 법무부장관이 인정하는 사람[다만, 재외동포(F-4) 체류자격에 해당하는 사람은 제외한다] 1) 출생 당시에 대한민국 국민이었던 사람으로서 가족관계등록부, 폐쇄등록부 또는 제적부에 등재되어 있는 사람 및 그 직계비속 2) 국내에 주소를 둔 대한민국 국민 또는 영주(F-5) 체류자격 마목에 해당하는 사람인 8촌 이내의 혈족 또는 4촌 이내의 인척으로부터 초청을 받은 사람 3) '국가유공자 등 예우 및 지원에 관한 법률' 제4조에 따른 국가유공자와 그 유족 등에 해당하거나 '독립유공자예우에 관한 법률' 제4조에 따른 독립유공자와 그 유족 또는 그 가족에 해당하는 사람 4) 대한민국에 특별한 공로가 있거나 대한민국의 국익 증진에 기여한 사람 5) 유학(D-2) 체류자격으로 1학기 이상 재학 중인 사람의 부모 및 배우자 6) 국내 외국인의 체류질서 유지를 위하여 법무부장관이 정하는 기준 및 절차에 따라 자진하여 출국한 사람 7) 1)부터 6)까지의 규정에 해당하지 않는 사람으로서 법무부장관이 정하여 고시하는 한국말 시험, 추첨 등의 절차에 따라 선정된 사람 나. 활동범위 1) 방문, 친척과의 일시 동거, 관광, 요양, 견학, 친선경기, 비영리 문화예술활동, 회의 참석, 학술자료 수집, 시장조사·업무연락·계약 등 상업적 용무, 그 밖에 이와 유사한 목적의 활동 2) 한국표준산업분류표에 따른 다음의 산업 분야에서의 활동 가) 작물 재배업(011) 나) 축산업(012) 다) 작물재배 및 축산 관련 서비스업(014) 라) 연근해 어업(03112) 마) 양식 어업(0321) 바) 소금채취업(07220) 사) 제조업(10~33). 다만, 상시 사용하는 근로자 수가 300명 미만이거나 자본금이 80억 원 이하인 경우에만 해당한다. 아) 하수, 폐수 및 분뇨 처리업(37) 자) 폐기물 수집운반, 처리 및 원료재생업(38)

체류자격(기호)	체류자격에 해당하는 사람 또는 활동범위
	차) 건설업(41~42). 다만, 발전소·제철소·석유화학 건설현장의 건설업체 중 건설면허가 산업환경설비인 경우는 제외한다. 카) 산동물 도매업(46205) 타) 기타 산업용 농산물 및 산동물 도매업(46209) 파) 가정용품 도매업(464) 하) 기계장비 및 관련 물품 도매업(465) 거) 재생용 재료 수집 및 판매업(46791) 너) 기타 가정용품 소매업(475) 더) 기타 상품 전문 소매업(478) 러) 무점포 소매업(479) 머) 육상 여객 운송업(492) 버) 냉장 및 냉동 창고업(52102). 다만, 내륙에 위치한 업체에 한정한다. 서) 호텔업(55111). 다만, '관광진흥법'에 따른 호텔업은 1등급·2등급 및 3등급의 호텔업으로 한정한다. 어) 여관업(55112) 저) 일반 음식점업(5611) 처) 기타 음식점업(5619) 커) 서적, 잡지 및 기타 인쇄물 출판업(581) 터) 음악 및 기타 오디오물 출판업(59201) 퍼) 사업시설 유지관리 서비스업(741) 허) 건축물 일반 청소업(74211) 고) 사업시설 및 산업용품 청소업(74212) 노) 여행사 및 기타 여행보조 서비스업(752) 도) 사회복지 서비스업(87) 로) 자동차 종합 수리업(95211) 모) 자동차 전문 수리업(95212) 보) 모터사이클 수리업(9522) 소) 욕탕업(96121) 오) 산업용 세탁업(96911) 조) 개인 간병인 및 유사 서비스업(96993) 초) 가구 내 고용활동(97)

2 다문화 관련 영상자료

1) 다문화 관련 영화

주제어	영화제목	줄거리	발표연도
탈북자	윤희	중국에 혼자 남겨진 딸을 데려오기 위한 힘든 일도 마다하지 않는 탈북민 윤희가 어느 날 뺑소니 사고에 연루되면서 고난이 더욱 심해지는 이야기	2014
의사소통·외국어	집으로 가는 길	2004년 프랑스 오를리 공항에서 한국인 주부가 마약 운반범으로 검거된 실화를 바탕으로 한 이야기	2013
이주노동자	풍경	필리핀, 방글라데시, 우즈베키스탄 등 고향을 떠나 한국에 온 총 9개국, 14명의 이방인들의 일터와 일상을 담은 다큐멘터리 형식의 영화	2013
북한 이탈 공작원	용의자	조국에게 버림받고 가족까지 잃은 채 남한으로 망명한 최정예 특수요원 동철은 살인사건 용의자로 지목되어 모두에게 쫓기는 신세가 되면서 전개되는 이야기	2013
다문화가정	마이 리틀 히어로	한국 아빠와 필리핀 엄마 사이에서 태어난 어린 남자주인공 김영광이 천부적인 소질로 음악감독의 꿈을 이루는 이야기	2013
탈북자	48m	압록강 국경지역 최단거리 48m를 건너야 하는 사람들의 자유를 향한 갈망의 이야기	2013
다문화가정	황구	필리핀인 아버지와 한국인 어머니 사이에 태어난 주인공이 태권도 국가대표에 도전하는 이야기	2013
불법체류 외국인	파파	미국 애틀랜타, 뿔뿔이 흩어질 위기에 처한 6남매와 불법체류 외국인 춘섭의 서로 다르지만 가족이 되어야만 하는 상황을 인간애로 풀어가는 이야기	2012
다문화가정 자녀	완득이	필리핀 어머니를 둔, 세상에 등돌린 소심한 반항아 완득이가 세상에 반항하는 오지랖 선생 '똥주'와 서로에게 멘토이자 멘티가 되어주는 이야기	2011
이주노동자	시선 너머	영화라는 매체를 통해 시선 너머에 있는 인간의 권리에 대해 일상적인 시선의 폭력부터 테크놀로지의 폭력까지, 다섯 명의 감독이 다양한 영역의 화두를 제시하는 이야기	2011
탈북자	김정일리아	12명의 탈북자들이 전하는 북한 정권의 실체와 중국에서 비인간적인 처우를 겪은 생활 이야기	2011

주제어	영화제목	줄거리	발표연도
이주노동자	슬립딜러	다국적 기업의 횡포와 이주노동자들의 고통을 담은 이야기	2011
인종차별	해롤드와 쿠마	한국계 미국인이지만 소위 말하는 '소수인종'인 해롤드(존 조)와 인도계 쿠마(칼 펜)의 인종차별을 포함한 '햄버거 여행'이라는 황당한 소동 이야기	2011
조선족	황해	절박한 현실로 인해 연변에서 택시 운전을 하는 구남은 청부살인을 제안 받고 황해를 건넜으나, 오히려 살인자 누명을 쓰게 되는 이야기	2010
탈북자	무적자	좀 더 안전하고 편한 삶을 위해 탈북한 형제가 각각 무기밀매조직 보스와 경찰로 만나면서, 결국 남한에서도 적응하기 어려운 안타까운 현실을 말하는 이야기	2010
외국인 근로자	방가? 방가!	최강 백수 '방태식'이 '동남아 삘' 외모 덕분에 부탄인 '방가'로 변신하면서 겪게 되는 좌충우돌 코믹 스토리	2010
이주노동자	로니를 찾아서	안산의 어느 태권도장 사범인 인호는 시범대회에 갑자기 나타난 방글라데시의 체력짱 로니에게 한방에 지고, 복수심에 불타 로니를 찾아다니면서 뚜한이라는 이주노동자 친구를 만나 벌어지는 이야기	2009
다문화	허수아비들의 땅	트랜스젠더 장지영, 그녀에 의해 필리핀에서 입양된 로이탄, 필리핀에서 결혼을 하기 위해 한국을 찾은 레인, 이들의 고립된 삶이 우연히 교차하면서 불행을 감염시키고, 외로움을 전염시키는 이야기	2009
외국인 근로자	반두비	자립심이 강한 당돌한 여고생 민서가 우연히 버스에서 방글라데시 출신 이주노동자 카림의 지갑을 수중에 넣고, 발뺌하다가 엉뚱하게 그와 엮이는 이야기	2009
정체성	천국의 가장자리	국가 간 갈등, 세대 간 갈등, 남자와 여자 간 갈등, 보수와 진보 간 갈등 등을 뛰어넘기 위해서는 서로를 받아들이려는 마음가짐이 필요하다는 메시지를 전하는 이야기	2008
국적 취득·위장결혼	로나의 침묵	알바니아 출신 여성 로나가 벨기에 국적을 취득하기 위하여 마약중독자와 위장결혼을 하면서 펼쳐지는 이야기	2008
타인에 대한 관용	레몬 트리	이스라엘과 팔레스타인의 경계에서 레몬 농장을 가꾸며 혼자 사는 살마가, 어느 날 레몬 농장을 없앤다는 통보를 받고 레몬 나무를 지키기 위해 고군분투하는 이야기	2008

주제어	영화제목	줄거리	발표연도
이주노동자	자유로운 세계	이주노동자 직업소개소를 운영하던 앤지와 로즈는 합법적 직업소개소보다 불법적 직업소개가 더 많은 수익을 얻는 것을 알고, 이에 깊이 관여하면서 벌어지는 이야기	2008
정체성	우리 학교	해방 직후 재일 조선인 1세들이 일본 땅에서 살아갈 후손들을 위해 세운 조선학교인 '우리학교'에서 조선 사람으로서의 정체성을 지키기 위한 이야기	2007
다문화가정	누들	스튜어디스인 미리는 중국인 가정부가 놓고 간 아이를 갑자기 돌보면서 겪게 되는 이야기	2007
인종차별	굿바이 테러리스트	이주노동자를 색안경을 끼고 바라보는 현실을 꼬집는 이야기	2007
다문화가정·불법체류	세리와 하르	베트남 어머니를 둔 세리와 필리핀 가정의 하르가 서로 헤어지게 되는 과정의 가슴 아픈 내용과 두 소녀의 우정을 그린 이야기	2007
탈북자·베트남	처음 만난 사람들	이제 막 대한민국에 첫 발을 내딛은 탈북자 진욱이 버스를 잘못 탄 베트남 출신의 이주노동자 팅윤을 만나 겪는 이야기	2007
멕시코 이주노동자	보더타운	멕시코 국경마을 사우다드 후아레스에서 벌어진 여성노동자 연쇄살인사건을 해결하는 과정을 통해, 멕시코 여성노동자들의 보호받지 못하는 현실을 꼬집은 스릴러물	2007
미국 이민자	나그네와 마술사	부탄의 한 시골마을에서 젊고 유능한 공무원으로 남부럽지 않게 살아가던 주인공이 '아메리칸 드림'을 가지게 되면서 도시로의 탈출을 감행하는 이야기	2006
탈북자	국경의 남쪽	탈북으로 인해 사랑하는 연인과 헤어지게 된 남자의 이야기로 분단된 국가에 사는 이들의 이야기	2006
이주여성	원스	길에서 노래를 부르며 살아가는 남자와 체코에서 어머니와 자녀들과 함께 아일랜드로 이주해 온 여자가 음악을 통해 친밀감을 형성해 가는 이야기	2006
결혼	나의 결혼 원정기	우즈베키스탄 맞선 여행을 나선 서른여덟 노총각 만택과 그의 결혼 성사를 위해 분투하는 커플 매니저이자 담당 통역관인 라라의 이야기	2005

주제어	영화제목	줄거리	발표연도
이주노동자	댄서의 순정	댄스스포츠 선수인 언니 대신 연길에서 온 채린이 자신의 꿈과 사랑을 위해 좌충우돌 적응해가는 이야기	2005
강제이주	터치 오브 스파이스	1959년 이스탄불에서 사는 파니스의 가족이 그리스로 강제 이주당하면서, 향신료 가게를 운영하는 할아버지와 첫사랑과의 이별을 하면서 겪게 되는 이야기	2005
인종차별	크래쉬	LA의 한 도로에서 한 흑인 남성의 시체가 발견된다. LA에 살고 있다는 것 말고는 공통점이 없는 15인의 삶이 서로 교차하고 충돌하면서 진행되는 이야기	2004
다문화	스페니쉬 아파트먼트	어렵사리 숙소를 구한 주인공 자비에가 영국, 독일, 스페인, 이탈리아, 벨기에, 덴마크에서 온 혈기 왕성한 학생들과 룸메이트로 왁자지껄하게 지내면서 벌어지는 이야기	2004
외국인 근로자	믿거나 말거나 찬드라의 경우	서울의 한 섬유공장에서 일하는 찬드라 구룽은 공장 근처에서 라면을 시켜먹은 후, 계산을 잘 못하고 말도 더듬어서 행려환자로 경찰에 신고를 당한다. 이후 그녀는 한국의 정신병원으로 이송되어 6년 이상을 정신질환자 신분으로 살아가게 된 이야기	2003
위장결혼	파이란	인천에서 불법 테이프를 유통하다가 걸려 구류를 살고 나온 삼류건달 강재에게 '파이란'이라는 이름의 중국 여인으로부터 한 통의 편지가 오면서부터 펼쳐지는 이야기	2001
양공주·혼혈아	수취인불명	1970년대 말, 미군부대가 주둔하는 한 마을에 양공주였던 엄마와 혼혈아인 아들 창국이 산다. 엄마는 미국에 간 흑인 남편에게 끊임없이 편지를 쓰지만 편지는 늘 '수취인불명' 도장이 찍혀서 돌아오고, 혼혈아로 살아가는 그들의 이야기	2001
친구·북한	의형제	국정원 요원 한규와 남파 공작원 지원은 각자의 목적을 위해 서로의 신분을 속이고 함께 살게 된다. 하지만 시간이 지날수록 친구로서, 남자로서 서로를 이해하게 된다.	2001

2) 다문화 관련 다큐멘터리

주제어	프로그램명	줄거리	발표연도
고부 이야기	EBS 다문화 고부열전	다문화가정의 고부 갈등을 다루었다. 서로 다른 언어·국적·문화라는 큰 벽이 있는 가족이라는 테두리 안에서 서로의 존재를 제대로 인정하지 못하고 갈등하는 여인들의 이야기	2013년
실험다큐·다문화사회	BBC 공존의 조건	영국의 브래드퍼드라는 같은 지역에 살지만 각기 다른 인종의 8명의 실험 참가자들이 한집에서 다 같이 생활해보는 모습이 담겨 있는 이야기	2013년
다문화·휴먼다큐·가족	EBS 누가 뭐래도 나는 한국인	세 아이들과 남편, 몸이 아픈 시어머니와 함께 살면서도 결혼 초기 이주여성들을 위한 한국어 방문교사 일을 하면서 자신과 같은 처지의 이주여성들을 돕는 일을 하는 굴바르친 씨의 이야기	2013년
탈북가족	13년만의 만남	먼저 탈북한 어머니와 13년 만에 재회한 아들이 그동안의 오해와 갈등을 풀고 화해하는 이야기	2013년
다문화 스타	Y STAR NEWS	다문화가정의 아역 스타로 뜬 '리틀싸이' 황민우군과 영화 〈마이 리틀 히어로〉의 주인공 지대한 군의 활약기	2012년
탈북청소년	EBS 다큐프라임	탈북청소년의 남한 정착 이야기	2012년
다문화가정 자녀	SBS 스페셜 다문화	러시아인 아버지와 한국인 어머니 사이에서 태어난 다니엘의 한국 적응기	2011년
다문화가정	SBS 스페셜 다문화	16년 전 한국인 남편의 고향인 진도로 시집을 온 필리핀 아내의 한국에서의 고된 삶 이야기	2011년
탈북민	EBS 다큐프라임	천국의 국경을 넘다: 압록강과 두만강의 국경을 넘나드는 북한 동포들의 이야기	2011년
다문화가정 자녀	EBS 다큐 아이	지민이는 다문화가정에서 태어난 초등학교 4학년으로, 이 소녀가 경험한 다문화가정 자녀로서의 감정을 말하는 이야기	2010년
새터민에 대한 인식	다문화교육 새터민편 (플래시 애니메이션)	이미 다문화사회, 다민족사회가 되었음에도 아직까지 단일민족 사상을 벗어나지 못하는 현 사회의 다문화 편견과 차별 인식을 줄일 수 있는 교육 프로그램의 일환으로 제작된 교육용 애니메이션	2010년
이주여성	SBS 특집다큐 희망프로젝트 '우리들의 행복일기'	베트남, 필리핀, 중국 등의 결혼이주여성들의 우리나라에서의 힘든 삶을 방영한 다큐이다. 가정폭력, 알코올중독, 경제적인 문제로 지옥 같은 삶을 살고 있는 이주여성들의 이야기	2010년

주제어	프로그램명	줄거리	발표연도
국제결혼	MBC 스페셜	나는 한국남자와 결혼했다: 2010년 현재 우리나라에 거주하는 전체 외국계 주민의 11%를 차지하는 것은 결혼이민자들이다. 이들이 선택한 한국에서의 결혼생활 모습을 담은 이야기	2010년
다문화가정 자녀	KBS 인간극장	한국인 아빠와 파라과이 엄마를 둔 다문화가정의 13살 소년 최다빈 군의 한국생활 적응 이야기	2010년
이태원	KBS 다큐멘터리 3일 '헬로 이태원'	이태원은 1960년대 기지촌의 아픔과 소위 '짝퉁'(모조품) 천국이라는 과거의 그림자를 넘어 열린 공간으로 변신 중이다. 새로운 이태원을 탐색해 보는 이야기	2009년
탈북자	EBS 지식채널 e '저는 북한 사람입니다'	탈북 청소년 대안학교 '셋넷학교' 학생들의 삶을 담은 영상	2009년
화교	KBS 다큐멘터리 3일 '차이나타운의 꿈'	대한민국의 0.04% 소수자, 화교, '차이나타운이 없는 유일한 나라'라는 대한민국에서 화교로 살아간다는 것은 어떤 의미일지 생각해 보는 이야기	2008년
외국인 근로자	KBS 다큐멘터리 3일 '안산시 원곡동, 2007년 겨울'	안산의 '국경없는 거리'의 반월·시화공단에서 일하는 중국, 베트남, 필리핀, 인도네시아, 태국, 몽골, 스리랑카, 방글라데시 등 전 세계에서 온 다양한 외국인 근로자들의 사는 이야기	2007년
이슬람 사원	KBS 다큐멘터리 3일 '서울 이슬람 사원의 라마단'	한남동에 위치한 한국 최초의 이슬람 사원, 서울중앙성원. 1976년 세워진 이곳이 31년째 한 자리를 지키며 한국 이슬람의 메카로 자리잡아 삶의 공간이 된 이야기	2007년
탈북 연예인	다큐-여자 '나는 탈북가수'	탈북자 출신 가수 한옥정씨가 남한사회에 적응해 가는 모습을 담은 이야기	2006년
호주의 다문화	EBS 특집 다큐멘터리 '공존의 문화, 공존의 예술'	호주에는 다양한 인종들이 어울려 살고 있으며 다문화주의를 쉽게 받아들인다. 한 학교에는 62개 국적, 70개 이상 사용언어의 학생들이 있지만, 쉽게 서로 이해하며 어울리는 모습을 담은 이야기	2005년
탈북자	미국 다큐멘터리 '서울 기차'	북한의 빈곤과 험난한 생활을 벗어나기 위한 탈북자들의 탈북 과정을 생생하게 기록한 이야기	2004년

강기정. 다문화 전문인력 양성 교육과정 개발. 한국 다문화가족 정책 연구원. 2010
강혜영. 다문화사회와 간호. 현문사. 2012
강혜영. 문화와 건강-우리나라 다문화사회의 이해. 현문사. 2015
강혜영, 이은숙, 이정숙, 박인혜, 김수진, 조복희, 김정선. 광주광역시 다문화가족 건강요구도 조사 및 건강증진 프로그램(안)개발. 광주광역시 · 전남대학교산학협력단 · 전남대학교간호과학연구소. 2009. 65.
강홍림, 김용연, 정진수, 홍승욱. 의료관광 코디네이터 실무론. 소화. 2010
구정화, 박윤경, 설규주. 다문화교육의 이해와 실천. 동문사. 2010
국가인권위원회. 다문화인권교육 프로그램. 국가인권위원회. 2010
국가인권위원회. 출입국분야 인권교육교재. 국가인권위원회. 2010
국회예산정책처. 북한이탈주민 정착지원사업 평가. 2009
권순희, 박상준, 이경한, 정윤경, 천호성. 다문화사회와 다문화교육. 교육과학사. 2010
기계형. 우즈베키스탄. e-Eurasia. 2014
김경화, 최정혜. 국제결혼이주여성의 스트레스와 대처, 가족건강성에 관한 연구. 경상대학교 중등교육연구소 중등교육연구 23:29-49. 2011
김광숙, 문선숙. 여성결혼이민자의 주관적 건강상태, 건강행위 시천, 결혼만족도. 한국보건간호학회지 25(2):174-186. 2011
김규상. 이주노동자의 건강 실태 및 건강관리 방안 연구. 한국산업안전공단. 2007
김나연. 다문화가족의 사회통합정책에 관한 연구. 동아대학교 석사학위논문. 2011
김명희. 2009 한국여성재단 결혼이주여성 의료지원사업 평가연구 보고서. 2009 한국여성재단 결혼이주여성 의료지원사업 평가연구 세미나 자료집. 한국여성재단. 2009
김문정. 한국 여성과 결혼이주 여성의 출산결과비교. 여성건강간호학회지 17(4):407-414. 2010
김미숙, 김유경, 김안나, 김유경, 성수미. 다문화가족 아동의 사회적응실태 및 아동복지서비스 지원 방안 연구. 한국보건사회연구원. 2011
김밀양. 고부관계 연구에 대한 이론적 고찰. 한국가족관계학회지 9(2):173-187. 2004
김상찬, 김유정. 국제결혼이주여성의 인권보호를 위한 법적과제. 법학연구 43: 319-344. 2011
김성혁. 다문화의 이해와 건강. 정담미디어. 2012
김성혁, 안옥희 외. 다문화의 이해와 건강 2판. 정담미디어. 2015
김수원. 불법체류 외국인과 인권 - 단속과 보호를 중심으로 -. 한독사회과학논총 18(1):305-334. 2008
김승권, 김유경, 조애저, 김혜련, 이혜경, 설동훈, 정기선, 심인선. 2009년 전국 다문화가족 실태 조사 연구. 보건복지가족부 · 법무부 · 여성부. 한국보건사회연구원. 2009
김신정, 오진아. 의료관광의 이해와 실제. 포널스출판사. 2011
김신정, 이정은. 사고 환아에 대한 임상적 고찰. 아동간호학회지 3(2):131-141 1997
김안나, 노대명, 김미숙, 신호성, 김태완, 강민희, 이소정, 홍인옥, 원일, 윤필경, 유정예. 사회통합을 위한 사회적 배제계층 지원방안 연구. 사회적 배제의 역동성 및 다차원성 분석을 중심으로. 한국보건사회연구원. 2008
김영애. 인간관계 및 부부관계 개선을 위한 사티어 의사소통 훈련 프로그램. 김영애 가족치료연구소. 2006
김이선, 마경희, 선보영, 최호림, 이소영. 다문화가족의 해체 문제와 정책과제. 여성가족부. 2010
김이선, 민무숙, 최은희. 다문화가족지원사업 추진체계 개선방안 연구. 여성가족부. 2010
김정순. 다문화가정 자녀의 교육정책에 대한 지원방안 연구. 동국대학원 석사학위논문. 2010
김종욱, 최은희, 한정숙, 이종호, 이지현. 다문화시대의 식생활문화. 백산출판사. 2009
김진숙, 권석만. 부부문제에 대한 인지행동적 접근. 심리과학 12(1):41-64. 2003
김혜련, 황나미, 장인순, 윤강재, 강복정. 국제결혼이주여성의 생식건강 실태와 정책과제. 한국보건사회연구원. 2008

노인숙, 전상희 외. 다문화 사회와 건강 간호. 현문사. 2012
다문화가족정책과. 다문화가족 관련 연도별 통계 현황. 2018
박경미. 일 대학병원에 의뢰된 결혼이주 임산부의 산과적 결과에 미치는 영향. 전남대학교 석사학위논문. 2017
박은숙. 북한이탈주민의 실태와 남한사회 정착지원 정책에 관한 연구. 한국정책학회 하계학술대회 자료집. 2008
박정윤, 정지영, 송혜림, 조영희, 이현아. 가족정책 전달체계 전담인력의 역량강화를 위한 교육방안 모색에 관한 연구. 한국가정관리학회지 33(2):53-70, 2015
박지인. 우즈베키스탄의 가족문화와 효 사상. 인문사회 21 8(4):467-481, 2017
박현선, 이채원, 박소은. 학령기 다문화가정 자녀를 위한 이중언어 · 문화교육의 효과분석. 한국아동복지학 46:57-83, 2014
보건복지가족부 · 법무부 · 여성부 · 한국보건사회연구원. 2009 전국 다문화가족실태조사 연구. 2009
보건복지부 보도자료. [의료관광 활성화 대책 추진현황]. 2012.11.27.
서병로, 강한승, 김기홍. 의료관광산업론. 대왕사. 2009
설동훈. 국제결혼이주여성 실태조사 및 보건 · 복지 지원정책 방안. 보건복지부. 2005
손수경, 권소희, 권수혜, 김민주. 간호와 다문화 역량. 수문사. 2014
신윤숙. 한국의료관광(Medical Tourism)의 전망과 활성화 방안. 문명연지 9(1):41-70, 2008
신재기, 유명희. 의료관광마케팅. 한울출판사. 2009
안승국. 인도네시아에 있어서 정부정책과 종족갈등관리. 비교민주주의연구 9(2):73-107, 2013
안옥희, 전미순, 황윤영. 국제결혼이주여성의 적응경험. 다문화건강학회지 1(1):33-43, 2011
안옥희, 최혜정, 송미승, 전미순, 황윤영, 이경숙 공저. 다문화와 간호. 정담미디어. 2015
안옥희, 최혜정 외. 다문화와 간호. 정담미디어. 2016
안효자 외. 인간관계와 의사소통. 수문사. 2013
양심영, 박수경, 김미숙. 다문화가정 아동의 이중문화특성 및 사회적 자본이 심리적 적응에 미치는 영향. 한국콘텐츠학회논문지 13(6):270-282, 2013
양옥경, 김연수. 서울거주 여성결혼이민자의 우울에 영향을 미치는 요인 연구. 한국정신보건사회사업학회지 26:79-110, 2007
양옥경, 박향경, 손가현. 이주노동자의 정신건강에 영향을 미치는 요인 연구. 정신보건과 사회사업 35:141-175, 2010
양창삼. 인간관계론. 경문사. 1999
여성가족부. 다문화가족관련 통계현황. 2018. http://www.mogef.go.kr/mp/pcd/mp_pcd_s001.do?mid=plc503
여성가족부. 다문화가족정책 시행계획. 2012. http://www.mogef.go.kr/mp/pcd/mp_pcd_s001.do?mid=plc503
여성가족부. 다문화가족정책 시행계획. 2013. http://www.mogef.go.kr/mp/pcd/mp_pcd_s001.do?mid=plc503
염미정, 양수. 다문화가정 학령기 아동의 정신건강과어머니의 정서 · 문화적 영향요인. J Korean Acad Psychiatr Ment Health Nurs 23(1):1-11, 2014
오경숙. 보육현장에서의 건강관리 요구. 부모자녀건강학회지 4(1):107-107, 2001
우문호, 우기호, 권상일, 김경환, 변태수, 엄원대. 글로벌시대의 음식과 문화. 학문사. 2006
유정옥, 김묘성. 다문화가정 청소년의 가족유형에 따른 건강행태. 지역사회간호학회지 26(3):190-198, 2015
윤선금. 다문화가정의 가족기능과 부모-자녀 의사소통과 청소년의 자아존중 감과의 관계. 광운대학교 대학원 석사학위논문. 2011
이광자. 자신있게 자기를 표현하는 의사소통과 간호. 신광출판사. 1999
이병운, 고준기. 외국인 근로자의 보건의료 현황과 문제점. 한양법학 31:323-352, 2010

이선주, 양애경, 장미애, 최현미, 송성실, 송유나. 여성결혼이민자를 위한 사회서비스 현황과 정책과제. 한국여성정책연구원. 2008
이은희, 서길희 외. 간호에서의 다문화개념. 수문사. 2012
이지혜. 여성결혼이민자의 부부관계 만족도. 서울대학교 석사학위논문. 2007
이진영. 중국식 다문화 관련 논의의 이론과 실천. 다문화사회연구 7(1):5-34, 2014
이채원, 박현선. 다문화가정 이중언어 지원 프로그램의 형성평가 - 세이브더칠드런의 '언어두개 기쁨두배'사업의 사례를 중심으로. 한국사회복지행정학 16(4):275-302, 2014
이혜영, 박기철, 김미경, 이오경. 아시아계 결혼이주자 산모에서 주산기 예후에 영향을 주는 인자. 대한주산회지 24(3):168-179, 2013
임성주. 여성결혼이민자의 건강강태 및 생활만족도-2015년 전국다문화가족실태조사를 중심으로-. 중앙대학교 석사학위논문. 2017
임형택. 의료관광 정책의 협력적 거버넌스 구축과정 연구. 한양대학교 대학원 박사학위논문. 2011
장병주, 김윤경, 김철우. 의료관광객의 의료기관 서비스 품질 지각이 고객만족, 재방문의도, 추천의도에 미치는 영향. 동북아관광연구 8(2):119-137, 2012
장은영. 다문화가정 어머니의 의사소통유형이 아동의 학교적응에 미치는 영향: 아동의 자아개념의 매개효과, 명지대학교 사회교육대학원 석사학위논문. 2012
장인순, 황나미, 윤미선, 박승미. 결혼이민 여성의 산전관리 실태와 영향요인. 여성건강간호학회지 16(4): 326-335, 2010
전연숙. 북한이탈주민의 성공적인 국내정착. 광주새터민건강복지센터. 2011
전우택. 탈북자의 남한 사회 적응과 심리갈등에 대한 이해. 한국심리학회 춘계 심포지움. 2000. p.67-91
전우홍. 한국의 다문화교육 정책. 숙명여대다문화통합연구소. 다문화사회연구 2:125-156, 2009
전인순, 민동규, 이경숙. 중국인의 한국의료관광 상품 선택속성에 관한 연구. 동북아 관광연구 8(3): 259-281, 2012
정금희, 정효정, 김계숙, 김선희, 김진향, 박혜숙, 이영숙, 한영란, 김경원. 다문화 가정 이주여성의 임신과 출산 건강관리 실태. 여성건강간호학회지 15(4):261-268, 2009
정기선, 김영혜, 박경은, 이은하, 박지혜, 이승애, 이지혜. 경기도내 국제결혼이민자가족의 실태조사 및 정책적 지원방안 연구, 경기도가족여성개발원. 2007
정영규. 인도네시아 IT 산업과 경제협력전망. 한국이슬람학회 논총 18(2):245-267, 2008
정자경, 박연환. 외국인 근로자의 문화적응도, 사회적 지지와 건강증진행위. 한국사회복지조사연구. 2012
정종관. 베트남 지역 환경 현황과 미래. 열린충남. 2017
정진도. 캄보디아 국가공간정보인프라 현황 및 구축방향. 2010
정진상. 한·몽간 경제교류에 관한 연구. 동중앙아시아연구(구 한몽경상연구). 2007
조영달. 다문화가정의 자녀 교육 실태 조사. 서울: 교육인적자원부. 2006
조원섭. 결혼이주여성의 정신건강증진에서 레질리언스의 의의-요인과 과정을 중심으로. 서울대학교 박사학위논문. 2017
조주은, 조금준. 결혼이민여성의 건강에 영향을 미치는 요인의 변화에 대한 탐색: 다문화가족조사(2009년, 2012년)를 중심으로. 숙명여대다문화통합연구소. 다문화사회연구 7(2):5-28, 2014
주경숙. 결혼이주여성의 모성적응을 위한 맞춤형 모성건강관리 프로그램 개발 및 효과. 고려대학교 박사학위논문. 2015
천호성. 일본의 다문화교육 지원체제에 관한 연구. 한국일본교육학연구 15(1):23-42, 2010
최명애, 김금순, 박영숙, 이명선, 이인숙, 하양숙, 김정은, 홍승권, 최정안. 북한이탈주민의 건강상태와 이들을 통해서 본 북한주민의 치료추구행위에 관한 연구. 서울대학교 통일평화연구소. 2008
최영순, 채영란. 지역 의료관광산업의 활성화 방향. 강원도를 중심으로. 동북아관광연구 7(1): 67-87, 2011

최영신. 외국인의 불법체류와 외국인범죄. 형사정책연구 71-3:1319-1340, 2007
최지원, 이현경, 채덕희. 외국인 이주자 건강관련 연구 동향: 최근 10년간(2000-2009)연구에 대한 고찰. 보건교육건강증진학회지 28(3):113-128, 2011
충남여성정책개발원. 충남여성결혼이민자의 문화적응 실태조사 및 문화교육 프로그램 개발. 2008-03 기본연구과제. 2008
통계청. 다문화인구동태통계. 2011
통계청. 인구주택총조사. 2016. http://kosis.kr/visual/populationKorea/index/index.do?mb=N
한국관광공사. 의료관광 교육 프로그램 및 교재 표준안 보고서. 2010
한국보건산업진흥원. 글로벌 헬스케어 활성화정책. 2013
한국보건산업진흥원. 미국인의 해외의료서비스 이용 현황 및 환자 송출업체 디렉토리. 정책-보건의료-2011-74. 2011
한국보건산업진흥원. 외국인환자 유치사업의 현황 및 정책방향. 2013
한국보건산업진흥원. 2011년도 외국인환자 유치 실적 보고. 2012
한국보건산업진흥원. 2013년도 상반기 외국인환자 유치사업 활성화 및 안전성 제고를 위한 설명회. 2013
한국보건산업진흥원. 2020년 글로벌 의료서비스 허브화를 위한 글로벌 헬스케어 활성화 방안. 2012
한국이주여성인권센터. 2009 이주여성인권 글쓰기 공모전 우수작품집. 2009
행정안전부. 외국인주민현황 보도자료. 외국인 주민 수 176만면 총인구대비 3.4%. 2017. http://www.mois.go.kr/frt/bbs/type001/commonSelectBoardArticle.do?bbsId=BBSMSTR_000000000014&nttId=60528
홍창의. 소아과학. 대한교과서주식회사. 2000
황나미. 북한이탈주민의 건강수준과 정책과제. 서울: 한국보건사회연구원. 2005
Dayer-Berenson L. Cultural Competencies for Nurses: Impact on Health and Illness. 2nd ed. Jones and Bartlett pub. 2014
Dudas KI. CULTURAL COMPETENCE: An Evolutionary Concept Analysis. Nursing Education Perspectives 33:317-321. 2012
Jee YJ, Kim YH. A structural model for health risk behavior of late adolescents: Based on 2010 Korea adolescent health survey. Journal of Korean Academy of Nursing 44(2):179-188. 2014
Jeong HS, Lee JH, Yu JY. Multiculutral youthlogy. Paju: Yangseowon. 2007. p.200
Kleinman A, Eisenberg L, Good B. Culture, illness, and care: clinical lessons from anthropologic and cross-cultural research. Annals of Internal Medicine 88:251-258. 1978
Lee JB, Lee SS, Kim JY, Kim HH, Hong EM, Lee HJ, et al. Multicultural understanding and social welfare. Paju: Yangseowon. 2013. p.122
Leininger MM. Transcultural nursing: Concepts, theories, research and practices. New York: McGraw-Hill. 1995
Leininger MM. Culture care diversity and universality: A theory of nursing. New York: National League for Nursing Press. 1991
Leininger MM, McFarland MR. Culture care diversity and universality: A worldwide theory for nursing. 2nd ed. Sudbury, MA: Jones & Bartlett, Publishers. 2006
Mesler DM. A Comparative Study of Cultural Competence Curricula in Baccalaureate Nursing Programs. Nurse Educator 39(4):193-198. 2014
Nailon RE. Expertise in the care of Latinos: An interpretive study of culturally congruent nursing practices in the emergency department. Dissertation Abstracts International 65:12B(UMI No. 3158546). 2004
Pascoe EA, Richman LS. Perceived discrimination and health: A meta-analytic review.

Psychological Bulletin 135(4):531-554, 2009

Seol DH, Kim YT, Kim HM, Yoon HS, Lee H, Yim KT, et al. Foreign wives' life in Korea: focusing on the policy of welfare and health. Seoul, Korea: Ministry of Health and Welfare; 2005. p.400

U.S. Department of Commerce, U.S. Census Bureau. (2003, October 8). Nearly 1-in-5 speak a foreign language at home. Press release retrieved on August 19, 2006, from http://www.census.gov/Press-Release/www/releases.language3.pdf

찾아보기

[저 자]

최 숙 희(영산대학교 간호학과)
변 은 경(경남정보대학교 간호학과)
김 민 연(서라벌대학교 간호학과)

다문화 이해와 건강

발행일 2018년 3월 5일
저 자 최 숙 희·변 은 경·김 민 연
발행인 최 용 원
편 집 이 은 의
표 지 이 은 의
교 정 홍 혜 미
발행처 **대한나래출판사**
등 록 제2012-000051호(1994.6.10)

주 소 서울특별시 성동구 성수이로 147 (성수동2가 289-319번지)
아이에스비즈타워 903호
전 화 (02) 922-7080
팩 스 (02) 922-0841
이메일 nrpub@naver.com

ISBN 978-89-5741-584-9 **정가 22,000원**